MICHAEL TRASSL

Die Wiedergutmachung von Menschenrechtsverletzungen im Völkerrecht

Schriften zum Völkerrecht

Band 111

Die Wiedergutmachung von Menschenrechtsverletzungen im Völkerrecht

Von

Michael Traßl

Duncker & Humblot · Berlin

Die Deutsche Bibliothek – CIP-Einheitsaufnahme

Trassl, Michael:
Die Wiedergutmachung von Menschenrechtsverletzungen im Völkerrecht / von Michael Trassl. — Berlin : Duncker und Humblot, 1994
(Schriften zum Völkerrecht ; Bd. 111)
Zugl.: Bonn, Univ., Diss., 1992/93
ISBN 3-428-07855-1
NE: GT

Fremddatenübernahme und Druck:
Berliner Buchdruckerei Union GmbH, Berlin
Printed in Germany

ISSN 0582-0251
ISBN 3-428-07855-1

Meinen Eltern

Vorwort

Die Arbeit ist im Wintersemester 1992/1993 von der Rechts- und Staatswissenschaftlichen Fakultät der Rheinischen Friedrich-Wilhelms-Universität zu Bonn als Dissertation angenommen worden. Die Anregung zu dem Thema verdanke ich dem Erstgutachter, Herrn Prof. Dr. Christian Tomuschat. Dank schulde ich auch Herrn Prof. Dr. Karl Josef Partsch, der das Zweitgutachten erstellt hat, sowie allen, die Geduld mit mir hatten.

Michael Traßl

Inhaltsverzeichnis

Abkürzungsverzeichnis

AfrCh	= African Charter on Human and Peoples' Rights, vom 26. Juni 1981, ILM 21 (1982), S. 58 ff.
AK-GG	= Reihe Alternativkommentare, Kommentar zum Grundgesetz für die Bundesrepublik Deutschland.
AMRK	= Amerikanische Menschenrechtskonvention, vom 22. November 1969, ILM 9 (1970), S. 99 ff.
Ann.	= Annex
AöR	= Archiv des Öffentlichen Rechts
BayVBl	= Bayerische Verwaltungsblätter
BayVerfGH	= Bayerischer Verfassungsgerichtshof
BGB	= Bürgerliches Gesetzbuch
BGBl	= Bundesgesetzblatt
BGH	= Bundesgerichtshof
BGHZ	= Entscheidungen des Bundesgerichtshofes in Zivilsachen
BVerfG	= Bundesverfassungsgericht
BVerfGG	= Gesetz über das Bundesverfassungsgericht
BYIL	= The British Year Book of International Law
CAT	= Committee against Torture
CD	= European Commission of Human Rights, Collection of Decisions
CERD	= Committee on the Elimination of Racial Discrimination
Collected Edition	= Council of Europe (Hrsg.), Collected Edition of the „Travaux Préparatoires" of the European Convention on Human Rights, vol. I-VIII, 1975-1985.
Doc.	= Document
DR	= European Commission of Human Rights, Decisions and Reports
EAGV	= Vertrag zur Gründung der Europäischen Atomgemeinschaft, vom 25. März 1957, BGBl II, S. 1014 ff.
ECHR Ser. A	= Publications of the European Court of Human Rights, Series A: Judgements and Decisions.
EGKSV	= Vertrag über die Gründung der Europäischen Gemeinschaft für Kohle und Stahl, vom 18. April 1951, BGBl 1952 II, S. 447.
EMRK	= Konvention zum Schutze der Menschenrechte und Grundfreiheiten vom 4. November 1950, UNTS 213 (1955), S. 221 ff.
EPIL	= Encyclopedia of Public International Law

EuGHMR	= Europäischer Gerichtshof für Menschenrechte
EuGRZ	= Europäische Grundrechte Zeitschrift
EuKMR	= Europäische Kommission für Menschenrechte
EWGV	= Vertrag zur Gründung der Europäischen Wirtschaftsgemeinschaft, vom 25. März 1957, BGBl II, S. 766 ff.
FN	= Fußnote
FP (IPBPR)	= Fakultativprotokoll zum Internationalen Pakt über bürgerliche und politische Rechte, vom 19. Dezember 1966, GAOR 21st Sess, Supp. No. 16 (A / 6316), S. 59 f.
FS	= Festschrift
GAOR	= General Assembly, Official Records
GG	= Grundgesetz für die Bundesrepublik Deutschland
GV NW	= Gesetz- und Verordnungsblatt für das Land Nordrhein-Westfalen
GYIL	= German Yearbook of International Law
HRC	= Human Rights Committee
HRLJ	= Human Rights Law Journal
HRQ	= Human Rights Quarterly
HRR	= The Human Rights Review
Hrsg.	= Herausgeber
IAGHMR	= Interamerikanischer Gerichtshof für Menschenrechte
IAKMR	= Interamerikanische Menschenrechtskommission
ICJR	= International Court of Justice, Reports of Judgements, Advisory Opinions and Orders
ICLQ	= The International and Comparative Law Quarterly
i. E.	= im Ergebnis
IGH-Statut	= Statut des Internationalen Gerichtshofes
ILC	= International Law Commission
ILM	= International Legal Materials
ILR	= International Law Reports
IPBPR	= Internationaler Pakt über bürgerliche und politische Rechte, vom 19. Dezember 1966, GAOR 21st Sess., Supp. No. 16, (A / 6316), Res 2200 (XXI), Annex, S. 52 ff.
IsrYHR	= Israel Yearbook on Human Rights
JA	= Juristische Arbeitsblätter
JZ	= Juristenzeitung
LNTS	= League of Nations Treaty Series
MA	= Ministerausschuß des Europarates
MDR	= Monatsschrift für Deutsches Recht
m. w. N.	= mit weiteren Nachweisen
NILR	= Netherlands International Law Review
NJW	= Neue Juristische Wochenschrift
No.	= Number
NYIL	= Netherlands Yearbook of International Law
OLG	= Oberlandesgericht

ÖZöffR	= Österreichische Zeitschrift für öffentliches Recht
PCIJ Ser. A	= Publications of the Permanent Court of International Justice, Series A: Collection of Judgements
RdC	= Recueil des Cours (Collected Courses of the Hague Academy of International Law)
RDH	= Revue des Droits de l'Homme
RDK	= Konvention zur Beseitigung jeder Form von Rassendiskriminierung, vom 21. Dezember 1965, UNTS 660 (1969), S. 212 ff.
Res.	= Resolution
RHDI	= Revue Hellénique de Droit International
RIAA	= Reports of International Arbitral Awards
Rspr.	= Rechtsprechung
SchwJbIntR	= Schweizerisches Jahrbuch für internationales Recht
Sess.	= Session
SIM	= Studie en Informatiecentrum Mensenrechten, Netherlands Institute of Human Rights
st.	= ständig
StIGH	= Ständiger Internationaler Gerichtshof
Supp.	= Supplement
UN	= United Nations
UN-FDekl.	= Declaration on the Protection of All Persons from Being Subjected to Torture and Other Cruel, Inhuman or Degrading Treatment or Punishment, adopted by GA-Res. 3452 (XXX), of December 12, 1975, GAOR 30th Sess., Supp. No. 34 (A / 30 / 34), S. 91 f.
UN-FK	= UN-Konvention gegen Folter und andere grausame, unmenschliche oder erniedrigende Behandlung oder Strafe, vom 10. Dezember 1984, GAOR 39th Sess., Supp. No. 51 (A / 39 / 51), S. 197 ff.
UNTS	= United Nations Treaty Series
Urt. v.	= Urteil vom. . .
Verf.	= Verfasser
VerfO	= Verfahrensordnung
vol.	= volume
VwGO	= Verwaltungsgerichtsordnung
VwVfG	= Verwaltungsverfahrensgesetz
WVK	= Wiener Übereinkommen über das Recht der Verträge, vom 23. Mai 1969, UN-Conference on the Law of Treaties, Official Records, Documents of the Conference, New York, 1971, S. 287 ff.
YB	= Yearbook
YBECHR	= Yearbook of the European Convention on Human Rights
ZaöRV	= Zeitschrift für ausländisches öffentliches Recht und Völkerrecht
1. ZusProt (EMRK)	= (Erstes) Zusatzprotokoll zur Konvention zum Schutze der Menschenrechte und Grundfreiheiten, vom 20. März 1952, UNTS 213 (1955), S. 262 ff.

Einleitung

Die Wiedergutmachung von Menschenrechtsverletzungen ist dem Teilgebiet des Völkerrechts zuzuordnen, das üblicherweise mit dem Begriff „Staatenverantwortlichkeit" („State Responsibility") bezeichnet wird. Die Normen dieses Rechtsgebietes regeln unter anderem die Frage, ob und in welcher Form für Völkerrechtsverstöße Wiedergutmachung zu leisten ist. Dabei unterscheidet man üblicherweise drei Arten der Wiedergutmachung:[1] Die Herstellung der Situation, die bestehen würde, wenn sich der Völkerrechtsverstoß nicht ereignet hätte („restitutio in integrum"),[2] die Zahlung einer Entschädigung („compensation")[3] und die sogenannte Genugtuung („satisfaction").[4]

Die erstgenannte Wiedergutmachungsform („restitutio in integrum") wird in der englischsprachigen Literatur überwiegend „restitution in kind" genannt.[5] In der deutschen Terminologie hat sich — in Anlehnung an die zivilrechtliche Begriffsbildung[6] — die Bezeichnung *„Naturalrestitution"* durchgesetzt.[7] Als Beispiele werden regelmäßig die Rückgabe von Sachen, die Freilassung von Personen und die Räumung eines besetzten Gebietes („material restitution"),[8] aber auch die Aufhebung völkerrechtswidriger Gesetze, Urteile und Verwaltungsentscheidungen („legal restitution")[9] angeführt. Bei der zweitgenannten Wieder-

---

1 Zur folgenden Dreiteilung siehe insbesondere *Arangio-Ruiz*, Preliminary Report on State Responsibility (ILC), v. 18. Mai 1988, UN-Doc. A / CN.4 / 416 (English), S. 9 Nr. 21; *Jiménez de Aréchaga*, in: Sorensen (Hrsg.), Manual of Public International Law, S. 565; *Brownlie*, System of the Law of Nations, State Responsibility, Part I, S. 208; *Rousseau*, Droit International Public, Tome V, S. 214.

2 *StIGH*, Chorzow-Factory-Fall, Urt. v. 13. September 1928 (Merits), PCIJ Ser. A, No. 17, S. 47 f.

3 *StIGH*, ebd.

4 *Jiménez de Aréchaga*, in: Sorensen (Hrsg.), Manual of Public International Law, S. 565; *Arangio-Ruiz*, Preliminary Report on State Responsibility (ILC), v. 18. Mai 1988, UN-Doc. A / CN.4 / 416 (English), S. 9 Nr. 21.

5 *Mann*, BYIL 48 (1976 / 1977), S. 2 ff.; *Arangio-Ruiz*, Preliminary Report on State Responsibility (ILC), Addendum, v. 27. Mai 1988, UN-Doc. A / CN.4 / 416 / Add. 1 (English), S. 3 ff. Nr. 64 ff., m. w. N.; so auch der *StIGH* im Chorzow-Factory-Fall, Urt. v. 13. September 1928 (Merits), PCIJ Ser. A, No. 17, S. 47 f.

6 Siehe etwa *Palandt*, Bürgerliches Gesetzbuch, 52. Aufl. (1993), Rdn 1 zu § 249 BGB.

7 Siehe etwa *BVerfG*, Beschl. v. 11. Oktober 1985, ZaöRV 1986, 289 ff., 291 f. („Pakelli"-Beschluß); *v. Münch*, Das völkerrechtliche Delikt, S. 210 f.; *Ipsen*, Völkerrecht, § 37 Rdn. 67; *Urbanek*, ÖZöffR 11 (1961), S. 70, 72 ff.

8 *Arangio-Ruiz*, Preliminary Report on State Responsibility (ILC), Addendum, v. 27. Mai 1988, UN-Doc. A / CN. / 416 / Add. 1 (English), S. 7 f. Nr. 74 f. m. w. N.; *Verdross / Simma*, § 1295.

gutmachungsform, der Entschädigung („compensation"), handelt es sich um die Zahlung eines Geldbetrages, der an die Stelle der Naturalrestitution tritt, und zwar insbesondere dann, wenn letztere nicht möglich ist.[10] Mit dem Begriff „Genugtuung" („satisfaction") schließlich werden so unterschiedliche Maßnahmen bezeichnet wie etwa das Anerkenntnis des verantwortlichen Staates, einen Rechtsverstoß begangen zu haben, die Feststellung desselben durch ein internationales Gericht, eine Entschuldigung bzw. eine offizielle Bekundung des Bedauerns, die Bestrafung der verantwortlichen Amtsträger und die Ergreifung organisatorischer Maßnahmen zur Verhinderung künftiger Verstöße.[11]

Die gewohnheitsrechtlichen Regeln, ob und in welcher der vorgenannten Formen Wiedergutmachung zu leisten ist, haben sich im Rahmen des herkömmlichen, für zwischenstaatliche Beziehungen geltenden Völkerrechts herausgebildet, vorwiegend im Zusammenhang mit dem fremdenrechtswidrigen Verhalten eines Staates gegenüber Angehörigen eines anderen Staates.[12] Die Menschenrechte hingegen regeln keine zwischenstaatlichen Beziehungen, sondern unmittelbar das Verhältnis des Staates zum Individuum, auch und gerade zu den eigenen Staatsangehörigen. Wegen dieser Besonderheit stellt sich die Frage, ob und inwieweit bei der Wiedergutmachung von Menschenrechtsverstößen dieselben bzw. andere Regeln gelten als im herkömmlichen Recht der Staatenverantwortlichkeit.

Von besonderer Bedeutung für die Beantwortung dieser Frage ist — wie stets im Völkerrecht — die internationale Praxis, die bei der Wiedergutmachung von Menschenrechtsverletzungen hauptsächlich aus den Entscheidungen der nach den Menschenrechtsverträgen für Individualbeschwerden zuständigen Organe besteht. Zu nennen sind insbesondere die mittlerweile sehr zahlreichen Urteile des Europäischen Gerichtshofes für Menschenrechte (EuGHMR) gemäß Art. 50 EMRK[13] und die Entscheidungen („views") des Menschenrechtsausschusses (HRC) nach Art. 5 Abs. 4 des Fakultativprotokolls (FP) zum Internationalen

---

[9] *Graefrath*, RdC 185 (1984 II), S. 78; *Arangio-Ruiz*, Preliminary Report on State Responsibility (ILC), Addendum, v. 27. Mai 1988, UN-Doc. A / CN.4 / 416 / Add. 1 (English), S. 9 f. Nr. 76.

[10] *StIGH*, Chorzow-Factory-Fall, Urt. v. 13. September 1928 (Merits), PCIJ Ser. A, No. 17, S. 47.

[11] Siehe *Jiménez de Aréchaga*, in: Sorensen (Hrsg.), Manual of Public International Law, S. 572; *Arangio-Ruiz*, Second Report on State Responsibility (ILC), v. 9. Juni 1989, UN-Doc. A / CN.4 / 425 (English), S. 125 Nr. 161; *ders.*, Second Report on State Responsibility (ILC), Addendum, v. 22. Juni 1989, A / CN.4 / 425 / Add. 1 (English), S. 25, Art. 10 Abs. 1; *Graefrath / Oeser / Steiniger*, Völkerrechtliche Verantwortlichkeit der Staaten, S. 172 ff.; *Rodley*, The Treatment of Prisoners under International Law, S. 97.

[12] *Tomuschat*, FS Schindler, S. 147 ff., 157; *Graefrath*, RdC 185 (1984 II), S. 22; *Rauschning*, Verantwortlichkeit der Staaten für völkerrechtswidriges Verhalten, Berichte der Deutschen Gesellschaft für Völkerrecht, Heft 24, S. 13 f.; *Zemanek*, Causes and Forms of International Liability, in: Essays in honour of Georg Schwarzenberger, S. 319 f.

[13] Die amtliche Sammlung des Gerichtshofes ist inzwischen auf 249 Bände angewachsen.

Pakt über bürgerliche und politische Rechte (IPBPR). Aber auch die Praxis des Interamerikanischen Gerichtshofes für Menschenrechte (IAGHMR) gemäß Art. 63 Abs. 1 AMRK sowie der UN-Ausschüsse gegen Rassendiskriminierung und Folter nach Art. 14 Abs. 7 lit. b RDK bzw. Art. 22 Abs. 7 UN-FK ist zu berücksichtigen; erste Entscheidungen liegen bereits vor. Anhand des soeben umschriebenen Fallmaterials sollen in der vorliegenden Arbeit die Regeln herausgearbeitet werden, nach denen sich die Wiedergutmachung von Menschenrechtsverletzungen im Völkerrecht richtet. Untersuchungsschwerpunkte sind die Rechtsgrundlagen, die Voraussetzungen und der Inhalt der Wiedergutmachungspflicht sowie die Frage nach dem subjektiven Recht auf Wiedergutmachung und seiner Durchsetzung vor deutschen Gerichten.

A. Die Entscheidungsbefugnisse internationaler Menschenrechtsorgane

Bei der Auswertung von Entscheidungen internationaler Menschenrechtsorgane ist zu beachten, daß sich ihr Inhalt nicht nur nach der materiellen Rechtslage, sondern auch nach den verfahrensrechtlichen Entscheidungsbefugnissen des jeweiligen Organs richtet,[1] die sich nicht notwendigerweise mit dem materiellen Recht decken müssen. So ist es beispielsweise denkbar, daß ein Staat zwar materiellrechtlich zur Aufhebung eines innerstaatlichen Rechtsaktes verpflichtet ist, jedoch von einem im Wege der Menschenrechtsbeschwerde angerufenen Organ hierzu nicht verurteilt werden kann, weil dem Organ für eine solche Anordnung die Befugnis fehlt.[2] Daraus, daß die Anordnung einer bestimmten Wiedergutmachungsmaßnahme unterblieben ist, darf also nicht immer geschlossen werden, daß das angerufene Organ eine entsprechende Verpflichtung des verantwortlichen Staates verneinen wollte; vielmehr kann die Anordnung auch wegen fehlender Entscheidungsbefugnis unterblieben sein. Um die Aussagen der internationalen Menschenrechtsorgane zur Wiedergutmachung interpretieren zu können, müssen daher zunächst einmal deren Entscheidungsbefugnisse in dieser Frage geklärt werden.

I. Organe mit der Befugnis zu verbindlichen Entscheidungen

Prinzipiell ist zu unterscheiden zwischen solchen Organen, die die Befugnis zu völkerrechtlich verbindlichen Anordnungen haben, und solchen, die lediglich Ansichten bzw. Empfehlungen ohne formelle Bindungswirkung aussprechen können. Völkerrechtliche Verbindlichkeit besitzen die Entscheidungen des Europäischen Gerichtshofes für Menschenrechte, Art. 53 EMRK, die des Ministerausschusses des Europarates, Art. 32 Abs. 4 EMRK, und die des Interamerikanischen Gerichtshofes für Menschenrechte, Art. 68 Abs. 1 AMRK.

---

1 *Tomuschat,* FS Schindler, S. 147 ff., 154.

2 Siehe etwa *EuGHMR,* Fall *Le Compte, Van Leuven und De Meyere,* Urt. v. 18. Oktober 1982, ECHR Ser. A, Vol. 54, S. 7 Nr. 13, wo der Gerichtshof ausspricht, daß er keine Befugnis habe, den Staat zur Aufhebung einer gegen einen Arzt verhängten standesrechtlichen Disziplinarmaßnahme zu verurteilen, selbst wenn diese Aufhebung rechtlich möglich wäre.

1. Die Befugnisse des EuGHMR gemäß Art. 50 EMRK

Die Befugnisse des Europäischen Gerichtshofes für Menschenrechte (EuGHMR) im Bereich der Wiedergutmachung werden durch Art. 50 EMRK geregelt, der den EuGHMR unter bestimmten Voraussetzungen ermächtigt, für die Folgen eines Konventionsverstoßes „just satisfaction" („satisfaction équitable") zuzusprechen.[3] Diese Vorschrift wirft in mehrfacher Hinsicht Fragen auf:

a) Der Zeitpunkt der Entscheidung nach Art. 50 EMRK

Zu klären ist zunächst einmal, wann — in zeitlicher Hinsicht — der EuGHMR nach Art. 50 EMRK über die Gewährung von „just satisfaction" entscheiden kann. Die belgische Regierung vertrat im Fall *De Wilde, Ooms und Versyp* die Ansicht, diese Befugnis entstehe nicht schon dann, wenn der Gerichtshof einen Konventionsverstoß festgestellt habe. Vielmehr müsse das von der Rechtsverletzung betroffene Individuum zunächst gem. Art. 26 EMRK versucht haben, im innerstaatlichen Rechtsweg Wiedergutmachung zu erlangen.[4] Erst wenn dies erfolglos geblieben sei, könne der EuGHMR eine Entscheidung nach Art. 50 EMRK treffen. Indes gilt Art. 26 EMRK nach Wortlaut und systematischer Stellung nur für die Behandlung von Menschenrechtsbeschwerden gemäß Art. 24 und Art. 25 EMRK, also für die Entscheidung über das „Ob" eines Konventionsverstoßes. Bei der Entscheidung nach Art. 50 EMRK geht es hingegen nicht mehr um die Frage, ob eine Rechtsverletzung vorliegt, sondern darum, wie eine bereits festgestellte Rechtsverletzung wiedergutzumachen ist. Es kommt daher allenfalls eine analoge Anwendung von Art. 26 EMRK in Betracht. Dieser stehen jedoch erhebliche Bedenken entgegen: Schon um eine Menschenrechtsbeschwerde gem. Art. 25 EMRK erheben zu können, muß der Beschwerdeführer gemäß Art. 26 EMRK zunächst den innerstaatlichen Rechtsweg durchschreiten, was je nach Fallgestaltung Jahre dauern kann. Es schließt sich das Verfahren gemäß Art. 28 ff EMRK vor der Europäischen Kommission für Menschenrechte (EuKMR) an, bis die Angelegenheit schließlich gemäß Art. 47 ff EMRK vor den Gerichtshof gelangt. Dabei beträgt die Verfahrensdauer von der Einlegung der Menschenrechtsbeschwerde bis zum Urteil des EuGHMR häufig 6 Jahre und mehr. Müßte nun der Verletzte zum Zwecke der Erlangung von Wiedergutmachung erneut den innerstaatlichen Rechtsweg durchlaufen, würden weitere Verzö-

---

[3] Art. 50 EMRK lautet:
„If the Court finds that a decision or a measure taken by a legal authority or any other authority of a High Contracting Party is completely or partially in conflict with the obligations arising from the present convention, and if the internal law of the said Party allows only partial reparation to be made for the consequences of this decision or measure, the decision of the Court shall, if necessary, afford just satisfaction to the injured party."

[4] Siehe *EuGHMR*, Fall *De Wilde, Ooms und Versyp*, Urt. v. 10. März 1972, ECHR Ser. A, Vol. 14, S. 7 f., Nr. 14 f.

gerungen unvermeidlich sein. Dies schon allein deshalb, weil sich die innerstaatlichen Gerichte und anschließend gegebenenfalls der EuGHMR abermals in den Sachverhalt einarbeiten müßten. Gründe der Verfahrensökonomie und der Verfahrensbeschleunigung sprechen also ganz entschieden dafür, daß bereits unmittelbar nach der Feststellung der Konventionsverletzung der mit dem Fall vertraute EuGHMR eine Entscheidung gemäß Art. 50 EMRK treffen kann. Der Gerichtshof hat denn auch die Ansicht der belgischen Regierung, Art. 26 EMRK sei im Rahmen von Art. 50 EMRK entsprechend anwendbar, zu Recht zurückgewiesen.[5]

Dennoch sprach zwei Jahre später im Fall *Neumeister* mit anderer Begründung auch die österreichische Regierung dem EuGHMR die Befugnis ab, nach der Feststellung der Konventionsverletzung umgehend eine Entscheidung gemäß Art. 50 EMRK zu treffen.[6] In dem zugrundeliegenden Verfahren hatte der Gerichtshof einen Verstoß gegen Art. 5 Abs. 3 EMRK festgestellt, weil der Beschwerdeführer von der österreichischen Justiz übermäßig lange in Untersuchungshaft gehalten worden war.[7] Im Hinblick auf die Anwendung des Art. 50 EMRK bezog sich die österreichische Regierung nun auf Art. 5 Abs. 5 EMRK und argumentierte, diese Vorschrift sei „lex specialis" zu Art. 50 EMRK. Bei Verstößen gegen Art. 5 Abs. 1 - 4 EMRK könne also keine Entscheidung gem. Art. 50 EMRK ergehen; vielmehr müsse der Betroffene eine neue Beschwerde nach Art. 25 EMRK wegen Verletzung von Art. 5 Abs. 5 EMRK erheben.[8] Der EuGHMR hat diese Argumentation zu Recht verworfen:[9] Art. 5 Abs. 5 EMRK statuiert ein materielles Konventionsrecht des Individuums, während Art. 50 EMRK als verfahrensrechtliche Norm eine Entscheidungsbefugnis des EuGHMR enthält. Beide Normen haben also unterschiedliche Regelungsgegenstände[10] und können daher nicht in einem Spezialitätsverhältnis zueinander stehen. Abgesehen davon begegnet die Auffassung der österreichischen Regierung einem ähnlichen Einwand wie bezüglich der entsprechenden Anwendung von Art. 26 EMRK die Ansicht der belgischen Regierung: Müßte nämlich vor einer Entscheidung über die Wiedergutmachung erst noch einmal gemäß Art. 25 EMRK die EuKMR angerufen werden, so würde dies eine Verfahrensverzögerung bedeuten, die angesichts der ohnehin schon langen Verfahrensdauer bis zur Feststellung der Konventionsverletzung nicht hinnehmbar wäre.[11] Die Befugnis des EuGHMR, gem. Art. 50 EMRK über die Gewährung von „just satisfaction" zu entscheiden, muß also grundsätzlich bereits

---

5 *EuGHMR*, Fall *De Wilde, Ooms und Versyp*, Urt. v. 10. März 1972, ECHR Ser. A, Vol. 14, S. 8 Nr. 15.

6 Siehe *EuGHMR*, Fall *Neumeister*, Urt. v. 7. Mai 1974, ECHR Ser. A, Vol. 17, S. 12 Nr. 29.

7 Urt. v. 27. Juni 1968, ECHR Ser. A, Vol. 8, S. 36 ff. Nr. 3 ff.

8 Siehe *EuGHMR* Fall *Neumeister*, Urt. v. 7. Mai 1974, ECHR Ser. A, Vol. 17, S. 12 Nr. 29.

9 Ebd., S. 13 f. Nr. 30.

10 *EuGHMR*, ebd., S. 13 Nr. 30.

11 *EuGHMR*, ebd., S. 13 f. Nr. 30.

im Zeitpunkt der Feststellung einer Konventionsverletzung entstehen, selbst wenn es sich um einen Verstoß gegen Art. 5 Abs. 1-4 EMRK handelt.

b) Nur „partial reparation" nach innerstaalichem Recht

Art. 50 EMRK enthält allerdings einen auf den ersten Blick nicht leicht verständlichen Vorbehalt zugunsten des innerstaatlichen Rechts: Nach seinem englischen Wortlaut darf „just satisfaction" nur zuerkannt werden, „... if the internal law of the said Party allows only partial reparation to be made ...". Die französische Fassung setzt dementsprechend voraus, daß „... le droit interne de ladite Partie ne permet qu'imparfaitement d'effacer les conséquences ...".

aa) Rechtslage bei völligem Ausschluß von „reparation"

Nähme man diese Voraussetzung wörtlich, so bestünde die Befugnis des EuGHMR aus Art. 50 EMRK dann, aber auch nur dann, wenn das innerstaatliche Recht „partial reparation" gestattet. Die Anwendbarkeit der Vorschrift entfiele also nicht nur bei vollständiger Zulässigkeit, sondern auch bei gänzlicher Unzulässigkeit von „reparation" nach innerstaatlichem Recht.[12] Wertungsmäßig wäre ein solches Ergebnis indes nur schwer einzusehen: Das Bedürfnis nach Zuerkennung von „just satisfaction" durch den EuGHMR besteht in den Fällen, in denen das innerstaatliche Recht überhaupt keine „reparation" zuläßt, erst recht. Daß Art. 50 EMRK in diesen Fällen anwendbar sein muß, ergibt sich auch aus seiner Entstehungsgeschichte: Die Vorschrift ist keine Neuschöpfung der EMRK-Verfasser, sondern wurde einer Regelung nachgebildet, die sich in zahlreichen nach dem ersten Weltkrieg abgeschlossenen Schiedsverträgen findet, so zum Beispiel in Art. 10 des Schieds- und Vergleichsvertrages zwischen der Schweizerischen Eidgenossenschaft und dem Deutschen Reich vom 03. Dezember 1921[13] sowie in Art. 32 der Genfer Generalakte über die friedliche Beilegung zwischenstaatlicher Streitigkeiten vom 26. September 1928.[14] In diesen Vorschriften sind die hier fraglichen Fälle gänzlicher Unzulässigkeit ausdrücklich mitgeregelt. So kann nach Art. 10 des deutsch — schweizerischen Schiedsvertrages das Schiedsgericht eine angemessene Genugtuung zuerkennen, wenn

> „... nach dem Verfassungsrechte ... (der verantwortlichen Partei) ... die Folgen durch Verwaltungsmaßnahmen *nicht* oder nicht vollständig beseitigt werden (können) ...".[15]

Gemäß Art. 32 der Genfer Generalakte besteht eine entsprechende Befugnis, wenn

---

[12] Zumindest bezweifelt wird die Anwendbarkeit des Art. 50 EMRK in den letztgenannten Fällen daher von *Robertson,* Human Rights in Europe, 2. Aufl., S. 209 f.

[13] LNTS 12 (1922), S. 272 ff.

[14] LNTS 93 (1929), S. 343 ff.

[15] Hervorhebung vom Verfasser.

„. . . the constitutional law . . . (der verantwortlichen Partei) *does not permit* or only partially permits the consequences of the judgement or measure in question to be annulled . . .“.[16]

In den Materialien zur EMRK[17] findet sich kein Hinweis darauf, warum Art. 50 EMRK insoweit abweichend formuliert ist. Hieraus muß geschlossen werden, daß die Änderung lediglich zum Zwecke der Textvereinfachung erfolgt ist oder aber schlicht auf einem Redaktionsversehen beruht.[18] Die Befugnis des EuGHMR nach Art. 50 EMRK besteht also nicht nur dann, wenn das innerstaatliche Recht lediglich „partial reparation“ gestattet, sondern auch in den Fällen, in denen es überhaupt keine „reparation“ erlaubt.

bb) Der Begriff „reparation“

Ausgeschlossen ist die Anwendung der Vorschrift mithin nur, wenn das innerstaatliche Recht *„complete reparation“* zuläßt. Für die Tragweite dieser Ausnahme ist die Bedeutung des Begriffes „reparation“ („effacer“) entscheidend. Über dessen Auslegung bestand innerhalb des EuGHMR zunächst keine Einigkeit: Die Mehrzahl der Richter verstand den Begriff eng und war der Ansicht, mit ihm sei ausschließlich *Naturalrestitution* (restitutio in integrum) gemeint; die Befugnis des Gerichtshofes nach Art. 50 EMRK könne also nur entfallen, wenn das innerstaatliche Recht *Naturalrestitution* gestatte.[19] Ein Teil der Richter vertrat demgegenüber die Auffassung, auch Schadensersatz in Geld komme als „reparation“ in Betracht,[20] nämlich dann, wenn die entstandenen Schäden rein tatsächlich nicht mehr beseitigt werden könnten. In solchen Fällen, etwa bei immateriellen Schäden infolge einer rechtswidrigen Freiheitsentziehung, habe der Gerichtshof also zu prüfen, ob nach dem innerstaatlichen Recht des verantwortlichen Staates Ansprüche auf angemessenen Schadensersatz in Geld bestehen.[21] Bejahendenfalls sei Art. 50 EMRK unanwendbar, weil das innerstaatliche Recht „complete reparation“ erlaube; der Betroffene müsse dann im innerstaatlichen Rechtsweg auf Entschädigung klagen.

---

16 Hervorhebung vom Verfasser.

17 Council of Europe (Hrsg.), Collected Edition of the „Travaux Préparatoires“ of the European Convention on Human Rights, Vol. I-VIII.

18 So zuerst *Guradze*, Rdn 3 zu Art. 50 EMRK; i. E. auch *Peukert*, in: Frowein / Peukert, Rdn. 3 zu Art. 50 EMRK

19 So — implizit — zuerst im Fall *De Wilde, Ooms und Versyp*, Urt. v. 10. März 1972, ECHR Ser. A, Vol. 14, S. 9 f. Nr. 20; ausdrücklich dann im Fall *König*, Urt. v. 10 März 1980, ECHR Ser. A, Vol. 36, S. 14 Nr. 15: „. . . complete reparation (restitutio in integrum).“

20 So die gemeinsame „separate opinion“ der Richter *Holmbäck, Ross* und *Wold* zum Fall *De Wilde, Ooms und Versyp*, ECHR Ser. A, Vol. 14, S. 13.

21 So, neben den soeben Genannten, auch die Richter *Verdross* und *Mosler* in ihren „separate opinions“, ebd., S. 16 und S. 19 f.

Mit dem Wortlaut der englischen Fassung des Art. 50 EMRK ist die Ansicht der Minderheit vereinbar: „reparation" kann vom Wortsinn her sowohl Naturalrestitution als auch Schadensersatz in Geld bedeuten. Mit dem ebenso maßgeblichen französischen Text ist sie hingegen nicht in Einklang zu bringen, denn „effacer les conséquences" bedeutet, die Folgen der Konventionsverletzung auszulöschen beziehungsweise spurlos verschwinden zu lassen,[22] was nur für Naturalrestitution zutrifft.[23] Zu berücksichtigen ist außerdem, daß sich die entsprechenden Formulierungen in Art. 10 des deutsch-schweizerischen Schiedsvertrages[24] und in Art. 32 der Genfer Generalakte[25] eindeutig nur auf Naturalrestitution, nicht auch auf Schadensersatz in Geld beziehen. So kann gemäß Art. 10 des deutsch-schweizerischen Schiedsvertrages das Schiedsgericht eine angemessene Genugtuung zuerkennen, wenn

> „... nach dem Verfassungsrechte ... (der verantwortlichen Partei) ... die Folgen durch Verwaltungsmaßnahmen nicht oder nicht vollständig *beseitigt* werden können ...".[26]

Gemäß Art. 32 der Genfer Generalakte besteht eine entsprechende Befugnis, wenn

> „... the constitutional law ... (der verantwortlichen Partei) ... does not permit or only partially permits the consequences of the judgement or measure in question to be *annulled* ...".[27]

In Ermangelung anderweitiger Anhaltspunkte muß davon ausgegangen werden, daß die Verfasser des Art. 50 EMRK den Begriff „reparation" in dem Sinne verstanden haben, der den entsprechenden Formulierungen seiner Vorbilder zukommt, also im Sinne von *Naturalrestitution.*

Die entgegenstehende Auffassung der Minderheit, die auch Geldentschädigung als „reparation" anerkennt, hätte überdies bedenkliche praktische Konsequenzen: Da nach dieser Ansicht auch innerstaatliche Entschädigungsansprüche die Zuerkennung von „just satisfaction" durch den EuGHMR ausschließen könnten, blieben die betroffenen Individuen in einem Großteil der Fälle auf den innerstaatlichen Rechtsweg angewiesen. Diesen ein zweites Mal zu beschreiten, kann aber schon wegen der erheblichen Verfahrensdauer allein bis zur Feststellung der Konventionsverletzung keinem Beschwerdeführer zugemutet werden.[28] Es hat sich daher zu Recht die Auffassung der Mehrheit durchgesetzt, daß lediglich

---

22 Siehe etwa *Hachette*, Dictionnaire pratique du francais (1987), S. 372.

23 Auch der *StIGH* verwendet in der französischen Fassung seines Urteils im Chorzow-Factory-Fall den Begriff „effacer" im Sinne von Naturalrestitution („restitution in kind"), siehe Urt. v. 13. September 1928 (Merits), PCIJ Ser. A, No. 17, S. 47.

24 LNTS 12 (1922), S. 272 ff.

25 LNTS 93 (1929), S. 343 ff.

26 Hervorhebung vom Verfasser.

27 Hervorhebung vom Verfasser.

28 Siehe bereits oben unter a).

Naturalrestitution unter den Begriff „reparation“ im Sinne des Art. 50 EMRK fällt.[29] Entschädigungsansprüche, die das innerstaatliche Recht anstelle der Naturalrestitution vorsieht, ermöglichen also keine „complete reparation“ und stehen der Zuerkennung von „just satisfaction“ durch den EuGHMR mithin nicht entgegen.

cc) Der Grund für die Nichtgewährung von „reparation“

Nach dem Wortlaut des Art. 50 EMRK („. . . if *the internal law* . . . allows only partial reparation to be made . . .“[30]) ist für die Zuerkennung von „just satisfaction“ allerdings Voraussetzung, daß die Naturalrestitution aus Gründen des *innerstaatlichen Rechts* ausscheidet. Zwar läßt diese Formulierung Unzulässigkeit nach einfachem Recht genügen; Art. 50 EMRK ist insoweit weniger restriktiv als seine schiedsvertraglichen Vorbilder, die verfassungsrechtliche Unzulässigkeit voraussetzen.[31] Vom Wortlaut des Art. 50 EMRK nicht erfaßt sind jedoch diejenigen Fälle, in denen die Naturalrestitution schon *tatsächlich* unmöglich ist, denn rechtlich unzulässig kann nur etwas tatsächlich Mögliches sein. Ausgeschlossen wäre bei wörtlicher Auslegung beispielsweise die Zuerkennung von „just satisfaction“ für die immateriellen Folgen einer Freiheitsentziehung, da bei solchen Nachteilen die Naturalrestitution aus tatsächlichen Gründen ausscheidet.

Der Sinn des Art. 50 EMRK besteht indes darin, der „injured party“ „just satisfaction“ zu gewährleisten, wenn sie keine Aussicht hat, Naturalrestitution zu erlangen. Diese Aussicht fehlt nicht nur bei Unzulässigkeit, sondern erst recht auch bei Unmöglichkeit der Naturalrestitution. Zwar bestehen in solchen Fällen vielfach Ansprüche auf Entschädigung nach innerstaatlichem Recht. Indes können derartige Ansprüche, wie bereits festgestellt wurde, schon unter dem Gesichtspunkt der Verfahrensdauer der Anwendung des Art. 50 EMRK nicht entgegenstehen.[32] Der EuGHMR hat daher zu Recht entschieden, daß Art. 50 EMRK bei tatsächlicher Unmöglichkeit der Naturalrestitution *a fortiori* angewendet werden muß.[33]

---

29 Siehe Fall *De Wilde, Ooms und Versyp*, Urt. v. 10. März 1972, ECHR Ser. A, Vol. 14, S. 9 f. Nr. 20; Fall *König*, Urt. v. 10 März 1980, ECHR Ser. A, Vol. 36, S. 14 Nr. 15: „. . . complete reparation (restitutio in integrum).“

30 Hervorhebung vom Verfasser.

31 Siehe oben unter bb).

32 Siehe oben unter bb).

33 *EuGHMR*, Fall *De Wilde, Ooms und Versyp*, Urt. v. 10. März 1972, ECHR Ser. A, Vol. 14, S. 10 Nr. 20:

„Nevertheless, the provisions of Article 50 which recognize the Court's competence to grant to the injured party a just satisfaction also cover the case where the impossibility of restitutio in integrum follows from the very nature of the injury; indeed, common sense suggests that this must be so *a fortiori*.“ (Hervorhebung im Original).

dd) „Just satisfaction“ auch bei zulässiger „reparation“?

Hingegen ist die Zuerkennung von „just satisfaction“ nach dem Wortlaut des Art. 50 EMRK ausgeschlossen, wenn vollständige Naturalrestitution tatsächlich möglich und nach innerstaatlichem Recht zulässig ist, was beispielsweise bei einer rechtswidrigen Enteignung oder einem konventionswidrigen Gerichtsurteil in Betracht kommt.[34] In solchen Fällen soll die Naturalrestitution nach dem Willen der Konventionsverfasser Vorrang haben. Dem liegt der Gedanke zugrunde, daß sie die gerechteste Form der Wiedergutmachung ist, weil sie dem Geschädigten nicht weniger, aber auch nicht mehr als das gewährt, was er ohne die Rechtsverletzung hätte.

Diese Erwägung setzt allerdings voraus, daß die Naturalrestitution vom verantwortlichen Staat auch umgehend verwirklicht wird. Muß sie hingegen vom betroffenen Individuum erst in einem gerichtlichen Verfahren erstritten werden, so kann sie nicht als die gerechteste Form der Wiedergutmachung angesehen werden: Ein erneutes Beschreiten des innerstaatlichen Rechtsweges ist dem Beschwerdeführer nicht zuzumuten, da er diesen bereits einmal erschöpft und außerdem ein durchschnittlich sechsjähriges Verfahren vor den Konventionsorganen hinter sich hat.[35] Die Voraussetzungen, die die Konventionsverfasser dazu bewogen haben, der Naturalrestitution den Vorrang einzuräumen, sind also nicht gegeben, wenn der verantwortliche Staat die Naturalrestitution verweigert oder grundlos verzögert. In derartigen Fällen muß mithin der EuGHMR die Befugnis besitzen, der „injured party“ „just satisfaction“ zuzuerkennen.[36]

Ist der verantwortliche Staat hingegen zur Naturalrestitution bereit und kann diese auch in angemessener Zeit verwirklicht werden, so darf die in Art. 50 EMRK getroffene Entscheidung, der Naturalrestitution Vorrang zu geben, nicht ignoriert werden. In derartigen Fällen hat also der EuGHMR das Verfahren auszusetzen und die tatsächliche Verwirklichung der Naturalrestitution abzuwarten;[37] „just satisfaction“ darf insoweit nur dann zuerkannt werden, wenn sich die Naturalrestitution übermäßig verzögert oder als undurchführbar erweist.[38]

---

[34] So ist beispielsweise gemäß Art. 441 der belgischen Strafprozeßordnung die Aufhebung konventionswidriger Gerichtsurteile möglich, siehe *EuGHMR*, Fall *Piersack*, Urt. v. 26. Oktober 1984, ECHR Ser. A, Vol 85, S. 13 Nr. 5 ff.

[35] *Peukert*, in: Frowein / Peukert, Rdn. 3 zu Art. 50 EMRK; siehe auch bereits oben unter a) und unter b) bb), S. 12 ff.

[36] So i. E. auch Peukert, ebd..

[37] So hat der *EuGHMR* in den Fällen *Piersack* und *De Cubber* gewartet, bis der Kassationsgerichtshof über den Antrag der Staatsanwaltschaft auf Aufhebung der Strafurteile entschieden hatte, siehe Fall *Piersack*, Urt. v. 26. Oktober 1984, ECHR Ser. A, Vol. 85, S. 13 Nr. 5 ff.; Fall *De Cubber*, Urt. v. 14. September 1987, ECHR Ser. A, Vol. 124 B, S. 14 Nr. 5 ff.

[38] Dementsprechend hat der EuGHMR im Fall *De Cubber* „just satisfaction“ zuerkannt, nachdem der vom Generalstaatsanwalt gestellte Antrag auf Aufhebung des Strafurteils vom Kassationsgerichtshof zurückgewiesen worden war, siehe ebd., S. 17 Nr. 21.

c) Die Gewährung von „just satisfaction"

Nach der Klärung der Voraussetzungen des Art. 50 EMRK stellt sich nunmehr die Frage, in welcher *Form* nach dieser Vorschrift „just satisfaction" zuzusprechen ist. Bei konventionswidrigen Gerichtsurteilen oder Verwaltungsentscheidungen bestünde die effektivste Form der Wiedergutmachung in der Kassation des fehlerhaften Rechtsaktes unmittelbar durch den EuGHMR. Ein solches Gestaltungsurteil würde indes einen direkten Eingriff in die innerstaatliche Rechtsordnung des verantwortlichen Staates bedeuten. Zu derartigen Eingriffen ist nicht einmal der Gerichtshof der Europäischen Gemeinschaften befugt: Dieser kann, wenn ein Mitgliedstaat gegen Gemeinschaftsrecht verstoßen hat, im Verfahren nach Art. 169, 170 EWGV bzw. Art. 141, 142 EAGV zwar den Verstoß feststellen, nicht jedoch den vertragswidrigen innerstaatlichen Rechtsakt selbst aufheben; dies ist Sache des betroffenen Staates, Art. 171 EWGV, Art. 143 EAGV.[39] Dem europäischen Gerichtshof für Menschenrechte kann eine solche „supranationale" Kompetenz erst recht nicht zustehen; hiervon gingen auch die Verfasser der EMRK aus.[40] Art. 50 EMRK gewährt dem EuGHMR also jedenfalls nicht die Befugnis, innerstaatliche Rechtsakte aufzuheben;[41] zulässig sind vielmehr lediglich Leistungsurteile.

Deren Inhalt ergibt sich aus dem Anwendungsbereich des Art. 50 EMRK: Dieser beschränkt sich auf die Fälle, in denen *Naturalrestitution* nicht in Betracht kommt, sei es wegen Unzulässigkeit, Unmöglichkeit, ungebührlicher Verzögerung oder Verweigerung seitens des verantwortlichen Staates.[42] Die Zuerkennung von „just satisfaction" nach Art. 50 EMRK soll also die in solchen Fällen nicht oder nicht in zumutbarer Zeit zu erlangende Naturalrestitution ersetzen. Diesen Zweck erfüllt lediglich die Zuerkennung einer Entschädigung in Geld.[43] Eine Befugnis des EuGHMR, den verantwortlichen Staat zu etwas anderem als zur Gewährung von Entschädigung zu verurteilen, läßt sich aus Art. 50 EMRK daher nicht ableiten. So kann der EuGHMR beispielsweise nicht anordnen, daß der verantwortliche Staat konventionswidrige innerstaatliche Rechtsakte aufheben,[44]

---

39 Siehe etwa *Bleckmann*, Europarecht, Rdn. 522; *Oppermann*, Europarecht, Rdn. 635; *Schweitzer / Hummer*, Europarecht, S. 139.

40 Siehe *Collected Edition*, Vol. III, S. 276:
„ In particular, the Court will not have the power to declare null and void or amend Acts emanating from the public bodies of the signatory States.".

41 So auch *EuGHMR*, Fall *Hauschildt*, Urt. v. 24. Mai 1989, ECHR Ser. A, Vol. 154, S. 23 Nr. 54; Fall *Marcks*, Urt. v. 13 Juni 1979, ECHR Ser. A, Vol. 31, S. 25 Nr. 58 unten; Fall *Oberschlick*, Urt. v. 23. Mai 1991, ECHR Ser. A, Vol. 204, S. 28 Nr. 65; *Buergenthal*, in: The European Convention on Human Rights, ICLQ Supp. No. 11 (1965), S. 79 ff.

42 Siehe oben unter b).

43 So auch die ständige Praxis des *EuGHMR*, siehe zuerst Fall *Ringeisen*, Urt. v. 22. Juni 1972, ECHR Ser. A, Vol. 15, S. 10 Nr. 26.

44 *EuGHMR*, Fall *Pakelli*, Urt. v. 25. April 1983, ECHR Ser. A, Vol. 64, S. 19 f. Nr. 45: Keine Befugnis, den Staat zur Aufhebung eines Strafurteil zu verurteilen; Fall *Gillow*,

die für die Konventionsverletzung verantwortlichen Amtsträger bestrafen[45], bestimmte Maßnahmen zur Verhinderung künftiger Verstöße treffen[46] oder das Urteil des EuGHMR im Amtsblatt veröffentlichen müsse.[47] Die sich aus einer Konventionsverletzung ergebenden Rechtsfolgen festzustellen, ist — bis auf die Zuerkennung von Entschädigung — nicht Aufgabe des Gerichtshofes, sondern gemäß Art. 53 EMRK Sache des verantwortlichen Staates, der dabei gemäß Art. 54 EMRK vom Ministerausschuß des Europarates überwacht wird.

Bestätigt wird dieses aus dem Normzweck von Art. 50 EMRK und der Systematik von Art. 50, 53 und 54 EMRK folgende Ergebnis durch die Entstehungsgeschichte der Konvention: Der Konventionsentwurf der Europäischen Bewegung hatte in Art. 13 lit. b noch eine Befugnis des Gerichtshofes zu Anordnung verschiedenster Wiedergutmachungsmaßnahmen vorgesehen:

> „The Court may either prescribe measures of reparation or it may require that the State concerned take penal or administrative action in regard to the persons responsible for the infringement, or it may demand the repeal, cancellation or amendment of the act.“[48]

Aus dem Umstand, daß sich davon im endgültigen Art. 50 EMRK nichts wiederfindet, muß geschlossen werden, daß die Verfasser der Konvention dem Gerichtshof eine derart weitgehende Entscheidungsbefugnis nicht zugestehen wollten. Zu berücksichtigen ist außerdem, daß eine solche Kompetenz nicht einmal dem Gerichtshof der Europäischen Gemeinschaften zukommt: Dieser kann in den Verfahren nach Art. 169 und 170 EWGV bzw. 141, 142 EAGV zwar feststellen, daß der beklagte Mitgliedstaat das Gemeinschaftsrecht verletzt hat; er darf dem Staat jedoch nicht die zu ergreifenden Maßnahmen vorschreiben.[49] Dem Europäischen Gerichtshof für Menschenrechte kann in Ermangelung einer ausdrücklichen vertraglichen Ermächtigung eine derartige Befugnis ebensowenig zustehen.

Urt. v. 14. November 1987, ECHR Ser. A, Vol. 124 C, S. 26 Nr. 9: Keine Befugnis, die Aufhebung eines rechtswidrigen Aufenthaltsverbots zu verlangen; Fall *Demicoli ./. Malta*, Urt. v. 27. August 1991, ECHR Ser. A, Vol. 210, S. 19 Nr. 45: Keine Befugnis, die Aufhebung von Verfassungsnormen zu verlangen.

45 *EuGHMR*, Fall *Irland ./. UK*, Urt. v. 18. Januar 1978, ECHR Ser. A, Vol. 25, S. 72 Nr. 187.

46 *EuGHMR*, Fall *Zanghì*, Urt. v. 19. Februar 1991, ECHR Ser. A, Vol. 194, S. 48 Nr. 26.

47 Fall *Caleffi*, Urt. v. 24. Mai 1991, ECHR Ser. A, Vol. 206, S. 21 Nr. 21; ähnlich Fall *Castells ./. Spanien*, Urt. v. 23. April 1992, HRLJ 13 (1992), S. 427 (435 Nr. 54); siehe auch Fall *Philis ./. Griechenland*, Urt. v. 27. August 1991, ECHR Ser. A, Vol. 209, S. 27 Nr. 79: Keine Befugnis, Zwangsvollstreckungsmaßnahmen Dritter in die zuerkannte Entschädigung zu verbieten.

48 *Collected Edition*, Vol. I, S. 296 ff. (301 f.).

49 Siehe etwa *Bleckmann*, Europarecht, Rdn, 522; *Schweizer / Hummer*, Europarecht, S. 139; *Tomuschat*, FS Schindler, S. 147, 153; *Gray*, Judicial Remedies in International Law, S. 122 ff., m. w. N.

Es besteht auch kein Anlaß, hiervon in Fällen einer noch andauernden Konventionsverletzung eine Ausnahme zu machen, dem EuGHMR also beispielsweise die Befugnis zuzugestehen, die Freilassung einer entgegen Art. 5 I EMRK inhaftierten Person anzuordnen: Aus der Feststellung des Konventionsverstoßes durch den Gerichtshof ergibt sich für den verantwortlichen Staat bereits mit hinreichenden Deutlichkeit die Verpflichtung, den Verstoß zu beenden, die inhaftierte Person also freizulassen. Für eine ausdrückliche Anordnung durch den Gerichtshof besteht also kein so dringendes Bedürfnis, daß sie ohne ausdrückliche vertragliche Grundlage ausgesprochen werden könnte. Es bleibt daher bei dem Grundsatz, daß der EuGHMR im Falle der Feststellung einer Konventionsverletzung als „just satisfaction" im Sinne des Art. 50 EMRK lediglich eine Entschädigung in Geld zusprechen kann.

d) Die „injured party"

Zuerkannt wird diese Entschädigung gemäß Art. 50 EMRK der „injured party" („partie lésée"). Es stellt sich die Frage, wer damit gemeint ist. Bei Verstößen gegen herkömmliches Völkerrecht, insbesondere bei Fremdenrechtsverletzungen, sprechen internationale Gerichte und Schiedsgerichte den Schadensersatz grundsätzlich nicht unmittelbar dem durch die Rechtsverletzung geschädigten Individuum zu, sondern dem Heimatstaat, der den Fall auf der internationalen Ebene geltend gemacht hat.[50] Das entspricht dem Schutzzweck des „klassischen" Völkerrechts: Dieses soll nicht unmittelbar das Individuum, sondern staatliche Interessen schützen, was sich insbesondere daran zeigt, daß es die Staaten in ihrem Verhalten gegenüber den eigenen Staatsangehörigen nicht bindet.[51] Im Gegensatz dazu bezweckt die EMRK unmittelbar den Schutz des Individuums, denn sie gilt auch im Verhältnis der Vertragsstaaten zu den jeweils eigenen Staatsangehörigen. Dies spricht dafür, daß, anders als im herkömmlichen Völkerrecht, die Entschädigung nach Art. 50 EMRK nicht dem Heimatstaat des betroffenen Individuums, sondern diesem selbst zuzusprechen ist. Andernfalls würde Art. 50 EMRK auch weitgehend leerlaufen, denn meistens werden die Konventionsverletzungen von Vertragsstaaten gegenüber eigenen Staatsangehörigen begangen, und in solchen Fällen ist außer dem Individuum niemand vorhanden, dem die Entschädigung zugesprochen werden könnte.

Aus der Verwendung des Begriffes „injured party" in Art. 50 EMRK kann nichts Gegenteiliges geschlossen werden, obgleich das betroffene Individuum weder Vertragspartei noch Partei im Verfahren vor dem Gerichtshof ist. Daß sich der Begriff „injured party" in Art. 50 EMRK findet, ist das Ergebnis einer unbesehenen Übernahme aus Art. 32 der Genfer Generalakte über die friedliche

---

[50] Siehe etwa *StIGH, Wimbledon-Fall,* Urt. v. 17. August 1923, PCIJ Ser. A, No. 1, S. 15 (30 unten).

[51] Siehe *Oda,* in: Sorensen (Hrsg.), Manual of Public International Law, S. 495.

Beilegung zwischenstaatlicher Streitigkeiten.[52] Dort bezeichnet „injured party" zwar den in seinen Rechten verletzten Vertragsstaat. Im Rahmen von Art. 50 EMRK muß jedoch das betroffene Individuum gemeint sein, denn für die Vertragsstaaten werden in der EMRK große Anfangsbuchstaben[53] verwendet.[54] Die Entschädigung nach Art. 50 EMRK ist also dem von der Konventionsverletzung betroffenen Individuum zuzusprechen.[55]

e) Zusammenfassung

Wenn der EuGHMR eine Konventionsverletzung festgestellt hat, kann er mithin gemäß Art. 50 EMRK dem betroffenen Individuum für die Folgen der Rechtsverletzung eine gerechte Entschädigung zubilligen, soweit Naturalrestitution unmöglich oder unzulässig ist, nicht in angemessener Zeit erfolgt oder vom verantwortlichen Staat verweigert wird.

2. Die Befugnisse des Ministerausschusses gemäß Art. 32 EMRK

Zu einer Entscheidung nach Art. 50 EMRK kann es allerdings nur dann kommen, wenn die Menschenrechtsbeschwerde von der Europäischen Kommission für Menschenrechte oder von einem der beteiligten Staaten gemäß Art. 48 EMRK vor den Gerichtshof gebracht wird. Unterbleibt die Anrufung des EuGHMR, so entscheidet gemäß Art. 32 EMRK der Ministerausschuß des Europarates. Dessen Befugnisse im Hinblick auf die Wiedergutmachung von Rechtsverletzungen sind nicht in Art. 50 EMRK, sondern in Art. 32 Abs. 2 bis 4 EMRK geregelt.[56]

---

52 LNTS 93 (1929), S. 343 ff.

53 Siehe etwa Art. 1, 20, 24, 25, 44-46, 48, 50 EMRK.

54 Darauf hat bereits *Golsong*, Das Rechtsschutzsystem der Europäischen Menschenrechtskonvention, S. 106 f., aufmerksam gemacht.

55 So auch der *EuGHMR* in ständiger Rechtsprechung, siehe zuerst Fall *De Wilde, Ooms und Versyp*, Urt. v. 10. März 1972, ECHR Ser. A, Vol. 14, S. 11 Nr. 23.

56 Art. 32 EMRK lautet:

(1) If the question is not referred to the Court in accordance with Article 48 of this Convention within a period of three months from the date of the transmission of the Report to the Committee of Ministers, the Committee of Ministers shall decide by a majority of two-thirds of the members entitled to sit on the Committee whether there has been a violation of the Convention.

(2) In the affirmative case the Committee of Ministers shall prescribe a period during which the High Contracting Party concerned must take the measures required by the decision of the Committee of Ministers.

(3) If the High Contracting Party concerned has not taken satisfactory measures within the prescribed period, the Committee of Ministers shall decide by the majority provided for in paragraph (1) above what effect shall be given to its original decision and shall publish the Report.

(4) The High Contracting Parties undertake to regard as binding on them any decision

Gemäß Art. 32 Abs. 4 EMRK ist nicht nur die Feststellung der Konventionsverletzung nach Art. 32 Abs. 1 EMRK, sondern darüber hinaus auch jede nach Art. 32 Abs. 2 und 3 EMRK ergangene Entscheidung für den verantwortlichen Staat verbindlich. Daraus ergibt sich, daß der Ministerausschuß auch im Hinblick auf die zu leistende Wiedergutmachung die Befugnis zu verbindlichen Anordnungen besitzt. So kann er beispielsweise dem von der Menschenrechtsverletzung betroffenen Individuum entsprechend Art. 50 EMRK eine Entschädigung zusprechen.[57] Anders als gemäß Art. 50 EMRK der Gerichtshof ist der Ministerausschuß aber nicht auf die Zuerkennung von „just satisfaction" beschränkt. Vielmehr darf er gegebenenfalls auch andere erforderliche Maßnahmen der Wiedergutmachung anordnen, so zum Beispiel Gesetzesänderungen.[58] Daß die Verfasser der EMRK dem Ministerausschuß insoweit weitergehende Entscheidungsbefugnisse zugestanden haben als dem EuGHMR, läßt sich damit erklären, daß im Ministerausschuß stets auch ein den Weisungen seiner Regierung unterworfener Vertreter des verantwortlichen Staates sitzt und bei der Entscheidung mitwirkt.[59] Außerdem setzen im Gegensatz zu Urteilen des Gerichtshofs Anordnungen des Ministerausschusses nach Art. 32 EMRK (jedenfalls zur Zeit noch) eine Zweidrittelmehrheit voraus.[60]

Fraglich ist, in welchem Verfahrensstadium des Art. 32 EMRK Anordnungen zur Wiedergutmachung ergehen können. Es wird die Auffassung vertreten, der Ministerausschuß müsse dem verantwortlichen Staat gemäß Art. 32 Abs. 2 EMRK zunächst eine Frist zur Vornahme der gebotenen Wiedergutmachungsmaßnahmen setzen und dürfe erst nach fruchtlosem Fristablauf gemäß Art. 32 Abs. 3 EMRK Wiedergutmachungsmaßnahmen anordnen.[61] Andere sind demgegenüber der Ansicht, der Ministerausschuß könne solche Anordnungen bereits zusammen mit der Fristsetzung nach Art. 32 Abs. 2 EMRK treffen;[62] dem Art. 32 Abs. 3 EMRK

---

which the Committee of Ministers may take in application of the preceding paragraphs.

[57] *MA*, Fälle *Azzi* und *Lo Giacco ./. Italien*, Res. DH (92) 2 und 3 v. 20. Februar 1992, HRLJ 13 (1992), S. 181 f.; *Velu*, in: Proceedings of the 6th International Colloquy about the European Convention on Human Rights, S. 532 ff. (614) Nr. 43; *Zanghi*, ebd., S. 920 ff. (936); *Cohen-Jonathan*, La Convention Européenne des Droits de l'Homme, S. 227 unten.

[58] *Tomuschat*, HRLJ 13 (1992), S. 401 (404); *Vegleris*, RDH 2 (1969), S. 234 ff. (248); *Golsong*, Das Rechtsschutzsystem der Europäischen Menschenrechtskonvention, S. 100.

[59] *Tomuschat*, HRLJ 13 (1992), S. 401 (404).

[60] Allerdings wird gemäß Protokoll Nr. 10 zur EMRK vom 30. März 1992 in Zukunft die einfache Mehrheit genügen. Der Wortlaut des Protokolls ist abgedruckt in HRLJ 13 (1992), S. 182 f.

[61] So *Velu / Ergec*, La Convention Européenne des Droits de l'Homme, §§ 1279, 1280; *Vegleris*, RDH 2 (1969), S. 234 ff. (245 ff.); *ders.*, Mélanges Modinos, S. 369 ff. (375); *Robertson*, RDH 6 (1973), S. 768 ff. (769); *Kovar*, RDH 6 (1973), S. 685 ff. (695); *Higgins*, RHDI 31 (1978), S. 1 ff. (34).

[62] Diese Auffassung wird vertreten von *Frowein*, in: Frowein / Peukert, Rdn. 6 f. zu Art. 32 EMRK; *ders.*, FS Partsch, S. 317 ff. (323); *Tomuschat*, HRLJ 13 (1992), 401

käme hiernach die Funktion zu, für den Fall des fruchtlosen Fristablaufes die Anordnung von Sanktionen zu ermöglichen.

Der Ministerausschuß neigte bis vor kurzem der erstgenannten Auslegungsalternative zu: Nach Nr. 5 seiner Verfahrensregeln zu Art. 32 EMRK vom 01. November 1983[63] waren im Verfahrensstadium des Art. 32 Abs. 2 EMRK zwar *unverbindliche* Ratschläge, Anregungen oder Empfehlungen, nicht aber bindende Anordnungen vorgesehen. Mit Entscheidung vom 19. Dezember 1991 wurde Nr. 5 der Verfahrensregeln jedoch gestrichen,[64] und am 20. Februar 1992 ordnete der Ministerausschuß in mehreren Verfahren gegen Italien unter Bezugnahme auf Art. 32 Abs. 2 EMRK an, daß der verantwortliche Staat den Beschwerdeführern vor dem 20. Mai 1992 bestimmte Entschädigungsbeträge zu zahlen habe.[65] Der Ausschuß ist also inzwischen zu der Auffassung gelangt, daß eine Befugnis zu verbindlichen Anordnungen bereits nach Art. 32 Abs. 2 EMRK bestehe.

Ob sich eine solche Befugnis aus dem Wortlaut des Art. 32 Abs. 2 EMRK ableiten läßt, ist allerdings zweifelhaft: Nach der französischen Fassung hat der verantwortliche Staat innerhalb der gesetzten Frist diejenigen Maßnahmen zu ergreifen, die die Entscheidung des Ministerausschusses objektiv nach sich zieht („mesures q'*entraine* la décision du Comité des Ministres"[66]). Dafür, daß derartige Maßnahmen in der Entscheidung selbst ausdrücklich angeordnet werden dürfen, gibt die französische Fassung nichts her. Demgegenüber könnte der englische Wortlaut allerdings so verstanden werden, daß der verantwortliche Staat innerhalb der gesetzten Frist die in der Entscheidung geforderten Maßnahmen zu ergreifen habe („measures required by the decision"); danach hätte der Ministerausschuß die Befugnis, zusammen mit der Fristsetzung bereits Anordnungen zu treffen. Ein solches Verständnis ist vom Wortsinn her jedoch nicht zwingend. Möglich ist auch die Auslegung, daß der verantwortliche Staat innerhalb der gesetzten Frist die durch die Entscheidung notwendig gewordenen Maßnahmen zu ergreifen habe. Dann aber bietet die englische Fassung, nicht anders als der französische Wortlaut, für eine Befugnis des Ministerausschusses zu Anordnungen über die Wiedergutmachung keinen Anhaltspunkt.

Für die Zulässigkeit verbindlicher Anordnungen nach Art. 32 Abs. 2 EMRK spricht jedoch, daß die Regelung des Art. 32 Abs. 4 EMRK, wonach die Entschei-

(404); *Golsong*, Das Rechtsschutzsystem der Europäischen Menschenrechtskonvention, S. 100.

[63] Deutsche Übersetzung abgedruckt bei *Frowein*, FS Partsch, S. 323, FN 25.

[64] Siehe Res. DH (92) 2 im Fall *Azzi*, HRLJ 13 (1992), 181 (182).

[65] Siehe die Fälle *Azzi* und *Lo Giacco ./. Italien*, Res. DH (92) 2 und 3 v. 20. Februar 1992, HRLJ 13 (1992), S. 181 f. Die Setzung einer dreimonatigen Zahlungsfrist entspricht seit dem Urteil vom 28. August 1991 im Fall *Moreira de Azevedo ./. Portugal*, ECHR Ser. A, Vol. 208-C, S. 34 Tenor Nr. 1, auch der ständigen Praxis des *EuGHMR*. Siehe etwa Fall *Helmers ./. Schweden*, Urt. v. 29. Oktober 1991, ECHR Ser. A, Vol. 212, S. 19, Tenor Nr. 3; Fall *Tomasi ./. Frankreich*, Urt. v. 27. August 1992, ECHR Ser. A, Vol. 241, S. 45, Tenor Nr. 3.

[66] Hervorhebung vom Verfasser.

dungen des Ministerausschusses verbindlich sind, sich auch auf die nach Art. 32 Abs. 2 EMRK zu treffenden Entscheidungen bezieht. Die Einbeziehung des Art. 32 Abs. 2 in den Anwendungsbereich des Art. 32 Abs. 4 EMRK wäre bedeutungslos, wenn Anordnungen erst nach Fristablauf gemäß Art. 32 Abs. 3 EMRK ergehen könnten. Ein weiteres Argument für die Befugnis zu Anordnungen nach Art. 32 Abs. 2 EMRK ist, daß die Länge der nach dieser Vorschrift zu bestimmenden Frist schwerlich ohne Bezugnahme auf die vorzunehmenden Wiedergutmachungsmaßnahmen festgesetzt werden kann.[67] So ist etwa für die Zahlung einer Entschädigung ein erheblich kürzerer Zeitraum erforderlich als für die Durchführung von Gesetzesänderungen. Die Anordnung von Wiedergutmachungsmaßnahmen zusammen mit der Fristsetzung dient überdies der Effektivität des Menschenrechtsschutzes, denn eine mit konkreten Anordnungen verbundene Fristsetzung hat einen stärkeren Aufforderungscharakter und wird daher eher befolgt als eine lediglich abstrakte Fristsetzung. Schließlich ist zu berücksichtigen, daß der EuGHMR, wenn er eine Konventionsverletzung feststellt, dem betroffenen Individuum *sofort* eine Entschädigung zusprechen kann.[68] Warum die Befugnisse des Ministerausschusses, die inhaltlich über die des EuGHMR sogar hinausgehen, im Hinblick auf den Entscheidungszeitpunkt hinter jenen zurückbleiben sollten, ist nicht einzusehen. Es darf nicht von der Wahl des entscheidenden Spruchkörpers durch die EuKMR abhängen, ob dem betroffenen Individuum nach Feststellung der Konventionsverletzung sofort eine Entschädigung zugesprochen werden kann oder nicht. Insgesamt verdient daher die neuere Rechtsprechung des Ministerausschusses, wonach Anordnungen über die Wiedergutmachung bereits zusammen mit der Fristsetzung nach Art. 32 Abs. 2 EMRK zulässig sind, Zustimmung.

3. Die Befugnisse des Interamerikanischen Gerichtshofes gemäß Art. 63 Abs. 1 AMRK

Ein dem Ministerausschuß des Europarates vergleichbares Organ fehlt im Rechtsschutzsystem der *Amerikanischen Menschenrechtskonvention.*[69] Dort besitzt lediglich der Interamerikanische Gerichtshof für Menschenrechte (IAGHMR) die Befugnis zu verbindlichen Anordnungen über die vom verantwortlichen Staat wegen der Konventionsverletzung zu treffenden Maßnahmen. Diese Befugnis ist in Art. 63 Abs. 1 in Verbindung mit Art. 68 Abs. 1 AMRK geregelt.[70] Betrachtet man allein den Wortlaut des Art. 63 Abs. 1 EMRK, so

---

67 *Tomuschat,* HRLJ 13 (1992), 401 (404).

68 Siehe oben unter 1. a).

69 Vom 22. November 1969, ILM 9 (1970), S. 99 ff. Zum Rechtsschutzsystem der AMRK siehe insbesondere *Kokott,* Das interamerikanische System zum Schutz der Menschenrechte, 1986.

70 Der Text des Art. 63 Abs. 1 AMRK lautet:
„If the Court finds that there has been a violation of a right or freedom protected by

wird allerdings nicht ganz deutlich, ob diese Vorschrift dem Gerichtshof die Befugnis gibt, konkret bezeichnete Maßnahmen zu verlangen.[71] So läßt sich beispielsweise die Formulierung der zweiten Variante von Satz 2 („It shall also rule . . . that fair compensation be paid to the injured party.") so verstehen, daß der Gerichtshof zwar anordnen könne, daß Entschädigung zu zahlen sei, nicht aber den konkreten Betrag festlegen dürfe. Indes folgt aus Art. 68 Abs. 2 AMRK, daß eine solch restriktive Auslegung nicht dem Willen der Konventionsverfasser entspräche. Die in dieser Vorschrift vorgesehene innerstaatliche Vollstreckbarkeit der Entschädigungsurteile würde keinen Sinn machen, wenn der Gerichtshof nicht auch den Betrag der zu leistenden Entschädigung festsetzen dürfte. Dementsprechend hat er im Fall *Velásquez Rodriguez*[72] die Höhe der zu zahlenden Entschädigung genau beziffert und sogar die Zahlungsmodalitäten im einzelnen festgeschrieben.[73]

Art. 63 Abs. 1 AMRK gibt dem IAGHMR also die Befugnis zu konkreten Anordnungen. Somit kann der Gerichtshof gemäß Art. 63 Abs. 1 Satz 1 AMRK auch bestimmte Maßnahmen vorschreiben, damit der „injured party", also dem betroffenen Individuum,[74] der Genuß ihres verletzten Rechts gewährleistet wird.[75] Hierunter fiele etwa die Anordnung, daß eine entgegen Art. 7 Abs. 2 AMRK inhaftierte Person sofort freizulassen oder einem unter Verstoß gegen Art. 11 Abs. 2 AMRK („family") Ausgewiesenen die Rückkehr zu gestatten sei. Zweifelhaft ist hingegen, ob der Gerichtshof aufgrund dieser Regelung auch die Bestrafung der für die Menschenrechtsverletzung verantwortlichen Organe oder Gesetzesänderungen anordnen kann: Nach Art. 63 Abs. 1 Satz 1 AMRK dürfen Maß-

---

this Convention, the Court shall rule that the injured party be ensured the enjoyment of his right or freedom that was violated. It shall also rule, if appropriate, that the consequences of the measure or situation that constituted the breach of such right or freedom be remedied and that fair compensation be paid to the injured party."

Der Text von Art. 68 Abs. 1 AMRK lautet:

„The States Parties to the Convention undertake to comply with the judgment of the Court in any case to which they are parties."

71 Zweifelnd *Bartsch*, Mélanges Wiarda, S. 47 ff. (49 oben): „It remains to be seen.".

72 In diesem Fall sind *drei* Sachurteile des Gerichtshofes ergangen:
— Urteil vom 29. Juli 1988, deutsche Übersetzung abgedruckt in EuGRZ 1989, S. 157 ff., zur Feststellung der Konventionsverletzungen;
— Urteil vom 21. Juli 1989, deutsche Übersetzung abgedruckt in EuGRZ 1991, S. 346 ff., zur Anwendung des Art. 63 Abs. 1 AMRK;
— Urteil vom 17. August 1990, deutsche Übersetzung abgedruckt in EuGRZ 1991, S. 349 ff., zur Auslegung des Entschädigungsurteils vom 21. Juli 1989.

73 Urt. v. 21 Juli 1989, deutsche Übersetzung abgedruckt in EuGRZ 1991, S. 346 ff., 347 ff. Nr. 40 ff. Zur Auslegung dieses Urteils siehe das Urteil vom 17. August 1990, EuGRZ 1991, S. 349 ff.

74 *IAGHMR*, Fall *Velásquez Rodriguez*, Urt. v. 29. Juli 1988, deutsche Übersetzung abgedruckt in EuGRZ 1989, S. 157 ff., 173 Nr. 192: Empfänger der Entschädigung im Sinne des Art. 63 Abs. 1 Satz 2 EMRK seien die nächsten Angehörigen des verschwundenen Opfers. Ebenso die Rechtsprechung des EuGHMR, siehe oben unter 1. d).

75 „. . . that the injured party be ensured the enjoyment of his right or freedom that was violated."

nahmen nur zum Schutz gerade derjenigen Personen vorgeschrieben werden, die von der Konventionsverletzung betroffen sind, nicht auch zum Schutz der Allgemeinheit. Andernfalls wäre die Bezugnahme auf die „injured party" überflüssig. Maßnahmen wie Gesetzesänderungen oder die Bestrafung der schuldigen Organe bezwecken aber nicht in spezifischer Weise den Schutz der von der Menschenrechtsverletzung betroffenen Individuen, sondern im wesentlichen den Schutz der Allgemeinheit; die betroffenen Individuen werden durch sie allenfalls ebenso geschützt wie andere Mitglieder der Allgemeinheit auch. Zu Recht neigt daher der IAGHMR der Auffassung zu, daß derartige Maßnahmen von Art. 63 Abs. 1 Satz 1 AMRK nicht umfaßt sind. So hat er im Fall *Velásquez Rodriguez* zwar in den Urteilsgründen hervorgehoben, die Täter von Menschenrechtsverletzungen seien strafrechtlich zu verfolgen,[76] eine Anordnung dieses Inhalts im Urteilstenor jedoch unterlassen.[77]

Gemäß Art. 63 Abs. 1 Satz 2, HS 1 AMRK darf der IAGHMR anordnen, „... that the consequences of the measure or situation that constituted the breach ... be remedied ...". Da die Zuerkennung einer Entschädigung im zweiten Halbsatz gesondert geregelt wird, ergibt sich aus dem ersten Halbsatz die Befugnis des Gerichtshofes, gegebenenfalls („if appropriate") auch Naturalrestitution anzuordnen. Die Befugnisse des IAGHMR gehen also weiter als die des EuGHMR, der nur Entschädigung zusprechen kann.

II. Organe, deren Entscheidungen keine Verbindlichkeit besitzen

Neben dem IAGHMR, dem EuGHMR und dem Ministerausschuß des Europarates, deren Entscheidungen verbindlich sind, gibt es auch Menschenrechtsorgane, die keine völkerrechtlich verbindlichen Anordnungen, sondern allenfalls Anregungen bzw. Empfehlungen aussprechen können. Zu nennen sind auf der Ebene der Vereinten Nationen insbesondere der aufgrund des Internationalen Paktes über bürgerliche und politische Rechte (IPBPR)[78] eingerichtete Menschenrechtsausschuß, der Ausschuß gegen Rassendiskriminierung gemäß Art. 8 ff der Rassendiskriminierungskonvention (RDK)[79] und der Ausschuß gegen Folter gemäß Art. 17 ff der UN-Folterkonvention (UN-FK),[80] sowie auf regionaler Ebene die Europäische, die Interamerikanische und die Afrikanische Menschenrechtskommission.[81] Trotz fehlender völkerrechtlicher Verbindlichkeit verdienen die Entschei-

---

76 Urt. v. 29. Juli 1988, EuGRZ 1989, S. 157, 172 Nr. 174; Urt. v. 21. Juli 1989, EuGRZ 1991, S. 346 ff., 347 Nr. 35.

77 Urt. v. 29. Juli 1988, EuGRZ 1989, S. 157 ff., 173 Nr. 189; Urt. v. 21. Juli 1989, EuGRZ 1991, S. 346, 347 Nr. 32 ff.

78 GAOR, 21st Sess., Supp. No. 16 (A / 6316), S. 52 ff.

79 UNTS 660 (1969), S. 212 ff.

80 GAOR 39th Sess., Supp. No. 51 (A / 39 / 51), S. 197 ff.

dungen dieser Organe — gerade auch in der vorliegenden Arbeit — besondere Beachtung, zumal sie aufgrund ihrer politischen Wirkung und Autorität zumeist ebenso befolgt werden wie Entscheidungen mit bindender Wirkung.[82]

Einige Verträge, so zum Beispiel die Rassendiskriminierungskonvention, gewähren dem für die Behandlung von Menschenrechtsbeschwerden zuständigen Organ ausdrücklich die Befugnis, im Falle der Feststellung einer Konventionsverletzung Anregungen bzw Empfehlungen auszusprechen.[83] Dementsprechend hat der Ausschuß gegen Rassendiskriminierung (CERD) zum Abschluß der ersten von ihm entschiedenen Individualbeschwerde, in der es um die Entlassung einer Arbeitnehmerin aus rassendiskriminierenden Gründen ging, dem verantwortlichen Staat gemäß Art. 14 Abs. 7 RDK vorgeschlagen, sich um eine neue Beschäftigung für die Betroffene zu kümmern.[84]

Auf eine so eindeutige Rechtsgrundlage können der Menschenrechtsausschuß und der Ausschuß gegen Folter nicht zurückgreifen. Art. 5 Abs. 4 des Fakultativprotokolls (FP) zum IPBPR und Art. 22 Abs. 7 der UN-FK sehen zwar vor, daß zum Abschluß des Individualbeschwerdeverfahrens Ansichten („views") geäußert werden. Im Gegensatz zu „recommendations", „suggestions" oder „proposals" beziehen sich „views" von ihrem Wortlaut her aber nicht notwendig auf ein zukünftiges Verhalten des verantwortlichen Staates. So ist denn auch die Auffassung vertreten worden, der Menschenrechtsausschuß dürfe gemäß Art. 5 Abs. 4 des Fakultativprotokolls lediglich seine Ansicht über das Vorliegen einer Konventionsverletzung darlegen und allenfalls allgemein gehaltene Empfehlungen geben, etwa daß die Konventionsverletzung einzustellen, dem Beschwerdeführer effektiver Rechtsschutz zu gewähren und Maßnahmen zur Verhinderung künftiger Verstöße zu treffen seien; darüber hinausgehende Vorschläge, z. B. eine Entschädigung zu zahlen, ein Gesetz aufzuheben oder ein fehlerhaftes Gerichtsverfahren zu wiederholen, seien unzulässig.[85] Eine derart restriktive Auslegung ist indes nach dem Wortlaut der in Rede stehenden Vorschriften keineswegs zwingend: Worauf sich die „views" des Ausschusses zu beziehen haben, wird von Art. 5 Abs. 4 des Fakultativprotokolls bzw. von Art. 22 Abs. 7 UN-FK nicht näher definiert. Fest steht nur, daß der Zusammenhang mit dem konkreten Fall

---

[81] Deren Einrichtung ist vorgesehen in Art. 30 ff. der „African Charter on Human and Peoples' Rights", abgedruckt in ILM 21 (1982), S. 58 ff.

[82] *Tomuschat*, ZaöRV 45 (1985), S. 547 ff. (578 f.); *McGoldrick*, The Human Rights Committee, S. 151 f.

[83] Siehe etwa Art. 14 Abs. 7 lit. b *RDK*.

„The Committee shall forward its suggestions and recommendations, if any, to the State party concerned and to the petitioner."

Siehe auch Art. 31 Abs. 3 *EMRK;* Art. 50 Abs. 3, 51 Abs. 2 *AMRK;* Art. 20 Abs. 4 *UN-FK;* Art. 53, 58 Nr. 2 *AfrCH.*

[84] Fall *Yilmaz-Dogan ./. Niederlande*, Opinion v. 10. August 1988, GAOR 43rd Sess., Supp. No. 18 (A/43/18), S. 59 ff. (64 Nr. 10).

[85] *Graefrath*, Menschenrechte und internationale Kooperation (1988), S. 167 f.

gewahrt bleiben muß. Vom Wortlaut der Vorschriften her ist es also zulässig, daß konkrete Wiedergutmachungsvorschläge gemacht werden. Im Interesse eines effektiven Menschenrechtsschutzes ist dies auch geboten, denn formelhafte Wendungen wie die, daß dem Betroffenen effektiver Rechtsschutz zu gewähren sei, werden in der Praxis nur geringe Befolgungschancen haben.

Der hier befürworteten Auslegung entspricht im Grundsatz auch die Praxis des Menschenrechtsausschusses.[86] Dieser hat beispielsweise im Fall *Aumeerud-dy-Cziffra u. a. ./. Mauritius* die Auffassung vertreten, der verantwortliche Staat müsse bestimmte Gesetze ändern, um seiner aus dem Pakt folgenden Verpflichtung zur Gleichbehandlung der Geschlechter nachzukommen.[87] In der Beschwerde *Guerrero ./. Uruguay* hat er die Ansicht geäußert, der Staat sei wegen einer rechtswidrigen Tötung dem Ehemann des Opfers zur Entschädigung verpflichtet und müsse außerdem Gesetzesänderungen vornehmen, um das Recht auf Leben in Uruguay angemessen zu schützen.[88] In dem Verfahren *Magana ./. Zaire* vertrat der Ausschuß die Auffassung, dem Beschwerdeführer seien Gegenstände zurückzugeben, die im Rahmen einer rechtswidrigen Durchsuchung seines Hauses beschlagnahmt worden waren.[89] Im Fall *Raul Sendic Antonaccio ./. Uruguay* wurde der verantwortliche Staat darauf hingewiesen, daß das gegen den Beschwerdeführer durchgeführte Strafverfahren, das in keiner Weise den Erfordernissen des „fair trial" gemäß Art. 14 IPBPR genügt hatte, wiederholt werden müsse.[90] Im Fall *Pratt und Morgan ./. Jamaica* hielt der Ausschuß den verantwortlichen Staat für verpflichtet, die gegen den Beschwerdeführer verhängte Todesstrafe in eine andere Strafe umzuwandeln, weil sie verfahrensfehlerhaft verhängt worden sei.[91] In *Robinson ./. Jamaica* gelangte der Ausschuß zu der Ansicht, der verantwortliche Staat müsse den aufgrund eines unfairen Verfahrens zum Tode verurteilten Beschwerdeführer freilassen.[92] Im Fall *Miango ./. Zaire* schließlich wurde der

---

86 Siehe auch *Tomuschat,* FS Schindler, S. 147 ff., 154. Einen Überblick über die Praxis des Menschenrechtsausschusses gibt *van Boven,* Study concerning the right to restitution, compensation and rehabilitation for victims of gross violations of human rights and fundamental freedoms, Progress report v. 25. Juli 1991, UN-Doc. E / CN.4 / Sub. 2 / 1991 / 7 (English), S. 5 ff. Nr. 14 ff.

87 Views v. 9. April 1981, GAOR 36th Sess., Supp. No. 40 (A / 36 / 40), S. 134 ff. (142 Nr. 11). Siehe auch Fall *Salgar de Montejo,* views v. 24. März 1982, GAOR 37th Sess., Supp. No. 40 (A / 37 / 40), S. 168 (173 Nr. 12): Gesetzesänderungen, um das Recht auf ein Rechtsmittel im Strafverfahren, Art. 14 Abs. 5 IPBPR, zu gewährleisten.

88 Views v. 31. März 1982, GAOR 37th Sess., Supp. No. 40 (A / 37 / 40), S. 137 ff. (147 Nr. 15).

89 Views v. 21. Juli 1983, GAOR 38th Sess., Supp. No. 40 (A / 38 / 40), S. 197 ff. (200 Nr. 9).

90 Views v. 28. Oktober 1981, ebd., S. 114 ff. (121 Nr. 21).

91 Views v. 6. April 1989, GAOR 44th Sess., Supp. No. 40 (A / 44 / 40), S. 222 (231 Nr. 15).

92 Views v. 30. März 1989, GAOR 44th Sess., Supp. No. 40 (A / 44 / 40), S. 241 (245 Nr. 12); im gleichen Sinne HRC, Fall *Pinto ./. Trinidad und Tobago,* views v. 20. Juli 1990, GAOR 45th Sess., Supp. No. 40 (A / 45 / 40), Vol. II, S. 69 (74 Nr. 13.2);

verantwortliche Staat aufgefordert, die für eine Tötung verantwortlichen Personen zur Rechenschaft zu ziehen.[93]

Demgegenüber hat der Ausschuß bislang davon Abstand genommen, auch im Hinblick auf den genauen Betrag der zu zahlenden Entschädigung konkrete Vorschläge zu machen.[94] Angesichts der soeben dargelegten Praxis erscheint diese Zurückhaltung, die von Art. 5 Abs. 4 des Fakultativprotokolls nicht gefordert wird, wenig folgerichtig. Sie mindert überdies die Aussichten des betroffenen Individuums, vom verantwortlichen Staat angemessene Entschädigung zu erhalten, und sollte daher aufgegeben werden.

Fall *Reid ./. Canada,* views v. 20. Juli 1990, GAOR 45th Sess, Supp. No. 40 (A / 45 / 40), Vol. II, S. 85 (92 Nr. 12.2).

[93] Views v. 27. Oktober 1987, GAOR·43rd Sess., Supp. No. 40 (A / 43 / 40), S. 218 (221 Nr. 11).

[94] Siehe zuletzt Fall *Acosta ./. Uruguay,* views v. 25. Oktober 1988, GAOR 44th Sess., Supp. No. 40 (A / 44 / 40), S. 183 (188 Nr. 12); Fall *Munoz Hermoza ./. Peru,* views v. 4. November 1988, GAOR 44th Sess., Supp. No. 40 (A / 44 / 40), S. 200 (205 Nr. 13.1). Fall *Delgado Páez ./. Kolumbien,* views v. 12. Juli 1990, GAOR 45th Sess., Supp. No. 40, (A / 45 / 40), S. 43 (49 Nr. 7.1).

B. Die völkerrechtliche Pflicht zur Wiedergutmachung von Menschenrechtsverletzungen

Nach den Entscheidungsbefugnissen der internationalen Menschenrechtsorgane kann nunmehr die völkerrechtliche Wiedergutmachungspflicht bei Menschenrechtsverletzungen erörtert werden, und zwar im Hinblick auf Rechtsgrundlagen, Voraussetzungen und Inhalt.

I. Vertragliche Normen als Rechtsgrundlage der Wiedergutmachungspflicht

Dabei liegt es zunächst einmal nahe, nach vertraglichen Rechtsgrundlagen für die Wiedergutmachungspflicht Ausschau zu halten.

1. Das Recht auf ein „effective remedy"?

Der Menschenrechtsausschuß (HRC) hat bisweilen die Auffassung vertreten, bei Verstößen gegen den Internationalen Pakt über bürgerliche und politische Rechte ergebe sich die Wiedergutmachungspflicht aus Art. 2 Abs. 3 IPBPR,[1] der den Vertragsstaaten unter anderem aufgibt, sicherzustellen, daß jede in ihren vertraglichen Rechten verletzte Person ein „effective remedy" („recours utile") hat. Schon nach dem englischen Wortlaut der Vorschrift ist diese Auslegung jedoch zweifelhaft: Der Begriff „remedy" kann nicht nur mit „Wiedergutmachung", sondern auch mit „Rechtsbehelf" oder „Rechtsmittel" übersetzt werden.[2] Berücksichtigt man zudem die französische Fassung, so wird klar, daß nur die letztgenannte Bedeutung im vorliegenden Zusammenhang die zutreffende sein

---

1 Siehe etwa Fall *López Burgos ./. Uruguay,* views v. 29. Juli 1981, GAOR 36th Sess., Supp No. 40 (A / 36 / 40), S. 176 (183 Nr. 14):

„. . . the State party is under an obligation pursuant to article 2 (3) of the Covenant to provide effective remedies to López Burgos, including immediate release, permission to leave Uruguay and compensation for the violations which he has suffered and to take steps to ensure that similar violations do not occur in the future."

Ebenso Fall *Celiberti de Casariego ./. Uruguay,* views v. 29. Juli 1981, ebenda, S. 185 (188 Nr. 12); siehe auch Fall *Vidal Martins ./. Uruguay,* views v. 23. März 1982, GAOR 37th Sess., Supp. No. 40 (A / 37 / 40), S. 157 (160 Nr. 10); Fall *Varda Nunez ./. Uruguay,* views v. 22. Juli 1983, GAOR 38th Sess., Supp No. 40 (A / 38 / 40), S. 225 (230 Nr. 11). Dieselbe Auffassung vertreten *de Zayas / Möller / Opsahl,* GYIL 28 (1985), S. 9 (40).

2 *Raymond,* HRR 5 (1980), S. 161 (165 f.).

kann: Der dort verwendete Begriff „recours“ bedeutet so viel wie „Beschwerde“, „Einspruch“ oder „Klage“;[3] er kann nicht im Sinne von „Wiedergutmachung“ verstanden werden.

Art. 2 Abs. 3 IPBPR garantiert also einen effektiven Rechtsbehelf. Diesem Erfordernis genügt ein Vertragsstaat dann, wenn in seiner Rechtsordnung die Voraussetzungen für eine erfolgreiche Beschwerde bestehen, mit der auch Wiedergutmachung erlangt werden kann,[4] und über diese Beschwerde in einem fairen Verfahren entschieden wird. Weitergehende Verpflichtungen lassen sich aus Art. 2 Abs. 3 IPBPR wie auch aus ähnlichen Vorschriften in anderen Menschenrechtsverträgen[5] nicht ableiten.[6] Insbesondere wird durch diese Normen nicht der Erfolg des eingelegten Rechtsbehelfs garantiert,[7] erst recht also nicht die tatsächliche Gewährung von Wiedergutmachung. Das Recht auf ein „effective remedy“ kann demnach nicht Rechtsgrundlage von Wiedergutmachungspflichten sein.[8]

2. Art. 9 Abs. 5 IPBPR, Art. 5 Abs. 5 EMRK?

Man könnte allerdings daran denken, daß sich bei rechtswidrigen Freiheitsentziehungen eine Pflicht des verantwortlichen Staates, Entschädigung zu leisten, aus Art. 9 Abs. 5 IPBPR[9] bzw. Art. 5 Abs. 5 EMRK[10] ergibt.[11] Daß diese

---

[3] *Raymond*, ebd., S. 165.

[4] So — für die Parallelnorm des Art. 13 EMRK — *EuGHMR*, Fall *Klass* und andere, Urt. v. 18. November 1977, ECHR Ser. A, Vol. 28, S. 29 Nr. 63; Fall *Silver*, Urt. v. 25. März 1983, ECHR Ser. A, Vol. 61, S. 42 Nr. 113 lit. a.

[5] Siehe etwa Art. 13 *EMRK*, Art. 25 *AMRK*, Art. 6 (1. HS) *RDK*, Art. 13 *UN-FK*.

[6] So — für Art. 13 EMRK — auch *BVerfG*, ZaöRV 1986, 289, 293 f. *(Pakelli-Beschluß)*.

[7] Siehe etwa — für die Parallelvorschrift des Art. 13 EMRK — *EuGHMR*, Fall *Boyle und Rice*, Urt. v. 27. April 1988, ECHR Ser. A, Vol 131, S. 27 Nr. 67; Fall *Swedish Engine Drivers' Union*, Urt. v. 6. Februar 1976, Ser. A, Vol. 20, S. 18 Nr. 50.

[8] Die Bezugnahme auf Art. 2 Abs. 3 IPBPR ist denn auch in neueren Entscheidungen des Menschenrechtsausschusses nicht mehr zu finden, siehe etwa Fall *Acosta ./. Uruguay*, views v. 25. Oktober 1988, GAOR 44th Sess., Supp. No. 40 (A / 44 / 40), S. 183 (188 Nr. 12).

[9] Art. 9 Abs. 5 IPBPR lautet:
„Anyone who has been the victim of unlawful arrest or detention shall have an enforceable right to compensation.“
(„Tout individu victime d'arrestation ou de détention illégales a droit à réparation.“)

[10] Art. 5 Abs. 5 EMRK lautet:
„Everyone who has been the victim of arrest or detention in contravention of the provisions of this Article shall have an enforceable right to compensation.“
(„Toute personne victime d'une arrestation ou d'une détention dans des conditions contraires aux dispositions de cet article a droit à réparation.“)

[11] Für Art. 9 Abs. 5 IPBPR wird diese Auffassung vom Menschenrechtsausschuß vertreten, siehe zuletzt Fall *Bolanos ./. Ecuador*, views v. 26. Juli 1989, GAOR 44th Sess, Supp. No. 40 (A / 44 / 40), S. 246 (248 Nr. 10):

Vorschriften dem Betroffenen unmittelbar die Zahlung einer Entschädigung garantieren, ist indes keineswegs klar. Bei dem „right to compensation" („droit à réparation"), das dem Individuum in Art. 9 Abs. 5 IPBPR und Art. 5 Abs. 5 EMRK zuerkannt wird, könnte es sich auch um einen innerstaatlichen Entschädigungsanspruch handeln.[12] Dann wäre die vertragliche Verpflichtung erfüllt, wenn der Betroffene nach innerstaatlichem Recht einen durchsetzbaren Entschädigungsanspruch hat;[13] eine unmittelbare Zahlungspflicht könnte aus Art. 9 Abs. 5 IPBPR und Art. 5 Abs. 5 EMRK nicht abgeleitet werden.

Nach dem französischen Wortlaut[14] sind beide Auslegungsalternativen möglich. Die Formulierung, daß das betroffene Individuum ein „droit à réparation" hat, könnte man zwar einerseits so verstehen, daß Art. 9 Abs. 5 IPBPR und Art. 5 Abs. 5 EMRK ihm unmittelbar ein Recht auf Entschädigung gewähren. Ebensogut könnte mit dem „droit à réparation" aber auch ein innerstaatlicher Entschädigungsanspruch gemeint gewesen sein. Für die letztgenannte Auslegung spricht in nachdrücklicher Weise der englische Wortlaut: Zum einen ist dem Begriff

---

„... the State party is under an obligation ... to grant him compensation pursuant to article 9, paragraph 5 of the Covenant."

Ebenso Fall *Jaona ./. Madagascar,* views v. 1. April 1985, GAOR 40th Sess., Supp No. 40 (A / 40 / 40), S. 179 (186 Nr. 16); Fall *Martinez Portorreal ./. Dominican Republic,* views v. 5. November 1987, GAOR 43rd Sess., Supp. No. 40 (A / 43 / 40), S. 207 (211). Derselben Ansicht ist für Art. 5 Abs. 5 EMRK der *Bundesgerichtshof* in seinem Urteil vom 10. Januar 1966 („Zonenhaft"), BGHZ 45, 46 (50). Ebenso derselbe (III.) Senat im Urt. v. 31. Januar 1966, BGHZ 45, 58 (62 ff.). Dem folgend der *österreichische OGH,* ÖJZ 1976, S. 66 ff., 67 f. Ebenso offenbar *Peukert,* in : *Frowein / Peukert,* Rdn. 130 zu Art. 5 EMRK: Art. 5 Abs. 5 EMRK begründe die Verpflichtung der Staaten, bei Verletzung eines der vorangehenden Absätze des Art. 5 eine Entschädigung zu gewähren.

12 So der *EuGHMR* in ständiger Rechtsprechung, siehe etwa Fall *Fox, Campbell und Hartley,* Urt. v. 30. August 1990, ECHR Ser. A, Vol. 182, S. 21 Nr. 46:

„Their arrest and detention have been held to be in breach of paragraph 1 of Article 5. This violation could not give rise, either before or after the findings made by this Court in the present judgement, to an enforceable claim for compensation by the victims before the Northern Ireland courts. There has *therefore* been a violation of paragraph 5 of Article 5 in respect of all three applicants." (Hervorhebung vom Verf.).

Ebenso Fall *Brogan und andere,* Urt. v. 29. November 1988, ECHR Ser. A, Vol. 145 B, S. 35 Nr. 66 f.; Fall *Ciulla,* Urt. v. 22. Februar 1989, ECHR Ser. A, Vol. 148, S. 18 f. Nr. 43 ff.; Fall *Wassink,* Urt. v. 27. September 1990, ECHR Ser. A, Vol. 185 A, S. 14 Nr. 38; Fall *Thyme, Wilson und Gunnell,* Urt. v. 25. Oktober 1990, ECHR Ser. A, Vol. 190, S. 31 Nr. 81 f.

13 So denn auch ausdrücklich *EuGHMR,* Fall *Wassink,* Urt. v. 27. September 1990, ECHR Ser. A, Vol. 185 A, S. 14 Nr. 38:

„In the Court's view, paragraph 5 of Article 5 is complied with where it is possible to apply for compensation in respect of a deprivation of liberty effected in conditions contrary to paragraphs 1, 2, 3 or 4."

14 Art. 9 Abs. 5 IPBPR:

„Tout individu victime d'arrestation ou de détention illégales a droit à réparation."

Art. 5 Abs. 5 EMRK:

„Toute personne victime d'une arrestation ou d'une détention dans des conditions contraires aux dispositions de cet article a droit à réparation."

„right to compensation" noch das Adjektiv „enforceable" beigefügt. Einen erzwingbaren Entschädigungsanspruch aber gibt es für das Individuum nur nach innerstaatlichem Recht. Zum anderen deuten die Worte „shall have" darauf hin, daß das „right to compensation" nicht unmittelbar durch Art. 9 Abs. 5 IPBPR und Art. 5 Abs. 5 EMRK gewährt wird, sondern durch die Vertragsstaaten — in ihrem innerstaatlichen Recht — geschaffen werden soll. Bei der gemäß Art. 33 Abs. 1 WVK erforderlichen Gesamtbetrachtung beider Vertragssprachen führt die wörtliche Auslegung also insgesamt zu dem Ergebnis, daß den betroffenen Individuen durch Art. 9 Abs. 5 IPBPR und Art. 5 Abs. 5 EMRK nicht die Zahlung von Entschädigung, sondern ein innerstaatlicher Entschädigungsanspruch garantiert wird.

In diese Richtung weisen auch die *travaux préparatoires* der Vorschriften: Zu Art. 5 Abs. 5 EMRK heißt es im Kommentar der „Conference of senior officials" vom 8.-17. Juni 1950[15] zwar zunächst wiederum zweideutig:

> „This paragraph gives anyone who has been a victim of unlawful arrest or illegal detention ... the right to compensation ...".

Dann wird jedoch hinzugefügt:

> „The action should be taken against the person or persons responsible."
>
> („L'action doit être dirigée contre la ou les personnes responsables".)

Zu Art. 9 Abs. 5 IPBPR heißt es in den Protokollen der Menschenrechtskommission aus den Jahren 1949 und 1950:[16]

> „The right to compensation, set forth in general terms, would seem likely to be invoked against individuals as well as against the State as a legal person."

Wenngleich man den Gedanken einer persönlichen Haftung des handelnden Amtsträgers nicht als authentische Interpretation der Vorschriften wird ansehen können,[17] so geht aus diesen Äußerungen doch jedenfalls hervor, daß die Verfasser einen innerstaatlichen Entschädigungsanspruch garantieren wollten, denn das Völkerrecht kennt keine Schadensersatzansprüche gegen den handelnden Amtsträger, sondern nur solche gegen das jeweilige Völkerrechtssubjekt. Überdies ist auch kaum einzusehen, warum die Vertragsverfasser ein unmittelbar auf Entschädigung gerichtetes Recht zwar bei rechtswidrigen Freiheitsentziehungen vorgesehen haben sollten, für noch schwerere Rechtsverletzungen wie etwa Folter oder Tötungen gemäß Art. 2 Abs. 3 IPBPR bzw. Art. 13 EMRK aber nur das Recht auf einen effektiven innerstaatlichen Rechtsbehelf.[18] Insgesamt folgt aus diesen

---

15 Siehe *Collected Edition*, Vol. IV, S. 260 und 276 (Entwurf).

16 Abgedruckt bei *Bossuyt*, Guide to the „Travaux préparatoires" of the International Covenant on Civil and Political Rights, S. 217.

17 In der Bundesrepublik Deutschland beispielsweise steht regelmäßig Art. 34 Satz 1 GG entgegen.

18 Siehe oben unter 1.

Erwägungen, daß dem von einer rechtswidrigen Freiheitsentziehung betroffenen Individuum in Art. 9 Abs. 5 IPBPR und Art. 5 Abs. 5 EMRK keine Entschädigung, sondern ein durchsetzbarer innerstaatlicher Entschädigungsanspruch garantiert wird. Eine Pflicht des verantwortlichen Staates, Entschädigung zu zahlen, begründen diese Vorschriften also nicht.[19]

3. Die vertragliche Achtungs- und Gewährleistungspflicht

Wiedergutmachungspflichten können sich für die Vertragsstaaten aber aus ihrer Verpflichtung ergeben, das verletzte Recht zu achten („to respect") und zu gewährleisten („to ensure").[20] Ist beispielsweise jemand ohne gesetzlich bestimmten Grund und daher unter Verstoß gegen Art. 9 Abs. 1 Satz 3 IPBPR verhaftet worden, so handelt es sich bei seiner Freilassung einerseits um eine Maßnahme der Wiedergutmachung, nämlich um einen Fall der Naturalrestitution:[21] Es wird der Zustand hergestellt, der bestehen würde, wenn der verantwortliche Staat seine Verpflichtung aus Art. 9 Abs. 1 Satz 3 IPBPR nicht verletzt hätte. Andererseits muß jedoch zur Begründung der Verpflichtung zur Freilassung nicht auf eine neue, „sekundäre" Rechtsgrundlage zurückgegriffen werden: Die Pflicht aus Art. 9 Abs. 1 Satz 3 in Verbindung mit Art. 2 Abs. 1 IPBPR, die körperliche Freiheit zu achten, verbietet nicht nur grundlose Verhaftungen, sondern gebietet auch die Freilassung einer ohne Grund inhaftierten Person.[22] In der Freilassung liegt folglich nicht nur eine Maßnahme zur Wiedergutmachung der rechtswidrigen Verhaftung, sondern zugleich auch die Erfüllung der Vertragspflicht, das Recht des Betroffenen auf körperliche Freiheit zu achten, Art. 9 Abs. 1 Satz 3 in Verbindung mit Art. 2 Abs. 1 Satz 1 IPBPR.[23]

---

19 Gleiches gilt für ähnliche Vorschriften in anderen Menschenrechtsverträgen, siehe etwa Art. 6 (2. HS) RDK, Art. 14 Abs. 1 Satz 1 UN-FK.

20 Siehe Art. 2 Abs. 1 IPBPR:

> „Each State Party to the present Covenant undertakes to *respect* and to *ensure* to all individuals within its territory and subject to its jurisdiction the rights recognized in the present Covenant, ...".

Art. 1 Abs. 1 AMRK:

> „The States Parties to this Convention undertake to *respect* the rights and freedoms recognized herein and to *ensure* to all persons subject to their jurisdiction the free and full exercise of those rights and freedoms, ...".

Art. 1 EMRK lautet:

> „The High Contracting Parties shall *secure* to everyone within their jurisdiction the rights and freedoms defined in Section I of this Convention." (Hervorhebungen vom Verf.)

21 Siehe bereits oben in der *Einleitung*.

22 *HRC*, Fall *de Bazzano ./. Uruguay*, views v. 15. August 1979, GAOR 34th Sess., Supp. No. 40, (A / 34 / 40), S. 124 (129 Nr. 10 i).

23 Derartige Fälle werden in den Arbeiten der ILC zur Staatenverantwortlichkeit unter dem Stichwort „cessation" diskutiert, siehe *Arangio-Ruiz*, Preliminary Report on State

Die Qualifikation als Erfüllung einer Vertragspflicht ist nicht nur von terminologischer Bedeutung. So ist zum Beispiel im allgemeinen Recht der Staatenverantwortlichkeit umstritten, ob und inwieweit Naturalrestitution auch dann geleistet werden muß, wenn sie nach innerstaatlichem Recht unzulässig ist.[24] Auf diesen Streit kommt es nicht an, wenn und soweit sich die Naturalrestitution als Erfüllung einer durch völkerrechtlichen Vertrag begründeten Verpflichtung darstellt: In einem solchen Fall kann die Verpflichtung zur Naturalrestitution schon deshalb nicht durch innerstaatliches Recht ausgeschlossen sein, weil dieses einer völkervertraglichen Verpflichtung nicht entgegengehalten werden kann, Art. 27 WVK.[25] So kann sich beispielsweise ein EMRK-Vertragsstaat gegenüber der Verpflichtung zur Freilassung einer Person, die aus einem in Art. 5 Abs. 1 EMRK nicht genannten Grund inhaftiert ist, nicht darauf berufen, daß seine Gesetze die Freilassung ausschlössen. Mit der Einordnung als Vertragserfüllung können also rechtliche Konsequenzen verbunden sein. Es muß daher geklärt werden, inwieweit es sich bei Maßnahmen zur Wiedergutmachung einer Menschenrechtsverletzung zugleich auch um die Erfüllung der vertraglichen Achtungs- oder Gewährleistungspflicht handelt.

a) Naturalrestitution

In Betracht kommt dies, wie soeben gezeigt, zunächst einmal im Bereich der Naturalrestitution. Insbesondere können nicht nur Maßnahmen der „materiellen" Naturalrestitution,[26] etwa die Freilassung einer rechtswidrig inhaftierten Person, sondern auch Maßnahmen der „juristischen" Naturalrestitution[27] bereits aufgrund der vertraglichen Achtungs- oder Gewährleistungspflicht geschuldet sein. Verletzt beispielsweise ein Vertragsstaat das Recht auf Privatsphäre aus Art. 8 Abs. 1 EMRK, weil er durch Gesetz einvernehmlichen Geschlechtsverkehr zwischen männlichen Erwachsenen unter Strafe stellt,[28] oder wird durch richterlichen Beschluß unter Verstoß gegen Art. 10 Abs. 1 EMRK die Veröffentlichung eines Zeitungsartikels untersagt,[29] so folgt die Verpflichtung des verantwortlichen Staa-

---

Responsibility, v. 18. Mai 1988, UN-Doc. A / CN.4 / 416 (English), S. 18 ff., Nr. 48 ff. Siehe auch *Tomuschat*, FS Schindler, S. 147, 150 ff.; *Zemanek*, in: Zemanek / Salmon, Responsabilité Internationale, S. 1, 65 ff.; *Graefrath*, RdC 185 (1984 II), S. 73 ff.

24 Siehe *Arangio-Ruiz*, Preliminary Report on State Responsibility (ILC), Addendum, UN-Doc. A / CN.4 / 416 / Add. 1 (English), v. 27. Mai 1988, S. 16 ff. Nr. 90 ff., m. w. N.; siehe dazu auch unten bei B II 3. c).

25 *Zemanek*, in: Zemanek / Salmon, Responsabilité Internationale, S. 1 ff., 66; *Arangio-Ruiz*, Preliminary Report on State Responsibility (ILC), v. 18. Mai 1988, UN-Doc. A / CN.4 / 416 (English), S. 22 Nr. 57.

26 Zum Begriff siehe oben in der *Einleitung*.

27 Siehe oben in der *Einleitung*.

28 *EuGHMR*, Fall *Dudgeon*, Urt. v. 22. Oktober 1981, ECHR Ser. A, Vol. 45, S. 18 Nr. 41, S. 25 Nr. 63; Fall *Norris*, Urt. v. 26. Oktober 1988, ECHR Ser. A, Vol. 142, S. 18 Nr. 38, S. 20 f. Nr. 46 f.

tes, das Gesetz beziehungsweise den Gerichtsbeschluß aufzuheben, unmittelbar aus Art. 8 Abs. 1 bzw. Art. 10 Abs. 1 in Verbindung mit Art. 1 EMRK. Denn der Staat verletzt seine Verpflichtung, das Recht auf Privatsphäre bzw. auf Meinungsfreiheit zu gewährleisten („secure"), nicht nur durch den Erlaß, sondern auch durch die Aufrechterhaltung von Rechtsakten, die diese Rechte ohne ausreichende Rechtfertigung einschränken.[30]

Allerdings ergibt sich nicht in allen Fällen die Verpflichtung zur Naturalrestitution schon unmittelbar aus der vertraglichen Achtungs- und Gewährleistungspflicht. Wird beispielsweise ein Ausländer unter Verstoß gegen Art. 5 Abs. 1 EMRK festgenommen und gegen seinen Willen in einen anderen Staat abgeschoben,[31] so läßt sich eine Pflicht des verantwortlichen Staates, dem Betroffenen die Rückkehr zu ermöglichen, aus Art. 5 Abs. 1 EMRK in Verbindung mit Art. 1 EMRK nicht ableiten, denn Art. 5 Abs. 1 EMRK gewährt kein Recht auf Wahl des Aufenthaltsstaates. Als Rechtsgrundlage für eine solche Verpflichtung kommen daher nur allgemeine Grundsätze der Staatenverantwortlichkeit in Betracht.

Umstritten ist, ob es sich bei der Rückabwicklung einer ohne ausreichenden Grund vorgenommenen und daher gegen Art. 1 Abs. 1 des 1. ZusProt (EMRK) verstoßenden Enteignung um die Erfüllung einer vertraglichen Primärpflicht handelt. Stellt man sich auf den Standpunkt, das betroffene Individuum verliere durch die Enteignung seine von Art. 1 des Zusatzprotokolls geschützte Rechtsposition an dem entzogenen Gegenstand, so verstieße nur die Enteignung, nicht aber auch deren Aufrechterhaltung gegen Art. 1 Abs. 1 des 1. ZusProt,[32] mit der Folge, daß die Rückabwicklung jedenfalls nicht kraft Vertrages geschuldet wäre. Als Rechtsgrundlage hierfür käme allenfalls allgemeines Völkerrecht in Betracht. Ob dieses aber eine Verpflichtung enthält, rechtswidrige Enteignungen rückgängig zu machen, ist höchst umstritten.[33] Vertritt man hingegen die Auffassung, daß die Gegenstände trotz der Enteignung „possessions" des Betroffenen gemäß Art. 1 ZusProt bleiben, so läge auch in der Aufrechterhaltung der Enteignung

---

29 Siehe *EuGHMR*, Fall *Sunday Times*, Urt. v. 26. April 1979, ECHR Ser. A, Vol. 30, S. 42 Nr. 68.

30 Siehe *EuGHMR*, Fall *Dudgeon*, Urt. v. 22. Oktober 1981, ECHR Ser. A, Vol. 45, S. 24 Nr. 61:

„Accordingly, the reasons given by the Government, although relevant, are not sufficient to justify the *maintenance in force* of the impugned legislation . . ." (Hervorhebung vom Verf.)

31 Siehe etwa *EuGHMR*, Fall *Bozano*, Urt. v. 18. Dezember 1986, ECHR Ser. A, Vol. 111, S. 26 f. Nr. 60 f.

32 So die *ILC* in ihrem Kommentar zu Art. 18 des ersten Teils der ILC-Draft Articles zur Staatenverantwortlichkeit, YBILC 1976 II, Part Two, S. 93, zweite Spalte, Nr. 21, in Verbindung mit FN 437.

33 Exemplarisch sind die gegensätzlichen Schiedssprüche in den libyschen Enteignungsfällen, siehe die Entscheidung von *R.-J. Dupuy* im Fall *Texaco ./. Libyen*, ILR 53 (1979), S. 422 (507 Nr. 109), und dagegen den Schiedsspruch von *Lagergren* im Falle *BP ./. Libyen*, ebenda, S. 297 (347 f. Nr. 84 f.).

ein Verstoß gegen Art. 1 Abs. 1 Satz 2 des 1. Zusatzprotokolls.[34] Die Rückabwicklung müßte dann vom verantwortlichen Staat schon zur Erfüllung seiner vertraglichen Verpflichtung vorgenommen werden; der Rückgriff auf die umstrittenen Rechtsgrundsätze des allgemeinen Völkerrechts wäre entbehrlich.

Ausgangspunkt für die Beantwortung der Frage, ob ein enteigneter Gegenstand noch zu den „possessions" des Betroffenen gemäß Art. 1 des ZusProt gehört, muß das nach allgemeinen kollisionsrechtlichen Grundsätzen anwendbare innerstaatliche Recht sein, im Falle des Eigentums also das Recht des Staates, in dem die Sache belegen ist. Daraus folgt, daß Gegenstände, die vom Belegenheitsstaat völkerrechtskonform enteignet werden, von diesem Zeitpunkt an nicht mehr zu den von Art. 1 des ZusProt geschützten Rechten des Betroffenen gehören. Andererseits ergibt sich aber aus dem allgemeinen völkerrechtlichen Grundsatz „ex iniuria non oritur ius", daß völkerrechtswidrigen innerstaatlichen Rechtsakten auf völkerrechtlicher Ebene keine Wirksamkeit zukommt.[35] Dies bedeutet, daß eine gegen Art. 1 Abs. 1 Satz 2 des ersten ZusProt verstoßende Enteignung vom Völkerrecht nicht anerkannt werden kann. Sie führt also nicht dazu, daß die enteigneten Gegenstände ihre Eigenschaft als „possessions" des Betroffenen im Sinne dieser Vorschrift verlieren. Dann aber verstößt nicht nur die grundlose Enteignung, sondern auch deren Aufrechterhaltung gegen Art. 1 Abs. 1 Satz 2 des ersten Zusatzprotokolls zur EMRK. Die Rückabwicklung muß also vom verantwortlichen Staat schon zur Erfüllung seiner vertraglichen Verpflichtungen vorgenommen werden, so daß ein Rückgriff auf die umstrittenen Grundsätze des allgemeinen Völkerrechts entbehrlich ist.

b) Schadensersatz in Geld

Auch eine Verpflichtung zur Zahlung von Schadensersatz in Geld kann sich unmittelbar aus Primärpflichten ergeben:[36] Muß beispielsweise ein minderbemittelter Angeklagter entgegen Art. 6 Abs. 3 lit. c EMRK seinen Verteidiger selbst bezahlen, so entsteht ihm durch die Zahlung ein Schaden, der schon gemäß Art. 1 EMRK in Verbindung mit dem soeben genannten Konventionsrecht zu ersetzen ist, denn die Verpflichtung des verantwortlichen Staates, die Kostenlosigkeit der Verteidigung zu gewährleisten, besteht trotz des Verstoßes fort.

Mit der Begründung vertraglicher Leistungspflichten, für die Art. 6 Abs. 3 lit. c EMRK ein Beispiel ist, sind die Staaten allerdings außerordentlich zurückhal-

---

34 So nunmehr — allgemein für rechtswidrige Enteignungen — der ILC-Berichterstatter *Arangio-Ruiz,* Preliminary Report on State Responsibility (ILC), v. 18. Mai 1988, A / CN.4 / 416 (English), S. 11 ff. Nr. 29 ff. (S. 14 Nr. 37), m. w. N.:

„We do not share the view, in particular, that the State's wrongful act terminates with the legislator's act providing for confiscation. The wrongful act lasts as long as the measure stands."

35 *Mann,* BYIL 48 (1976-1977), S. 1, 5 f.

36 So auch *Combacau / Alland,* NYIL XVI (1985), S. 81 ff., 104.

tend. So wird etwa dem minderbemittelten Angeklagten — von Art. 6 Abs. 3 lit. c EMRK abgesehen — ein Recht auf kostenlose Verteidigung nur in Art. 14 Abs. 3 lit. d 3. HS *IPBPR*, nicht aber in Art. 7 *AfrCh* oder Art. 8 Abs. 2 lit. e *AMRK* gewährt: Die letztgenannte Vorschrift garantiert zwar das Recht auf einen Verteidiger, aber nur „... paid or not as the domestic law provides ...". Die Menschenrechtsverträge beinhalten im Grundsatz also lediglich Abwehrrechte. Daher können unmittelbar aus ihnen abgeleitete Entschädigungsverpflichtungen nur Ausnahmen sein.[37] Sie kommen ausschließlich bei solchen Rechten in Betracht, die — wie etwa das Recht auf kostenlose Verteidigung oder auf einen kostenlosen Dolmetscher im Strafverfahren[38] — eine konkrete Leistungskomponente aufweisen. Bei Verstößen gegen reine Abwehrrechte, etwa das Recht auf persönliche Freiheit, kann die Entschädigungspflicht demgegenüber nur auf Gewohnheitsrecht gestützt werden.

c) Genugtuung

Hingegen sind die meisten der unter dem Begriff „Genugtuung"[39] zusammengefaßten Wiedergutmachungsformen bereits von vertraglichen Primärnormen erfaßt:

aa) Organisatorische Präventivmaßnahmen

Dies gilt zunächst einmal für organisatorische Maßnahmen zur Verhinderung von Wiederholungen:[40] Aus der vertraglichen Gewährleistungspflicht[41] folgt, daß die Vertragsstaaten die notwendigen Maßnahmen zur Verhinderung von Menschenrechtsverstößen treffen müssen.[42] Insbesondere haben sie alle Strukturen

---

[37] A. A. offenbar der *IAGHMR*, Fall *Velásquez Rodriguez*, Urt. v. 29. Juli 1988, deutsche Übersetzung abgedruckt in EuGRZ 1989, S. 157 ff.: Aus Art. 1 Abs. 1 AMRK („to ensure") folge die Verpflichtung, bei jeder Konventionsverletzung eine Entschädigung für die entstandenen Schäden zu zahlen (a. a. O., S. 171 Nr. 166).

[38] Siehe etwa Art. 6 Abs. 3 lit. e *EMRK*, Art. 14 Abs. 3 lit. f *IPBPR*, Art. 8 Abs. 2 lit. a *AMRK*.

[39] Zu diesem Begriff siehe oben in der *Einleitung*.

[40] Dazu, daß es sich hierbei um eine Maßnahme der „Genugtuung" handelt, siehe bereits oben in der *Einleitung*.

[41] Art. 2 Abs. 1 *IPBPR*, Art. 1 Abs. 1 *AMRK* („to ensure"); Art. 1 *EMRK* („shall secure").

[42] *IAGHMR*, Fall *Velásquez Rodriguez*, Urt. v. 29. Juli 1988, EuGRZ 1989, S. 157 ff. (171 Nr. 166). Ebenso die ständige Rechtsprechung des Menschenrechtsausschusses, siehe zuletzt etwa Fall *Delgado Páez ./. Kolumbien*, views v. 12. Juli 1990, GAOR 45th Sess., Supp. No. 40 (A / 45 / 40), Vol. II, S. 43 (49 Nr. 7.1):

> „In accordance with the provisions of article 2 of the Covenant, the State party is under an obligation ... to ensure that similar violations do not occur in the future."

Ebenso Fall *Torres ./. Finnland*, views v. 2. April 1990, GAOR 45th Sess., Supp. No. 40 (A / 45 / 40), Vol. II, S. 96 (100 Nr. 9).

öffentlicher Gewaltausübung so zu organisieren, daß sich Rechtsverletzungen nach Möglichkeit nicht ereignen können.[43] Die EMRK-Vertragsstaaten zum Beispiel müssen in ihren Rechtssystemen die Voraussetzungen dafür schaffen, daß die Gerichte die von Art. 6 Abs. 1 Satz 1 EMRK („reasonable time") geforderte angemessene Verfahrensdauer einhalten können.[44] Dies gilt erst recht, wenn sich bereits Verstöße ereignet haben. Schon aus der vertraglichen Gewährleistungspflicht ergibt sich also für den verantwortlichen Staat die Verpflichtung, anläßlich einer Menschenrechtsverletzung die erforderlichen organisatorischen Maßnahmen zur Verhinderung von Wiederholungen zu ergreifen.

Wie diese Pflicht erfüllt wird, steht allerdings grundsätzlich im Ermessen der Vertragsstaaten.[45] Hinsichtlich der Geeignetheit der gewählten Mittel haben sie ein Prognoseermessen. So ist es beispielsweise Sache des verantwortlichen Staates, ob er künftige Verstöße gegen das Gebot der angemessenen Verfahrensdauer durch eine Erhöhung der Richterplanstellen, Veränderungen in der Gerichtsorganisation oder andere Maßnahmen verhindert. Wegen dieses Ermessens verzichtet der Menschenrechtsausschuß in seinen „views" nach Art. 5 Abs. 4 des Fakultativprotokolls zum IPBPR grundsätzlich darauf, bestimmte zu ergreifende Präventivmaßnahmen zu bezeichnen.[46]

Die Ermessensfreiheit des verantwortlichen Staates kann indes eingeschränkt sein, wenn ein Gesetz die Rechtsverletzung verursacht hat. Führt beispielsweise eine gesetzliche Regelung dazu, daß im Bußgeldverfahren von einem der Gerichtssprache nicht mächtigen Betroffenen unter Verstoß gegen Art. 6 Abs. 3 lit. e EMRK Dolmetscherkosten erhoben werden,[47] so stellt sich die Frage, wie der verantwortliche Staat seiner Verpflichtung zur Verhinderung künftiger Verstöße nachzukommen hat. Genügt es, wenn er die zuständigen Kostenbeamten anweist, in derartigen Fällen künftig Dolmetscherkosten nicht mehr zu erheben, oder muß er die zugrundeliegende gesetzliche Regelung ändern? Für letzteres spricht, daß von einem menschenrechtswidrigen Gesetz auch dann eine gewisse Gefahr künftiger Rechtsverletzungen ausgeht, wenn es aufgrund ständiger Praxis oder aufgrund verwaltungsinterner Weisung nicht mehr angewendet wird: Die Verwaltung

---

[43] *IAGHMR*, ebenda.

[44] *EuGHMR*, Fall *Guincho*, Urt. v. 10. Juli 1984, ECHR Ser. A, Vol. 81, S. 16 Nr. 38; Fall *Zimmermann und Steiner*, Urt. v. 13. Juli 1983, ECHR Ser. A, Vol. 66, S. 12 Nr. 29.

[45] *HRC*, General Comment 3 / 13, GAOR 36th Sess., Supp. No. 40 (A / 36 / 40), S. 109 (1).

[46] Siehe etwa Fall *Bazzano ./. Uruguay*, views v. 15. August 1979, GAOR 34th Sess., Supp No. 40 (A / 34 / 40), S. 124 (129 Nr. 10 unten); Fall *Portorreal ./. Dominican Republic*, views v. 2. April 1986, GAOR 43rd Sess., Supp. No. 40 (A / 43 / 40), S. 207 (211 Nr. 12); Fall *Delgado Páez*, views v. 12. Juli 1990, GAOR 45th Sess., Supp. No. 40 (A / 45 / 40), Vol. II, S. 43 (49 Nr. 7.1); Fall *Torres ./. Finnland*, views v. 2. April 1990, GAOR 45th Sess., Supp. No. 40 (A / 45 / 40), Vol. II, S. 96 (100 Nr. 9).

[47] Siehe *EuGHMR*, Fall *Öztürk*, Urt. v. 21. Februar 1984, ECHR Ser. A, Vol. 73, S. 22 Nr. 58.

könnte von der Regelung ja jederzeit aus eigenem Entschluß wieder Gebrauch machen (sog. „chilling effect“).[48] Dieses Risiko mag zwar gering sein. Jedoch besteht kein vernünftiger Grund, eine gesetzliche Regelung, die ohnehin nicht angewendet werden darf, weiter aufrechtzuerhalten. In solchen Fällen ist also das Auswahlermessen des verantwortlichen Staates bei der Erfüllung seiner Gewährleistungspflicht reduziert: Es bedarf einer Änderung der Rechtslage;[49] verwaltungsinterne Weisungen sind allenfalls als vorläufige Maßnahme ausreichend. Dies bedeutet allerdings nicht, daß der verantwortliche Staat ein Gesetz, dessen Anwendung zu einer Menschenrechtsverletzung geführt hat, in jedem Fall aufheben müßte.[50] Bei auslegungsfähigen Vorschriften wird den Erfordernissen der Prävention vielmehr auch dann genügt, wenn die Regelung nach Änderung der höchstrichterlichen Rechtsprechung nunmehr eine vertragsgemäße Auslegung erfährt,[51] denn eine solche Lösung kommt einer Gesetzesänderung praktisch gleich.

bb) Anerkenntnis des Vorliegens einer Rechtsverletzung

Eine Maßnahme der „Genugtuung“, die der verantwortliche Staat schon aufgrund vertraglicher Primärnormen schuldet, ist auch das Anerkenntnis, daß das Verhalten seiner Organe rechtswidrig war: Hat sich ein Völkerrechtsverstoß ereignet, so besteht aufgrund der damit verbundenen Beispielswirkung stets die Gefahr, daß sich dieselben oder andere Organe künftig in vergleichbaren Fällen ebenso verhalten.[52] Dies gilt insbesondere dann, wenn der Verstoß von einem Gericht bestätigt worden ist. Um Wiederholungen entgegenzuwirken, bedarf es

---

[48] *Ress*, Die Wirkungen der Urteile des Europäischen Gerichtshofes für Menschenrechte im innerstaatlichen Recht und vor innerstaatlichen Gerichten, in: Maier (Hrsg.), Europäischer Menschenrechtsschutz, Schranken und Wirkungen, S. 227 ff., 235 f.

[49] Dem entspricht das Verhalten des *Ministerausschusses des Europarates* im Fall *Öztürk:* Auf die Mitteilung der Bundesregierung, eine Änderung der Nr. 1904 des Kostenverzeichnisses zum Gerichtskostengesetz befinde sich in Vorbereitung, hat er das Verfahren nach Art. 54 EMRK nur *vorläufig* eingestellt, siehe Zwischenentschließung DH (89) 8 vom 2. März 1989, abgedruckt in EuGRZ 1989, S. 328. Daran wird deutlich, daß der MA von einer Pflicht zur Gesetzesänderung ausgeht, die erst mit tatsächlicher Änderung erfüllt ist.
Zur Notwendigkeit von Gesetzesänderungen siehe auch HRC, Fall *Aumeeruddy-Cziffra u. a. . / Mauritius,* views v. 9. April 1981, GAOR 36th Sess., Supp. No. 40 (A / 36 / 40), S. 134 (142 Nr. 11.); Fall *Suarez ./. Kolumbien,* views v. 31. März 1982, GAOR 37th Sess., Supp. No. 40 (A / 37 / 40), S. 137 (147 Nr. 15).

[50] So aber offenbar *Ress,* Die Wirkungen der Urteile des Europäischen Gerichtshofes für Menschenrechte im innerstaatlichen Recht und vor innerstaatlichen Gerichten, in: Maier (Hrsg.), Europäischer Menschenrechtsschutz, Schranken und Wirkungen, S. 227 ff., 235 f.

[51] *Velu,* Report on „Responsibilities for States Parties to the European Convention“, in: Council of Europe (Hrsg.), Proceedings of the Sixth International Colloquy about the European Convention on Human Rights, S. 572 Nr. 26.

[52] Hierzu siehe auch *Tanzi,* in: Spinedi / Simma (Hrsg.), United Nations Codification of State Responsibility, S. 1 ff., 22.

daher der Feststellung, daß das fragliche Verhalten unrechtmäßig war.[53] Eine solche Feststellung ist Sache des verantwortlichen Staates, da dieser aufgrund seiner vertraglichen Gewährleistungsspflicht die erforderlichen Maßnahmen zur Verhinderung künftiger Verstöße treffen muß. Daß das Opfer eine Menschenrechtsbeschwerde vor internationalen Organen erheben kann, ändert hieran nichts: Die Tätigkeit internationaler Menschenrechtsorgane hat lediglich subsidiären Charakter.[54] Aufgrund seiner vertraglichen Gewährleistungspflicht ist also zuallererst der verantwortliche Staat verpflichtet, das Vorliegen der Rechtsverletzung festzustellen.[55]

Eine formelle Entschuldigung ist aber nicht nötig. Die gebotene Klarstellung wird vielmehr auch durch ein schlichtes Anerkenntnis der Rechtswidrigkeit erzielt, etwa im Wege der Feststellung durch ein innerstaatliches Gericht; selbst ein konkludentes Anerkenntnis reicht aus.[56] Dieses kann, wenn ein Strafverfahren zu lange dauert und deshalb gegen Art. 6 Abs. 1 EMRK verstößt, zum Beispiel darin zu sehen sein, daß der Prozeß wegen „überlanger" Verfahrensdauer eingestellt wird.[57] Auch die Zahlung von Schadensersatz an das Opfer wird regelmäßig genügen, es sei denn, der verantwortliche Staat zahlt ausdrücklich „ohne Anerkenntnis".

cc) Die Verfolgung der verantwortlichen Organe

Eine Maßnahme der „Genugtuung", die schon zur Erfüllung der vertraglichen Gewährleistungspflicht geboten sein kann, ist wegen des mit ihr verbundenen Präventiveffekts auch die Verfolgung der schuldigen Organe.[58] Angesichts des Ermessensspielraums, der den Vertragsstaaten bei der Erfüllung ihrer Gewährleistungspflicht zukommt,[59] ist es zwar grundsätzlich ihrer Entscheidung überlassen,

---

53 *IGH*, Corfu-Channel-Fall, Urt. v. 9. April 1949, ICJR 1949, S. 4 ff., 35: „... to ensure respect for international law, of which it is the organ, the Court must declare that the action of the British Navy constituted a violation of Albanian sovereignty."

54 *EuGHMR*, Fall *Eckle*, Urt. v. 25. Juli 1982, ECHR Ser. A, Vol. 51, S. 30 f. Nr. 66.

55 So auch Ziff. 17 lit. b der Conclusions of the Maastricht Seminar on the Right to Restitution, Compensation and Rehabilitation for Victims of Gross Violations of Human Rights and Fundamental Freedoms (Maastricht, Niederlande, 11.-14. März 1992), abgedruckt in: *van Boven / Flinterman / Grünfeld / Westendorp (Hrsg.)*, Seminar on the Right to Restitution, Compensation and Rehabilitation for Victims of Gross Violations of Human Rights and Fundamental Freedoms, Maastricht, 11.-15. März 1992, SIM Special No. 12 (1992) S. 19.

56 *EuGHMR*, Fall *Eckle*, Urt. v. 25. Juli 1982, ECHR Ser. A, Vol. 51, S. 30 f. Nr. 66: „... either expressly or in substance ...".

57 *EuGHMR*, ebd., S. 31 f. Nr. 67 ff., insbesondere S. 32 Nr. 69 f.

58 *IAGHMR*, Fall *Velásquez Rodriguez*, Urt. v. 29. Juli 1988, EuGRZ 1989, S. 157 ff. (171 Nr. 166); *IAKMR*, Fall *Consuelo Herrera u. a. ./. Argentinien*, Report v. 2. Oktober 1992, HRLJ 13 (1992), S. 336 ff. (339 Nr. 40 f.).

59 Siehe oben unter aa).

inwieweit sie zum Schutz der Menschenrechte auch repressive Mittel einsetzen.[60] Keinesfalls müssen die handelnden Organe stets bestraft werden.[61] Von einer gewissen Schwere des Verstoßes an tritt jedoch eine Ermessensreduzierung ein. Zu bejahen ist eine Ahndungspflicht jedenfalls bei vorsätzlicher Tötung,[62] beim Verschwindenlassen von Menschen[63] sowie in Fällen von Folter,[64] wie durch Art. 10 der UN-Deklaration gegen Folter aus dem Jahre 1975[65] und durch Art. 7 der UN-Folterkonvention von 1984[66] bestätigt wird. Aber auch bei Mißhandlungen, die nicht den Grad der Folter erreichen, hat — jedenfalls in aller Regel — eine Ahndung zu erfolgen.[67] Amnestiegesetze, die im Interesse nationaler Versöhnung die Verfolgung von Menschenrechtsverletzungen ausschließen, können daher, wenn sie zu weit gehen, völkerrechtswidrig sein.[68] Dies gilt insbesondere dann, wenn durch die Amnestie nicht nur die Vollstreckung bereits verhängter Sanktionen, sondern — wie im Beispiel Argentinien — bereits die Einleitung bzw. Fortsetzung von Verfahren gegen die schuldigen Organe ausgeschlossen wird.[69]

---

60 *EuGHMR,* Fall *X und Y ./. Niederlande,* Urt. v. 26. März 1985, ECHR Ser. A, Vol. 91, S. 12 Nr. 24.

61 So aber die viel zu weit gehende Formulierung des *IAGHMR,* Fall *Velásquez Rodriguez,* Urt. v. 29. Juli 1988, EuGRZ 1989, S. 157 ff. (171 Nr. 166).

62 *HRC,* Fall *Dermit ./. Uruguay,* views v. 21. Oktober 1982, GAOR 38th Sess., Supp. No. 40 (A / 38 / 40), S. 124 (133 Nr. 11); Fall *Baboeram u., a. ./. Surinam,* views v. 4. April 1985, GAOR 40th Sess., Supp. No. 40 (A / 40 / 40), S. 187 (194 Nr. 16); Fall *Miango ./. Zaire,* views v. 27. Oktober 1987, GAOR 43rd Sess., Supp No. 40 (A / 43 / 40), S. 218 (221 Nr. 11); Fall *Bleier ./. Uruguay,* views v. 29. März 1982, GAOR 37th Sess., Supp No. 40 (A / 37 / 40), S. 130 (136 Nr. 15).

63 *Commission of Human Rights,* Report of the Working Group on Enforced or Involuntary Disappearances, v. 24. Januar 1990, UN-Doc. E / CN.4 / 1990 / 13 (English), S. 85 Nr. 347.

64 *HRC,* Fall *Grille Motta ./. Uruguay,* views v. 29. Juli 1980, GAOR 35th Sess., Supp. No. 40 (A / 35 / 40), S. 132 (136 Nr. 14); Fall *Quinteros Almeida ./. Uruguay,* views v. 21. Juli 1983, GAOR 38th Sess., Supp. No. 40 (A / 38 / 40), S. 216 (224 Nr. 16); Fall *Muteba ./. Zaire,* views v. 24. Juli 1984, GAOR 39th Sess., Supp. No. 40 (A / 39 / 40), S. 182 (188 Nr. 13).

65 GA-Res. 3452 (XXX), GAOR 30th Sess., Supp. No. 34 (A / 30 / 34), S. 91 f.

66 GAOR 39th Sess., Supp. No. 51 (A / 39 / 51), S. 197 ff.

67 Siehe Art. 10 S. 2 der UN-Folterdeklaration:

> „If an allegation of other forms of cruel, inhuman or degrading treatment or punishment is considered to be well founded, the alleged offender or offenders shall be subject to criminal, disciplinary or other appropriate proceedings."

Siehe auch *HRC,* General Comment zu Art. 7 IPBPR, GAOR 37th Sess., Supp No. 40 (A / 37 / 40), S. 94 Nr. 1:

> „Complaints about ill-treatment must be investigated effectively by competent authorities. Those found guilty must be held responsible . . .".

68 Zum Beispiel Argentinien siehe *IAKMR,* Fall *Consuelo Herrera u. a. ./. Argentinien,* Report v. 2. Oktober 1992, HRLJ 13 (1992), S. 336 ff. (339 f. Nr. 40 f., 50); zu Uruguay siehe *Goldman,* Contribution, in: International Commission of Jurists (Hrsg.), International Meeting concerning Impunity for Perpetrators of Gross Human Rights Violations, Genf, 2.-5. November 1992. In einem weiteren Beitrag zu diesem Kolloquium gibt *Decaux,* Rapport Introductif, S. 14 ff., einen Überblick über die Amnestiepraxis in verschiedenen Teilen der Welt.

Soweit eine Pflicht zur Verfolgung besteht, ist wiederum nach der Schwere des Verstoßes zu differenzieren, ob die Ahndung strafrechtlicher Natur sein muß oder auch mit disziplinarrechtlichen Mitteln erfolgen darf. Besonders schwerwiegende Rechtsverletzungen wie vorsätzliche Tötungen und Folter müssen strafrechtlich verfolgt werden,[70] was jedenfalls für Folter inzwischen auch gewohnheitsrechtlich anerkannt ist.[71] Für weniger schwere Verstößen können hingegen unter Umständen auch disziplinarrechtliche oder andere Sanktionen ausreichen.[72]

Bei der Erfüllung der Verfolgungspflicht sind die menschenrechtlichen Verfahrensgarantien einzuhalten. Dies bedeutet zunächst, daß das Strafverfahren den Anforderungen des „fair trial"[73] genügen muß, wie in Art. 7 Abs. 3 UN-FK auch ausdrücklich hervorgehoben wird. Außerdem sind die Grundsätze „nulla poena sine lege"[74] und „ne bis in idem"[75] zu beachten. Eine völkerrechtliche Ahndungspflicht des verantwortlichen Staates ist daher zu verneinen, wenn die Täter in einem ordnungsgemäßen Strafverfahren rechtskräftig freigesprochen worden sind, weil ihr Verhalten nach dem Recht des verantwortlichen Staates gerechtfertigt war. So lag es in dem vom *Menschenrechtsausschuß* entschiedenen Fall *Suarez ./. Kolumbien:*[76] Das Strafverfahren gegen die für eine rechtswidrige Tötung verantwortlichen Polizisten endete mit einem Freispruch, weil das Gericht ihr Verhalten als durch innerstaatliche Notstandsgesetzgebung gerechtfertigt ansah.[77] Entgegen seiner sonstigen Übung bei rechtswidrigen Tötungen hat der Menschenrechtsausschuß daher in seinen „views" keine Ahndungspflicht des verantwortlichen Staates erwähnt.[78] In derartigen Fällen muß aber das Strafrecht geändert werden, damit bei ähnlichen Verstößen in Zukunft eine Bestrafung möglich ist.[79] Abgesehen davon besteht auch dann, wenn die verantwortlichen

69 *Artucio,* Contribution, S. 13, in: International Commission of Jurists (Hrsg.), International Meeting concerning Impunity for Perpetrators of Gross Human Rights Violations, Genf, 2.-5. November 1992.

70 Für Folter siehe etwa *HRC,* Fall *Muteba ./. Zaire,* views v. 24. Juli 1984, GAOR 39th Sess., Supp. No. 40 (A / 39 / 40), S. 182 (188 Nr. 13).

71 Siehe etwa die erste Entscheidung des *UN-Ausschusses gegen Folter* im Verfahren nach Art. 22 UN-FK, Fälle *O. R., M. M. und M. S. ./. Argentinien,* v. 23. November 1989, GAOR 45th Sess., Supp. No. 44 (A / 45 / 44), S. 108 (111 Nr. 7.2).

72 Siehe für Mißhandlungen etwa Art. 10 S. 2 der UN-Deklaration gegen Folter: „... criminal, disciplinary or other appropriate proceedings."

73 Art. 14 IPBPR, Art. 6 EMRK, Art. 8 AMRK, Art. 7 AfrCh.

74 Art. 15 IPBPR, Art. 7 EMRK, Art. 9 AMRK, Art. 7 Abs. 2 AfrCh. Dieser Gesichtspunkt spielt auch bei der Verfolgung der sogenannten „Mauerschützen" durch die Gerichte der Bundesrepublik Deutschland eine Rolle, soweit die Schüsse vom damaligen DDR-Recht gedeckt waren.

75 Art. 14 Abs. 7 IPBPR, Art. 8 Abs. 4 AMRK.

76 Views v. 31. März 1982, GAOR 37th Sess., Supp. No. 40 (A / 37 / 40), S. 137.

77 Ebd., S. 145 Nr. 11.7.

78 Ebd., S. 147 Nr. 15.

79 *HRC,* ebd., S. 147 Nr. 15: „The Committee is accordingly of the view that the State party should take the necessary measures to ... ensure that the right to life is duly protected by amending the law."

Organe nicht mehr verfolgt werden können, eine Verpflichtung des Staates, den Sachverhalt zu untersuchen und offenzulegen.[80]

Schließlich stellt sich die Frage, ob die Verfolgung der schuldigen Organe unbedingt vom verantwortlichen Staat selbst durchgeführt werden muß. Im Hinblick auf den Zweck der Verfolgungspflicht, Abschreckung zu erzielen, ist mitunter die Auslieferung der Täter an einen anderen, ebenfalls zur Ahndung bereiten Staat sogar effektiver als ihre Verfolgung durch die eigene, möglicherweise überforderte Justiz. Das in Art. 7 Abs. 1 der UN-Konvention gegen Folter (UN-FK)[81] zum Ausdruck kommende Prinzip „aut dedere aut iudicare" ist daher zu verallgemeinern. Der Pflicht zur Verfolgung der schuldigen Organe wird also auch dadurch genügt, daß die Täter an einen anderen Staat ausgeliefert werden, der zur Strafverfolgung willens und in der Lage ist.

d) Zusammenfassung

Insgesamt hat sich gezeigt, daß es Maßnahmen gibt, die zwar herkömmlicherweise als Wiedergutmachung bezeichnet werden, die der verantwortliche Staat aber bereits aufgrund seiner vertraglichen Achtungs- und Gewährleistungspflicht ergreifen muß. Zu nennen sind vor allem die Wiedergutmachungsformen, die üblicherweise als „Genugtuung" bezeichnet werden, nämlich organisatorische Maßnahmen zur Verhinderung künftiger Verstöße, das Anerkenntnis des Vorliegens einer Rechtsverletzung sowie die Verfolgung der für die Rechtsverletzung verantwortlichen Organe. Aber auch Naturalrestitution sowie eine Entschädigung können in bestimmten Fällen schon aufgrund der vertraglichen Achtungs- und Gewährleistungspflicht geschuldet sein.

Maßnahmen dieser Art kommt also eine Doppelfunktion zu: Zum einen dienen sie der Wiedergutmachung einer vorausgegangenen Menschenrechtsverletzung, zum anderen aber auch der Erfüllung einer vertraglichen Primärpflicht.[82] Diese

---

80 *Tyagi*, Contribution, S. 2, to: International Commission of Jurists (Hrsg.), International meeting concerning Impunity for Perpetrators of Gross Human Rights Violations, Genf, 2.-5. November 1992. Ebenso Nr. 21 Satz 3 der Conclusions of the Maastricht Seminar on the Right to Restitution, Compensation and Rehabilitation for Victims of Gross Violations of Human Rights and Fundamental Freedoms (Maastricht, Niederlande, 11.-14. März 1992), abgedruckt in: van Boven / Flinterman / Grünfeld / Westendorp (Hrsg.), Seminar on the Right to Restitution, Compensation and Rehabilitation for Victims of Gross Violations of Human Rights and Fundamental Freedoms, Maastricht, 11.-15. März 1992, SIM Special No. 12 (1992) S. 20.

81 Art. 7 Abs. 1 UN-FK lautet:
„The State Party in the territory under whose jurisdiction a person alleged to have committed any offence referred to in article 4 is found shall in the cases contemplated in Art. 5, *if it does not extradite him*, submit the case to its competent authorities for the purpose of prosecution." (Hervorhebung vom Verf.).

82 Ob man die Verpflichtung zu solchen „doppelfunktionalen" Maßnahmen mit Rücksicht auf die Erfüllungsfunktion dem Bereich der Primärnormen zuordnet (so *Arangio-Ruiz*, Preliminary Report on State Responsibility, v. 18. Mai 1988, UN-Doc. A / CN.4 /

Besonderheit kann rechtliche Auswirkungen haben, so zum Beispiel bei der Frage, inwieweit sich der verantwortliche Staat gegenüber einem Wiedergutmachungsverlangen auf entgegenstehendes innerstaatliches Recht berufen kann, oder im Zusammenhang mit der Streitfrage, ob für rechtswidrige Enteignungen Naturalrestitution zu leisten ist.[83]

II. Völkergewohnheitsrecht als Rechtsgrundlage der Wiedergutmachungspflicht

Soweit hingegen vertragliche Rechtsgrundlagen ausscheiden, ergibt sich eine Verpflichtung zur Wiedergutmachung von Menschenrechtsverletzungen möglicherweise aus Gewohnheitsrecht. Es ist nämlich, wie der *StIGH* im *Chorzow-Factory-Fall* ausgesprochen hat, als ungeschriebener Grundsatz des Völkerrechts anerkannt, daß ein Staat für völkerrechtswidrige Handlungen seiner Organe Wiedergutmachung leisten muß.[84]

1. Anwendbarkeit auf Menschenrechtsverstöße

Daß dieser Rechtsgrundsatz auf Menschenrechtsverstöße angewendet werden kann, ist allerdings nicht unproblematisch: Er hat sich, wie bereits erwähnt wurde,[85] im Rahmen des herkömmlichen, für zwischenstaatliche Beziehungen geltenden Völkerrechts herausgebildet, vorwiegend im Zusammenhang mit dem fremdenrechtswidrigen Verhalten eines Staates gegenüber Angehörigen eines anderen Staates. Die Menschenrechte hingegen regeln unmittelbar das Verhalten der Staaten gegenüber den ihrer Herrschaft unterworfenen Individuen, auch und gerade gegenüber den eigenen Staatsangehörigen. Daß der Staat in einem solchen Über-Unterordnungsverhältnis für rechtswidriges Verhalten auf Schadensersatz haftet, ist keineswegs selbstverständlich: Im Bereich des innerstaatlichen Haftungsrechts, das wegen Art. 38 Abs. 1 lit. c IGH-Statut auch auf internationaler

---

416, English, S. 15 Nr. 41) oder aber mit Rücksicht auf die vorausgegangene Rechtsverletzung dem Bereich der Sekundärnormen (so *Zemanek,* in: Zemanek / Salmon, Responsabilité Internationale, S. 1 ff., Nr. 65; *Tomuschat,* FS Schindler, S. 147 ff., 153), ist eine systematische Frage, die die *rechtliche* Beurteilung dieser Maßnahmen nicht berührt, siehe auch *Tomuschat,* ebenda, S. 153.

83 Siehe bereits oben unter 3. sowie unter 3. a).

84 *StIGH, Chorzow-Factory-Fall,* Urt. v. 26. Juli 1927 (Jurisdiction), PCIJ Ser. A, No. 9, S. 21:

„It is a principle of international law that the breach of an engagement involves an obligation to make reparation in an adequate form."

Ebenso Urt. v. 13. September 1928 (Merits), PCIJ Ser. A, No. 17, S. 29; *IGH, Reparation for Injuries Suffered in the Service of the United Nations,* Advisory Opinion v. 11. April 1949, ICJR 1949, S. 174 (184).

85 Siehe oben in der *Einleitung.*

Ebene Bedeutung erlangen kann,[86] ist die Pflicht zur Wiedergutmachung von Rechtsverstößen im Verhältnis von Privatrechtssubjekten zueinander zwar seit jeher anerkannt.[87] Für das Verhältnis zwischen Staat und Individuum kann gleiches jedoch nicht gesagt werden. Dies hat mehrere Ursachen: Zum einen wurde der Staat lange Zeit mit der Person des Monarchen gleichgesetzt, und dieser genoß vor seinen eigenen Gerichten Immunität.[88] Zum anderen war die Auffassung verbreitet, Staatsorgane seien nur zu rechtmäßigen Handlungen befugt, so daß ihre „ultra vires" begangenen Pflichtverletzungen dem Staat nicht zugerechnet werden könnten („The King can do no wrong.").[89] Außerdem waren auch Gedanken der Gewaltenteilung von Bedeutung, die — etwa in Frankreich — dazu führten, daß die Zuständigkeit der ordentlichen Gerichte und damit die Anwendbarkeit des allgemeinen Zivilrechts für hoheitliche Handlungen des Staates verneint wurde, was anfangs einem Haftungsausschluß gleichkam.[90]

Alle diese grundsätzlichen Erwägungen sind jedoch angesichts der seit Beginn des Industriezeitalters überall stark zunehmenden Staatstätigkeit vom dringenden Bedürfnis nach einer Haftung des Staates für rechtswidriges Verhalten seiner Organe zurückgedrängt worden.[91] Inzwischen ist diese Haftung im Grundsatz überall anerkannt.[92] Die Entwicklung hat, wie Art. 215 Abs. 2 EWGV, Art. 188 Abs. 2 EAGV sowie Art. 34 und 40 EGKSV zeigen, auch im Rahmen der Haftung supranationaler Organisationen ihren Niederschlag gefunden. Der *Gerichtshof der Europäischen Gemeinschaften* hat überdies im Fall *Francovich u. a. ./. Italien*[93] die Haftung der Mitgliedstaaten für Schäden, die dem Individuum aus gemeinschaftsrechtswidrigem Verhalten ihrer Organe entstehen, als einen untrennbar zum Gemeinschaftsrecht gehörenden Grundsatz bezeichnet.[94] Auf der Ebene der nationalen Staatshaftungsrechte schließlich besteht die deutliche Tendenz zum schrittweisen Abbau der teilweise immer noch vorhandenen Ausnahmetatbestände.[95] Zwar bleibt im Hinblick auf solche Ausnahmetatbestände stets zu fragen, ob sie Ausdruck eines allgemeinen Rechtsgrundsatzes sind, der dazu führt, daß bei der Wiedergutmachung von Menschenrechtsverletzungen in Einzel-

---

86 So, im Hinblick auf Art. 215 Abs. 2 des EWG-Vertrages, der eine ähnliche Verweisung wie Art. 38 Abs. 1 lit. c des IGH-Statuts enthält, auch *Jaenicke,* in: Max-Planck-Institut für ausländisches öffentliches Recht und Völkerrecht (Hrsg.), Haftung des Staates für rechtswidriges Verhalten seiner Organe, Heidelberger Kolloquium 1964, S. 859 ff.

87 *Frowein,* ebd., S. 795.

88 *Frowein,* ebd., S. 796 ff.

89 *Frowein,* ebd.

90 *Frowein,* ebd., S. 800 f.

91 *Frowein,* ebd., S. 802.

92 *Bayer,* ebd., S. 768.

93 Urt. v. 19. November 1991, NJW 1992, S. 165 ff.

94 Ebd., S. 167, Nr. 35, 37, 46.

95 Siehe etwa *Van Alstyne,* Länderbericht Vereinigte Staaten, in: Max-Planck-Institut für ausländisches öffentliches Recht und Völkerrecht (Hrsg.), Haftung des Staates für rechtswidriges Verhalten seiner Organe, Heidelberger Kolloquium 1964, S. 678 ff.

heiten andere Regeln gelten als bei sonstigen Völkerrechtsverstößen. Darauf wird noch einzugehen sein. Im Grundsatz kann jedoch festgestellt werden, daß ein allgemeiner Rechtsgrundsatz im Sinne von Art. 38 Abs. 1 lit. c des IGH-Statuts, der die Geltung des gewohnheitsrechtlichen Wiedergutmachungsgrundsatzes bei Menschenrechtsverletzungen gänzlich ausschlösse, nicht nachweisbar ist.

Man könnte allerdings daran denken, daß die gewohnheitsrechtliche Wiedergutmachungspflicht bei Menschenrechtsverletzungen durch das in den Verträgen enthaltene Recht auf einen effektiven innerstaatlichen Rechtsbehelf[96] beziehungsweise auf einen durchsetzbaren innerstaatlichen Entschädigungsanspruch[97] verdrängt wird. Es ist indes zweifelhaft, ob diese Konventionsrechte als spezielle, Gewohnheitsrecht ausschließende Regelungen zu verstehen sind. Sie sollten die Position des betroffenen Individuums stärken und nicht etwa schwächen. So heißt es in den *travaux préparatoires* zu Art. 5 Abs. 5 EMRK:[98]

> „The United Kingdom delegate especially insisted on the need to retain this provision which he regarded as constituting a necessary guarantee of the protection of the right to freedom."

Ein Ausschluß der gewohnheitsrechtlichen Wiedergutmachungspflicht durch innerstaatliche Entschädigungsansprüche würde dem Normzweck dieser Vorschriften, die Position des Individuums zu stärken, zuwiderlaufen: Der verantwortliche Staat könnte das Individuum stets auf den innerstaatlichen Rechtsweg verweisen, selbst wenn dieser bereits ausgeschöpft und die Menschenrechtsverletzung von einem internationalen Organ festgestellt worden ist. Daß dies dem betroffenen Individuum schon unter dem Gesichtspunkt der Verfahrensdauer nicht zuzumuten ist, wurde im Zusammenhang mit Art. 50 EMRK bereits festgestellt.[99] Es kann daher nicht davon ausgegangen werden, daß es sich bei dem Recht auf einen durchsetzbaren innerstaatlichen Entschädigungsanspruch beziehungsweise auf ein effektives innerstaatliches Rechtsmittel um eine abschließende Regelung handelt.[100] Mithin stehen diese Vorschriften der Anwendung des gewohnheitsrechtlichen Wiedergutmachungsgrundsatzes nicht entgegen.[101]

Dessen Anwendbarkeit bei Menschenrechtsverstößen könnte allerdings durch eine entgegenstehende, von Rechtsüberzeugung getragene internationale Praxis

---

[96] Siehe etwa Art. 2 Abs. 3 IPBPR, Art. 13 EMRK, sowie oben unter I. 1.

[97] Siehe etwa Art. 9 Abs. 5 IPBPR, Art. 5 Abs. 5 EMRK, sowie oben unter I. 2.

[98] Siehe Collected Edition, vol. IV, S. 260.

[99] Siehe oben unter A I. 1. a). Siehe auch *EuGHMR*, Fall *De Wilde, Ooms und Versyp*, Urt. v. 10. März 1972, ECHR Ser. A, Vol. 14, S. 9 Nr. 16.

[100] So — für das Verhältnis von Art. 5 Abs. 5 EMRK zu Art. 50 EMRK — auch *EuGHMR*, Fall *Neumeister*, Urt. v. 7. Mai 1974, ECHR Ser. A, Vol. 17, S. 13 f. Nr. 30.

[101] Die Parallelbestimmung in Art. 5 des Entwurfes der Menschenrechtskommission für eine „Declaration on the Protection of all Persons from enforced Disappearance" enthält denn auch ausdrücklich den Hinweis „. . . without prejudice to the international responsibility of the State concerned in accordance with the principles of international law." Der Entwurf ist abgedruckt in UN-Doc. E / CN.4 / 1992 / 19 / Rev. 1, S. 8 ff.

ausgeschlossen werden. Ob sich eine derartige Praxis nachweisen läßt, ist indes zweifelhaft. Vielmehr finden sich in den Entscheidungen internationaler Menschenrechtsorgane zahlreiche Beispiele, in denen für die bei Menschenrechtsverletzungen entstandenen Schäden Wiedergutmachung, insbesondere eine Entschädigung in Geld, zuerkannt worden ist. Zwar können die Entschädigungsurteile des EuGHMR und des IAGHMR nicht unmittelbar als Anwendungsfälle der gewohnheitsrechtlichen Wiedergutmachungspflicht angeführt werden, denn ihnen liegen ausdrückliche vertragliche Rechtsgrundlagen, nämlich Art. 50 EMRK bzw. Art. 63 Abs. 1 Satz 2 AMRK, zugrunde; vertragliche Regelungen aber sind zum Nachweis der Geltung einer gewohnheitsrechtlichen Norm grundsätzlich nicht geeignet. Indes waren die Verfasser des Art. 50 EMRK der Auffassung, daß diese Vorschrift mit dem geltenden Völkerrecht in Einklang stehe:[102]

> „This provision is in accordance with the actual international law relating to the violation of an obligation by a State. In this respect, jurisprudence of a European court will never, therefore, introduce any new element or one contrary to existing international law."

Die Verfasser gingen also davon aus, daß bereits in Anwendung geltenden Völkergewohnheitsrechts eine Verpflichtung des verantwortlichen Staates zur Leistung von Wiedergutmachung für Konventionsverstöße bestehe. Desgleichen hat sich der Interamerikanische Gerichtshof für Menschenrechte, obgleich wegen Art. 63 Abs. 1 Satz 2 AMRK auf Gewohnheitsrecht nicht angewiesen, ausdrücklich auf den Ausspruch des *StIGH* im *Chorzow-Factory-Fall*[103] bezogen, in dem die gewohnheitsrechtliche Wiedergutmachungspflicht in klassischer Weise formuliert worden ist.[104]

Hinzu kommt, daß auch solche Organe, die auf eine vertragliche Regelung wie Art. 50 EMRK oder Art. 63 Abs. 1 Satz 2 AMRK nicht zurückgreifen können, keine Bedenken haben, im Falle der Feststellung einer Menschenrechtsverletzung Wiedergutmachung zuzuerkennen. So hat beispielsweise der Ausschuß gegen Rassendiskriminierung im ersten Individualbeschwerdeverfahren gemäß Art. 14 RDK, in dem es um die Entlassung einer Arbeitnehmerin aus rassendiskriminierenden Gründen ging, dem verantwortlichen Staat vorgeschlagen, sich um eine neue Arbeitsstelle für die Beschwerdeführerin zu kümmern und / oder ihr eine Entschädigung zu zahlen.[105] Ebenso hat der Menschenrechtsausschuß in einer großen Zahl von Fällen die Auffassung vertreten, daß der verantwortliche Staat für die Folgen des festgestellten Rechtsverstoßes eine Ent-

---

[102] Kommentar zu Art. 36 des Preliminary Draft des Comittee of Experts, Collected Edition, Vol. III, S. 276.

[103] Urt. v. 26. Juli 1927 (Jurisdiction), PCIJ Ser. A, No. 9, S. 21.

[104] Siehe *IAGHMR*, Fall *Velásquez Rodriguez*, Urt. v. 21. Juli 1989, deutsche Übersetzung abgedruckt in EuGRZ 1991, S. 346, Nr. 25.

[105] *CERD*, Fall *Yilmaz-Dogan ./. Niederlande*, Entscheidung vom 10. August 1988, GAOR 43rd Sess., Supp. No. 18 (A / 43 / 18), S. 59 (64 Nr. 10).

schädigung zu zahlen habe.[106] Allerdings beruft sich der Ausschuß zur Begründung dieser Ansicht nicht ausdrücklich auf Gewohnheitsrecht, sondern bei rechtswidrigen Freiheitsentziehungen meist auf Art. 9 Abs. 5 IPBPR[107] und bei anderen Verstößen wie etwa Mißhandlungen zum Teil auf Art. 2 Abs. 3 IPBPR.[108] Es wurde jedoch bereits festgestellt, daß diese Normen keine Rechtsgrundlage für Entschädigungspflichten des verantwortlichen Staates darstellen, da sie dem Betroffenen nicht Wiedergutmachung, sondern einen durchsetzbaren innerstaatlichen Entschädigungsanspruch bzw. einen effektiven innerstaatlichen Rechtsbehelf garantieren.[109] Sie sind also nicht geeignet, die Auffassung des Ausschusses, der verantwortliche Staat müsse Entschädigung leisten, zu tragen. In den entschiedenen Fällen kam vielmehr nur Gewohnheitsrecht als Rechtsgrundlage für eine Entschädigungspflicht in Betracht. Daß sich der Ausschuß nicht auf diese Rechtsgrundlage berufen hat, steht der Verwertbarkeit seiner Entscheidungen zum Nachweis für die Geltung von Gewohnheitsrecht nicht entgegen: Maßgeblich für die Bildung und Entwicklung von Gewohnheitsrecht ist nicht die Begründung, sondern das erzielte Ergebnis.[110] Die Zuerkennung von Entschädigung durch den Menschenrechtsausschuß ist also ebenfalls ein Beleg dafür, daß die gewohnheitsrechtliche Wiedergutmachungspflicht auch bei Menschenrechtsverstößen gilt.

Insgesamt ist daher festzustellen, daß sich eine von Rechtsüberzeugung getragene Praxis, wonach bei Menschenrechtsverletzungen für die entstandenen Schäden keine Wiedergutmachung zu leisten ist, nicht nachweisen läßt. Die internatio-

---

106 Siehe etwa Fall *Acosta ./. Uruguay,* views v. 25. Oktober 1988, GAOR 44th Sess., Supp. No. 40 (A / 44 / 40), S. 183 (188 Nr. 12); Fall *Munoz Hermoza ./. Peru,* views v. 4. November 1988, GAOR 44th Sess., Supp. No. 40 (A / 44 / 40), S. 200 (205 Nr. 13.1); Fall *Delgado Páez ./. Kolumbien,* views v. 12. Juli 1990, GAOR 45th Sess., Supp. No. 40 (A / 45 / 40), S. 43 (49 Nr. 7.1); Fall *Bolanos ./. Ecuador,* views v. 26. Juli 1989, GAOR 44th Sess, Supp. No. 40 (A / 44 / 40), S. 246 (248 Nr. 10); Fall *Jaona ./. Madagascar,* views v. 1. April 1985, GAOR 40th Sess., Supp No. 40 (A / 40 / 40), S. 179 (186 Nr. 16); Fall *Martinez Portorreal ./. Dominican Republic,* views v. 5. November 1987, GAOR 43rd Sess., Supp. No. 40 (A / 43 / 40), S. 207 (211); Fall *López Burgos ./. Uruguay,* views v. 29. Juli 1981, GAOR 36th Sess., Supp No. 40 (A / 36 / 40), S. 176 (183 Nr. 14); Fall *Celiberti de Casariego ./. Uruguay,* views v. 29. Juli 1981, ebd., S. 185 (188 Nr. 12).

107 Siehe Fall *Bolanos ./. Ecuador,* views v. 26. Juli 1989, GAOR 44th Sess, Supp. No. 40 (A / 44 / 40), S. 246 (248 Nr. 10); Fall *Jaona ./. Madagascar,* views v. 1. April 1985, GAOR 40th Sess., Supp No. 40 (A / 40 / 40), S. 179 (186 Nr. 16); Fall *Martinez Portorreal ./. Dominican Republic,* views v. 5. November 1987, GAOR 43rd Sess., Supp. No. 40 (A / 43 / 40), S. 207 (211).

108 *López Burgos ./. Uruguay,* views v. 29. Juli 1981, GAOR 36th Sess., Supp No. 40 (A / 36 / 40), S. 176 (183 Nr. 14); Fall *Celiberti de Casariego ./. Uruguay,* views v. 29. Juli 1981, ebd., S. 185 (188 Nr. 12); siehe auch Fall *Vidal Martins ./. Uruguay,* views v. 23. März 1982, GAOR 37th Sess., Supp. No. 40 (A / 37 / 40), S. 157 (160 Nr. 10); bisweilen, insbesondere in neuerer Zeit, entfällt der Verweis auf Art. 2 Abs. 3 IPBPR, siehe etwa Fall *Acosta ./. Uruguay,* views v. 25. Oktober 1988, GAOR 44th Sess., Supp. No. 40 (A / 44 / 40), S. 183 (188 Nr. 12).

109 Siehe oben unter I. 1. und I. 2.

110 Mann, BYIL 48 (1976-1977), S. 1 ff., 50.

nale Praxis und die gemeinsamen Grundsätze des innerstaatlichen Rechts sowie des Haftungsrechts internationaler Organisationen sprechen vielmehr dafür, daß die gewohnheitsrechtliche, vom *StIGH*[111] als Prinzip des internationalen Rechts bezeichnete Pflicht zur Wiedergutmachung von Rechtsverstößen auch bei Menschenrechtsverletzungen gilt.[112] Dieses Ergebnis ist auch wertungsmäßig zutreffend. Denn wenn das Völkerrecht die sich einer jeden Rechtsordnung stellende Aufgabe, den Schwachen gegenüber dem Starken zu schützen, erfüllen soll, so muß der Grundsatz, daß Rechtsverletzungen wiedergutzumachen sind, bei Menschenrechtsverletzungen erst recht gelten.

Es ist somit festzustellen, daß auch bei Verstößen gegen menschenrechtliche Normen kraft Gewohnheitsrechts eine Verpflichtung des verantwortlichen Staates zur Wiedergutmachung besteht.[113] Im folgenden ist nun zu klären, unter welchen Voraussetzungen, mit welchem Inhalt und von wem diese Wiedergutmachungspflicht geltend gemacht werden kann.

2. Voraussetzungen

Voraussetzung für das Entstehen der gewohnheitsrechtlichen Wiedergutmachungspflicht ist ein dem Staat[114] zurechenbares Verhalten, das mit dessen völkerrechtlichen Verpflichtungen in Widerspruch steht und einen Schaden verursacht hat.[115] Dieselben Erfordernisse gelten auch für die Zuerkennung von Wiedergutmachung durch den EuGHMR gemäß Art. 50 EMRK und den IAGHMR gemäß Art. 63 Abs. 1 Satz 2 AMRK. Insbesondere ergibt sich aus der Verwendung des Begriffes „consequences" in diesen Vorschriften, daß Wiedergutmachung nur für solche Schäden zuerkannt werden darf, die eine kausale Folge der festgestellten Konventionsverletzung sind. Folglich kann zur Konkretisierung der Voraussetzungen der gewohnheitsrechtlichen Wiedergutmachungspflicht auch die Rechtsprechung der beiden Menschenrechtsgerichtshöfe herangezogen werden.

---

111 Fall *Chorzow-Factory*, Urt. v. 26. Juli 1927 (Jurisdiction), PCIJ Ser. A, No. 9, S. 21.

112 So i. E. auch *Vis*, La réparation des violations de la Convention Européenne des Droits de l'Homme, in: La protection internationale des droits de l'homme dans le cadre européen, S. 281.

113 So auch Nr. 6 und 10 der Conclusions of the Maastricht Conference on the Right to Restitution, Compensation and Rehabilitation for Victims of Gross Violations of Human Rights and Fundamental Freedoms (Maastricht, Niederlande, 11.-14. März 1992), abgedruckt in: *van Boven / Flinterman / Grünfeld / Westendorp (Hrsg.)*, Seminar on the Right to Restitution, Compensation and Rehabilitation for Victims of Gross Violations of Human Rights and Fundamental Freedoms, Maastricht, 11.-15. März 1992, SIM Special No. 12 (1992) S. 16.

114 In Betracht kommen natürlich auch andere Völkerrechtssubjekte. Aus Gründen der Textvereinfachung ist im folgenden nur von Staaten die Rede.

115 *van Boven*, Study concerning the right to restitution, compensation and rehabilitation for victims of gross violations of human rights and fundamental freedoms, Preliminary report v. 26. Juli 1990, UN-Doc. E / CN.4 / Sub. 2 / 1990 / 10 (English), S. 4 f. Nr. 24.

a) *Zurechenbarkeit*

Im Hinblick auf das Erfordernis der Zurechenbarkeit gelten bei Menschenrechtsverstößen gegenüber dem allgemeinen Völkerrecht keine Besonderheiten: Zurechenbar ist dem Staat, wie nach allgemeinem Völkerrecht, das Verhalten seiner Organe.[116] Es kann daher auf die umfangreichen Arbeiten der *ILC* zu diesem Thema verwiesen werden.[117]

b) *Völkerrechtsverletzung*

Anders steht es hingegen mit dem Erfordernis der Völkerrechtswidrigkeit des dem Staat zurechenbaren Verhaltens. Hier stellen sich grundlegende Fragen nach dem Inhalt menschenrechtlicher Normen:

aa) Erforderlichkeit eines rechtswidrigen Erfolges?

Für einen Verstoß gegen sie soll nach einer verbreiteten Auffassung die Herbeiführung eines menschenrechtswidrigen Erfolges erforderlich sein; eine auf einen solchen Erfolg gerichtete Handlung allein reiche nicht aus. So vertritt etwa der *EuGHMR* die Ansicht, Art. 3 EMRK sei grundsätzlich nicht schon bei Verhängung, sondern erst mit Vollstreckung einer erniedrigenden Strafe verletzt,[118] und im Falle der Auslieferung an einen Staat, in dem eine unmenschliche Behandlung des Ausgelieferten droht, nicht schon bei Anordnung, sondern erst mit Vollzug der Auslieferung.[119] Noch weiter geht die *ILC:* Ihrer Ansicht nach stellt selbst die vorübergehende Herbeiführung eines menschenrechtswidrigen Erfolges solange keinen Völkerrechtsverstoß dar, wie dieses Ergebnis noch korrigiert werden kann.[120] So soll etwa ein Verstoß gegen das Recht auf Freizügigkeit[121] nicht schon in dem Moment vorliegen, in dem eine Behörde jemandem ohne ausrei-

---

[116] *IAGHMR*, Fall *Velásquez Rodriguez*, Urt. v. 29. Juli 1988, EuGRZ 1989, S. 157 (171 Nr. 172).

[117] Siehe Art. 5-15 des ersten Teils der *ILC*- Draft articles on State Responsibility sowie die zugehörigen Kommentare in YBILC *1973*, vol. II, S. 189 ff.; *1974*, vol. II, Part One, S. 277 ff.; *1975*, vol. II, S. 60 ff.

[118] Siehe einerseits den Fall Fall *Campbell und Cosans*, Urt. v. 25. Februar 1982, ECHR Ser. A, Vol. 48, S. 13 f. Nr. 30 f. (i. V. m. S. 7 f. Nr. 10), in dem die Prügelstrafe nicht vollstreckt wurde (= kein Verstoß gegen Art. 3 EMRK), und andererseits den Fall *Tyrer*, Urt. v. 25. April 1978, ECHR Ser. A, Vol. 26, S. 17 Nr. 35, in dem es zur Vollstreckung gekommen war und folglich ein Verstoß gegen Art. 3 EMRK bejaht wurde.

[119] *EuGHMR*, Fall *Soering*, Urt. v. 7. Juli 1989, ECHR Ser. A, Vol. 161, S. 49 Nr. 126. Ähnlich Fall *Beldjoudi ./. Frankreich*, Urt. v. 26. März 1992, HRLJ 13 (1992), S. 413 ff. (416): Erst die Vollziehung einer Ausweisungsverfügung würde das Recht des Beschwerdeführers auf Respektierung seines Familienlebens verletzen.

[120] YBILC 1977, vol. II, Part Two, S. 27 ff. Nr. 27 ff., insbesondere S. 28 f. Nr. 31 f. In diesem Sinne auch *Graefrath*, RdC 185 (1984 II), S. 50.

[121] Siehe etwa Art. 12 Abs. 1 IPBPR.

chende Rechtfertigung die freie Wahl des Wohnsitzes verbietet, sondern erst dann, wenn alle zuständigen höheren Stellen — einschließlich der Gerichte — das Verbot bestätigt haben.[122]

Beide Auffassungen hätten zur Folge, daß es ohne menschenrechtswidrigen Erfolg nicht nur an einer Völkerrechtsverletzung, sondern auch an einer Wiedergutmachungsverpflichtung fehlen würde, denn diese setzt einen Völkerrechtsverstoß voraus. Nachteile, die dem Betroffenen entstanden sind, obwohl der Erfolg nicht eingetreten ist, müßten mangels Völkerrechtsverstoßes nicht wiedergutgemacht werden. Der Staat wäre zum Beispiel nicht zum Ersatz der Rechtsanwaltskosten verpflichtet, die der zu einer entwürdigenden Bestrafung Verurteilte aufgewendet hat, um die Vollstreckung zu verhindern — ein evident unbilliges Ergebnis.[123]

Ohnehin ist nur schwer einzusehen, warum das Vorliegen einer Völkerrechtsverletzung stets vom Eintritt des angestrebten menschenrechtswidrigen Erfolges abhängig sein soll: Die elementarste Pflicht der Vertragsstaaten besteht darin, die Menschenrechte zu achten („to respect“).[124] Diese Pflicht ist verhaltens-, nicht erfolgsbezogen. So mißachtet beispielsweise ein Polizeibeamter, der ohne Grund auf einen Demonstranten schießt, dessen Recht auf Leben auch dann, wenn die Kugel ihr Ziel verfehlt. Ebenso liegt in einer Entscheidung menschenrechtswidrigen Inhalts, sei es die Verhängung einer erniedrigenden Strafe, ein ungerechtfertigtes Verbot, den Wohnsitz frei zu wählen oder eine mit Art. 3 EMRK nicht zu vereinbarende Auslieferungsentscheidung, eine Mißachtung des betroffenen Menschenrechts und damit ein Völkerrechtsverstoß. Darauf, ob die Entscheidung im Instanzenzug bestätigt oder gar vollzogen wird, kann es nicht ankommen. Die Achtungspflicht wird also bereits durch ein Verhalten verletzt, das auf die Herbeiführung eines menschenrechtswidrigen Erfolges gerichtet ist, auch wenn dieser Erfolg nicht eintritt.

Entsprechendes gilt für die Gewährleistungspflicht:[125] Wie bereits festgestellt wurde, ergibt sich aus ihr die Verpflichtung der Vertragsstaaten, alle Strukturen öffentlicher Gewaltausübung so zu organisieren, daß sich Menschenrechtsverstöße nach Möglichkeit nicht ereignen können.[126] Aufgrund dieser Verpflichtung müssen Gesetze, die zu menschenrechtswidrigen Handlungen ermächtigen, unabhängig davon aufgehoben werden, ob es im Einzelfall bereits zu Verletzungen

---

122 YBILC 1977, vol. II, Part Two, S. 28 f. Nr. 31 ff.

123 So hat denn auch der *EuGHMR* — von seinem Standpunkt aus nicht folgerichtig — im Auslieferungsfall dem Betroffenen gemäß Art. 50 EMRK eine Entschädigung für Rechtsanwaltskosten zugesprochen, siehe *EuGHMR*, Fall *Soering*, Urt. v. 7. Juli 1989, ECHR Ser. A, Vol. 161, S. 49 f. Nr. 126 ff.

124 Art. 2 Abs. 1 *IPBPR*, Art. 1 Abs. 1 *AMRK*.

125 Siehe Art. 2 Abs. 1 *IPBPR*, Art. 1 Abs. 1 *AMRK* („to ensure“), Art. 1 *EMRK* („shall secure“).

126 *IAGHMR*, Fall *Velásquez Rodriguez*, Urt. v. 29. Juli 1988, EuGRZ 1989. S. 157 ff. (171 Nr. 166). Siehe auch bereits oben unter I. 3. c) aa).

gekommen ist. So hat beispielsweise der *Menschenrechtsausschuß* in der Beschwerde *Hendriks ./. Niederlande*[127] den Staat auf die Notwendigkeit der Änderung einer gesetzlichen Vorschrift hingewiesen, obwohl in dem konkreten Fall nicht festgestellt werden konnte, daß der Beschwerdeführer durch die Anwendung der Vorschrift in seinen Rechten verletzt worden war.[128] Auch im Bereich der Gewährleistungspflicht kann also ein Völkerrechtsverstoß schon zu bejahen sein, wenn konkrete Rechtsbeeinträchtigungen noch nicht eingetreten sind. So läßt denn der *EuGHMR* im Staatenbeschwerdeverfahren gemäß Art. 24 EMRK die Rüge der Konventionswidrigkeit von Gesetzen auch „in abstracto", also ohne Bezug auf konkrete Anwendungsfälle, zu.[129] Insgesamt ist daher festzustellen, daß für eine Völkerrechtsverletzung im Bereich der Menschenrechte ein menschenrechtswidriger Erfolg im Sinne einer tatsächlichen Beeinträchtigung menschenrechtlich geschützter Interessen nicht erforderlich ist.

bb) Verschulden

Es stellt sich aber die Frage, ob der Eintritt eines menschenrechtswidrigen Erfolges, also zum Beispiel die übermäßig lange Dauer eines Gerichtsverfahrens, wenigstens hinreicht, um einen Völkerrechtsverstoß bejahen zu können, oder ob ein vorsätzliches oder zumindest fahrlässiges Verhalten der Staatsorgane hinzutreten muß, damit von einer Völkerrechtsverletzung gesprochen werden kann. Damit ist das Problem des Verschuldens im Recht der Staatenverantwortlichkeit aufgeworfen.[130]

Die systematische Einordnung dieser Frage ist umstritten. Während teilweise das Verschulden als gesonderte Haftungsvoraussetzung neben dem Völkerrechtsverstoß behandelt wird,[131] sieht man das Problem in neuerer Zeit zunehmend im Zusammenhang mit dem Norminhalt der jeweiligen Primärnorm, also als Bestandteil der Frage, ob überhaupt ein völkerrechtswidriger Akt vorliegt.[132] Diese

---

[127] Views v. 27. Juli 1988, GAOR 43rd Sess., Supp. No. 40 (A / 43 / 40), S. 230 ff.

[128] Ebd., S. 238 Nr. 11; siehe auch die „individual opinion" des Ausschußmitglieds *Wako*, ebd., S. 240 f., Nr. 5.

[129] Siehe Fall *Irland ./. UK*, Urt. v. 18. Januar 1978, ECHR Ser. A, Vol. 25, S. 91 Nr. 240.

[130] Zu diesem Problem siehe etwa *Brownlie*, System of the Law of Nations, State Responsibility, Part I, S. 38 ff.; *Arangio-Ruiz*, Second Report on State Responsibility (ILC), Addendum, v. 22. Juni 1989, UN-Doc. A / CN.4 / 425 / Add. 1 (English); *Graefrath / Oeser / Steiniger*, Völkerrechtliche Verantwortlichkeit der Staaten, S. 68 ff.; *v. Münch*, Das völkerrechtliche Delikt, S. 152 ff., jeweils m. w. N.; *Zemanek*, in: Neuhold / Hummer / Schreuer (Hrsg.), Österreichisches Handbuch des Völkerrechts, Bd. 1, Rdn 2000; *ders.*, FS Schwarzenberger, S. 319 ff., 327; *ders.* FS Bindschedler, S. 315 ff.

[131] Siehe zum Beispiel *v. Münch*, Das völkerrechtliche Delikt, S. 152 ff., 160; *Dahm*, Völkerrecht, Bd. III, S. 224 ff., 228; *Wengler*, Völkerrecht, Bd. I, S. 489 ff.

[132] Siehe etwa *Brownlie*, System of the Law of Nations, State Responsibility, Part I, S. 40; *Graefrath / Oeser / Steiniger*, Völkerrechtliche Verantwortlichkeit der Staaten, S. 72.

Auffassung kann die Rechtsprechung des *IGH* für sich in Anspruch nehmen. Dieser hat das Problem zwar bislang nicht ausdrücklich angeschnitten, insbesondere auch nicht in dem vielzitierten *Korfu-Kanal*-Urteil.[133] Indes hat er mehrfach ausgesprochen, daß die Verletzung einer völkerrechtlichen Pflicht die Verpflichtung zur Wiedergutmachung nach sich ziehe, und dabei für ein selbständiges, neben die Voraussetzung der Pflichtverletzung tretendes Verschuldenserfordernis keinen Raum gelassen.[134] Dem entsprechen Art. 50 EMRK, Art. 63 Abs. 1 AMRK sowie die schiedsvertraglichen Vorbilder dieser Vorschriften,[135] die neben der Voraussetzung des völkerrechtswidrigen Aktes ebenfalls kein gesondertes Verschuldenserfordernis enthalten. Auch in der umfangreichen Rechtsprechung des EuGHMR findet sich kein einziger Fall, in dem zwar ein Konventionsverstoß festgestellt, die Anwendung des Art. 50 EMRK aber wegen fehlenden Verschuldens abgelehnt worden ist. Das Verschulden ist also im Völkerrecht — im Gegensatz zu einigen innerstaatlichen Deliktsrechten[136] — keine selbständige, von der Rechtswidrigkeit zu unterscheidende Haftungsvoraussetzung, sondern muß im Zusammenhang mit der Frage erörtert werden, ob ein völkerrechtswidriger Akt vorliegt.[137]

Hiervon geht auch die ILC aus, die die Frage der Sache nach in Art. 31 von Teil 1 der Draft Articles on State Responsibility, also bei den Voraussetzungen des völkerrechtswidrigen Aktes, geregelt hat:[138] Wenn Art. 31 die Völkerrechts-

---

133 Urt. v. 9. April 1949, ICJR 1949, S. 4 ff.

134 Siehe *StIGH, Chorzow-Factory-Fall,* Urt. v. 26. Juli 1927 (Jurisdiction), PCIJ Ser. A, No. 9, S. 21:

„It is a principle of international law that the breach of an engagement involves an obligation to make reparation in an adequate form."

Ebenso Urt. v. 13. September 1928 (Merits), PCIJ Ser. A, No. 17, S. 29; *IGH, Reparation for Injuries Suffered in the Service of the United Nations,* Advisory Opinion v. 11. April 1949, ICJR 1949, S. 174 (184).

135 Siehe etwa Art. 32 der Genfer Generalakte über die friedliche Beilegung zwischenstaatlicher Streitigkeiten, v. 26. September 1928, LNTS 93 (1929), S. 343 ff.:

„If, in a judicial sentence or arbitral award, it is declared that a judgement, or a measure enjoined by a court of law or other authority of one of the parties to the dispute, is wholly or in part contrary to international law, and if the constitutional law of that party does not permit or only partially permits the consequences of the judgement or measure in question to be annulled, the parties agree that the judicial sentence or arbitral award shall grant the injured party equitable satisfaction."

136 Siehe im deutschen Recht etwa § 823 Abs. 1 BGB:

„Wer *vorsätzlich oder fahrlässig* das Leben, den Körper, die Gesundheit, die Freiheit, das Eigentum oder ein sonstiges Recht eines anderen *widerrechtlich verletzt,* ist dem anderen zum Ersatze des daraus entstehenden Schadens verpflichtet." (Hervorhebung vom Verf.).

137 Was nicht ausschließt, daß das Verschulden auch für die Höhe einer zu zahlenden Entschädigung von Bedeutung sein kann, siehe *Arangio-Ruiz,* Second Report on State Responsibility (ILC), Addendum, v. 22. Juni 1989, UN-Doc. A / CN.4 / 425 / Add. 1 (English), S. 18 ff. Nr. 181 ff. Siehe dazu unten bei 4. c) bb).

138 Siehe Art. 31 des Entwurfs, *YBILC* 1979, vol. II, Part 2, S. 122 ff.:

„The wrongfulness of an act of a State not in conformity with an international obligation widrigkeit unter anderem in solchen Fällen ausschließt, in denen aufgrund eines unvorhergesehenen äußeren Umstandes eine Verpflichtung nicht eingehalten oder die Völkerrechtswidrigkeit eines Verhaltens nicht erkannt werden konnte, dann wird damit schuldloses Verhalten als Grund für das Entfallen der Völkerrechtswidrigkeit anerkannt.[139] Das im Kommentar zu Art. 31 zusammengestellte Fallmaterial macht überdies deutlich, daß auch die Staatenpraxis für einen Völkerrechtsverstoß regelmäßig mindestens fahrlässiges Verhalten fordert. Insbesondere wird ein zumindest sorgfaltswidriges Verhalten und damit ein Verschulden nicht nur bei Unterlassungen verlangt, etwa bei der Nichtverhinderung von Übergriffen gegen Ausländer,[140] sondern auch bei positivem Tun:[141] In zahlreichen Fällen ist zum Beispiel anerkannt worden, daß das Einfliegen eines Militärflugzeugs in fremden Luftraum dann keinen Völkerrechtsverstoß darstellt, wenn dem Piloten aufgrund widriger Witterungsumstände die Orientierung nicht möglich war.[142] Nicht ausgeschlossen wird das Vorliegen eines völkerrechtswidrigen Aktes hingegen durch einen reinen Rechtsirrtum des handelnden Organs bezüglich der Völkerrechtswidrigkeit seines Verhaltens,[143] denn es wäre ein Widerspruch in sich, als Voraussetzung für die Rechtswidrigkeit das Bewußtsein eben dieser Rechtswidrigkeit zu fordern.[144]

Das Erfordernis eines in diesem Sinne objektiven Organverschuldens gilt grundsätzlich auch im Bereich der Menschenrechte. Hat etwa eine staatliche Impfaktion Todesopfer zur Folge, weil in seltenen Fällen unvorhersehbare Nebenwirkungen auftreten, so kann von einer „Mißachtung" des Rechts auf Leben durch den Staat zumindest dann nicht gesprochen werden, wenn der Staat alle erforderlichen Vorkehrungen zur Verhinderung von Nebenwirkungen getroffen

of that State is precluded if the act was due to an irresistible force or to an unforeseen external event beyond its control which made it materially impossible for the State to act in conformity with that obligation or to know that its conduct was not in conformity with that obligation.
Paragraph 1 shall not apply if the State in question has contributed to the occurrence of the situation of material impossibility."

139 So auch *Arangio-Ruiz*, Second Report on State Responsibility (ILC), Addendum, v. 22. Juni 1989, UN-Doc. A / CN.4 / 425 / Add. 1 (English), S. 3 Nr. 163. *Zemanek*, FS Bindschedler, S. 315 ff., 331, meint hingegen, der ILC-Entwurf habe sich für die uneingeschränkte Erfolgshaftung entschieden.

140 YBILC 1979, vol. II, Part 2, S. 127 ff., Nr. 19 ff.

141 Demgegenüber wird in der Literatur teilweise die Ansicht vertreten, bei Handlungsdelikten sei kein Verschulden erforderlich, siehe etwa *Zemanek*, in: Neuhold / Hummer / Schreuer, Österreichisches Handbuch des Völkerrechts, Rdn. 2000; *ders.*, FS Schwarzenberger, S. 327.

142 YBILC 1979, vol. II, Part 2, S. 125 ff. Nr. 12 ff.

143 *Verdross / Simma*, § 1265.

144 So verlangt denn auch Art. 31 von Teil 1 der *ILC*- Draft Articles on State Responsibility, *YBILC* 1979, vol. II, Part 2, S. 122, daß die fehlende Kenntnis des handelnden Organs von der Rechtswidrigkeit seines Verhaltens die Folge eines „unforeseen external event" sein muß, so daß reine Rechtsunkenntnis die Völkerrechtswidrigkeit nicht ausschließt.

hat.[145] Erforderlich für einen Verstoß gegen die Achtungspflicht ist also ein vorsätzliches oder zumindest sorgfaltswidriges Verhalten der handelnden Amtsträger. Dasselbe gilt im Prinzip auch für die Gewährleistungspflicht,[146] wie an dem vom EuGHMR entschiedenen Fall *Guincho*[147] deutlich wird: Der Beschwerdeführer hatte im Jahre 1978 wegen eines Autounfalls Schadensersatzklage vor einem portugiesischen Gericht erhoben, über die im Zeitpunkt des Urteils des EuGHMR (Juli 1984) noch nicht endgültig entschieden war. Die portugiesische Regierung vertrat im Verfahren vor dem EuGHMR die Ansicht, angesichts besonderer Verhältnisse in Portugal zur damaligen Zeit sei Art. 6 Abs. 1 EMRK („reasonable time") nicht verletzt. Die Rückkehr Portugals zur Demokratie im Jahre 1974 habe die alten Justizstrukturen aufgebrochen, während das Land gleichzeitig beinahe eine Million Menschen aus den früheren Kolonien habe aufnehmen müssen.[148] Für die sich aus diesen Umständen ergebende Verzögerung von Gerichtsverfahren könne Portugal nicht verantwortlich gemacht werden. Der EuGHMR erkannte dieses Argument im Grundsatz an: Wenngleich die Vertragsstaaten aufgrund ihrer Gewährleistungspflicht verpflichtet seien, ihr Rechtssystem so zu organisieren, daß ihre Gerichte den Anforderungen des Art. 6 Abs. 1 EMRK genügen könnten,[149] führe doch ein zeitweiliger Stau im Gerichtsbetrieb noch nicht zur völkerrechtlichen Verantwortlichkeit, wenn der Staat umgehend die erforderlichen Maßnahmen ergreife.[150] Im Ergebnis wurde allerdings ein Verstoß gegen Art. 6 Abs. 1 Satz 1 EMRK („reasonable time") festgestellt, weil die zur Bewältigung der Überlastung ergriffenen Maßnahmen unzulänglich gewesen seien.[151] Dennoch zeigt die Entscheidung, daß auch die Gewährleistungspflicht grundsätzlich keine Garantiehaftung begründet, sondern daß es auf das Verhalten der zuständigen Organe ankommt, insbesondere ob diese angesicht der Umstände angemessen reagiert haben. So hat denn auch der EuGHMR in einem anderen Fall ausdrücklich von *„diligence"* gesprochen, die die Vertragsstaaten bei der Erfüllung ihrer Gewährleistungspflicht aufwenden müßten.[152] Nicht nur bei der Achtungs-, sondern auch bei der Gewährleistungspflicht ist also im Grundsatz von der Verschuldenshaftung auszugehen.

---

145 Siehe *EuKMR*, Fall *Association X ./. UK*, Entscheidung vom 12. Juli 1978, DR 14, S. 31 ff.

146 Art. 2 Abs. 1 IPBPR, Art. 1 Abs. 1 AMRK („to ensure"), Art. 1 EMRK („shall secure").

147 Urt. v. 10. Juli 1984, ECHR Ser. A, Vol. 81.

148 Ebd., S. 11 Nr. 21, S. 16 Nr. 37.

149 Ebd., S. 16 Nr. 38.

150 Ebd., S. 17 Nr. 40. Ebenso Fall *Zimmermann und Steiner*, Urt. v. 13. Juli 1983, ECHR Ser. A, Vol. 66, S. 12 Nr. 29; Fall *Deumeland*, Urt. v. 29. Mai 1986, ECHR Ser. A, Vol. 100, S. 28 Nr. 82; Fall *Union Alimentaria Sanders S. A.*, Urt. v. 7. Juli 1989, ECHR Ser. A, Vol. 157, S. 15 Nr. 40.

151 Ebd., S. 17 Nr. 40 f.

152 Fall *Colozza*, Urt. v. 12. Februar 1985, ECHR Ser. A, Vol. 89, S. 15 Nr. 28.

Ob dies ohne Ausnahme gilt, ist jedoch zweifelhaft, wie an dem vom EuGHMR entschiedenen Fall *X und Y ./. Niederlande*[153] deutlich wird. Die sechzehnjährige, geistig behinderte Y war während ihrer Unterbringung in einem privat betriebenen Heim eines Nachts von dem Schwiegersohn der Heimleiterin geweckt und zum Geschlechtsverkehr gezwungen worden. Der X stellte für seine Tochter, die hierfür nicht die nötige Einsichtsfähigkeit besaß, Strafantrag gegen den Täter. Eine Stellvertretung bei der Stellung von Strafanträgen sah das holländische Recht jedoch nur für Jugendliche unter 16 Jahren vor; ältere Jugendliche waren befugt, den Strafantrag selbst zu stellen. Eine Vertretung war zwar auch bei Personen zulässig, die unter Vormundschaft (curateele) standen; das Rechtsinstitut der Vormundschaft (curateele) aber kennt das holländische Zivilrecht nur bei Volljährigen. Für geistig behinderte Jugendliche, die älter als 16 Jahre waren und für die Stellung eines Strafantrages nicht die nötige Einsichtsfähigkeit besaßen, bestand also eine Gesetzeslücke. Die Einleitung des Strafverfahrens wurde daher von einem Berufungsgericht in letzter Instanz abgelehnt, weil für Vergewaltigung kein hinreichender Tatverdacht bestehe und für das Antragsdelikt der Verführung Minderjähriger ein wirksamer Strafantrag nicht vorliege; eine erweiternde Auslegung der vorhandenen Stellvertretungsregelung zulasten des Täters scheide aus.[154]

Im Verfahren vor dem EuGHMR ging es nun um die Frage, ob die Niederlande gegen Art. 8 in Verbindung mit Art. 1 EMRK verstoßen hatten, weil für die Privatsphäre der Y kein strafrechtlicher Schutz bestand.[155] Die niederländische Regierung machte unter anderem geltend, dem Gesetzgeber könne wegen der festgestellten Gesetzeslücke kein Verschuldensvorwurf gemacht werden, weil die Lücke nur durch die außergewöhnlichen Umstände des Falles offenbar geworden sei.[156] Dieses Argument war nicht ohne Gewicht: Auch der sorgfältigste Gesetzgeber kann nicht jede Eventualität bedenken und regeln. Soweit planwidrige Regelungslücken — wie zum Beispiel im Strafrecht — im Interesse der Rechtssicherheit nicht im Wege der Analogie geschlossen werden können, müssen sie als ein mit jeder Gesetzgebung notwendigerweise verbundenes Übel hingenommen werden. Ein Vorwurf, wie er dem Begriff der Fahrlässigkeit immanent ist, kann den zuständigen Organen allein wegen des Vorliegens einer solchen Gesetzeslücke noch nicht gemacht werden. Dies gilt insbesondere in einem Fall wie dem vorliegenden, in dem die Gefahr von Regelungslücken wegen des Ineinandergreifens mehrerer Rechtsgebiete (materielles Strafrecht, Strafprozeßrecht, Zivilrecht) vergleichsweise hoch war. Von Fahrlässigkeit hätte man daher allenfalls dann sprechen können, wenn die für die Gesetzgebung zuständigen

153 Urt. v. 26. März 1985, ECHR Ser. A, Vol. 91.

154 Siehe ebd., S. 9 Nr. 12.

155 Zur Notwendigkeit des strafrechtlichen Schutzes besonders gewichtiger Rechtsgüter siehe bereits oben unter I. 3. c) cc).

156 Urt. v. 26. März 1985, ECHR Ser. A, Vol. 91, S. 13 Nr. 28.

Organe schon früher — sei es durch Gerichtsurteile oder durch wissenschaftliche Veröffentlichungen — auf das Vorliegen einer Regelungslücke hingewiesen worden, gleichwohl aber untätig geblieben wären. Vom Vorliegen solcher Umstände aber konnte nach der Sachverhaltsdarstellung der holländischen Regierung nicht ausgegangen werden. Trotzdem stellte der EuGHMR wegen des unzulänglichen Schutzes der Privatsphäre durch die holländische Gesetzgebung einen Verstoß gegen Art. 8 EMRK fest,[157] ohne auf die Frage des Verschuldens auch nur mit einem Wort einzugehen, woraus der Schluß gezogen werden muß, daß der Gerichtshof diesen Einwand als rechtlich unerheblich angesehen hat.

In der Tat ist zweifelhaft, ob man bei gesetzgeberischen Versäumnissen noch ein Verschulden der zuständigen Organe als Voraussetzung der völkerrechtlichen Verantwortlichkeit verlangen darf: Die Parteien der Menschenrechtsverträge werden sich bei Vertragsschluß darüber im klaren gewesen sein, daß es praktisch unmöglich ist, in absehbarer Zeit jede auch noch so versteckte Gesetzeslücke festzustellen und zu beseitigen. Wenn sie sich gleichwohl vorbehaltslos verpflichtet haben, ihr Rechtssystem in einen vertragsgemäßen Zustand zu versetzen, dann kann daraus nur der Schluß gezogen werden, daß sie für Unzulänglichkeiten in diesem Bereich auch dann die Verantwortung übernehmen wollten, wenn den zuständigen Organen kein Verschuldensvorwurf gemacht werden kann. Die Vertragsstaaten haben insoweit also, was im Völkerrecht ebenso möglich ist wie etwa im Privatrecht, eine Garantiehaftung übernommen. Soweit es um gesetzgeberische Unzulänglichkeiten geht, kommt es folglich für die völkerrechtliche Verantwortlichkeit nicht auf ein Verschulden der verantwortlichen Organe, sondern ausschließlich auf das Bestehen eines vertragswidrigen Rechtszustandes an.[158] Den Einwand des fehlenden Verschuldens der holländischen Regierung hat der EuGHMR daher im Ergebnis zu Recht unbeachtet gelassen.

Zusammenfassend ist also festzustellen, daß im Bereich der Menschenrechte für das Vorliegen eines völkerrechtswidrigen Aktes zwar grundsätzlich ebenso wie im allgemeinen Völkerrecht ein Verschulden der handelnden Organe Voraussetzung ist, daß aber für Unzulänglichkeiten im Bereich der Gesetzgebung auch dann gehaftet wird, wenn diese nicht auf fahrlässiges Verhalten zurückzuführen sind.

---

157 Ebd., S. 14 Nr. 30.

158 Besonders deutlich *EuGHMR*, Fall *de Cubber*, Urt. v. 26. Oktober 1984, ECHR Ser. A, Vol. 86, S. 20 Nr. 35:

„... the Contracting States are under the obligation to organize their legal systems so as to ensure compliance with the requirements of Art. 6 § 1 EMRK ... The Court's task is to determine whether the Contracting States have achieved the *result* called for by the Convention ...“ (Hervorhebung vom Verf.).

c) Schaden

Neben einem völkerrechtswidrigen Akt ist für das Entstehen der Wiedergutmachungspflicht, wie auch in Art. 50 EMRK und in Art. 63 Abs. 1 Satz 2 AMRK („consequences") zum Ausdruck kommt, das Vorliegen eines Schadens erforderlich.[159]

aa) Vermögensminderung

Einen solchen stellt — in Übereinstimmung mit dem allgemeinen Völkerrecht[160] — jedenfalls der aus dem Rechtsverstoß entstandene Vermögensnachteil dar. So hat der EuGHMR zum Beispiel die Rückzahlung einer Geldstrafe angeordnet, die einem Journalisten unter Verstoß gegen das Recht auf Meinungsfreiheit auferlegt worden war.[161] Auch für die Kosten der Rechtsverfolgung spricht der Gerichtshof eine Entschädigung zu.[162] Hiervon sind insbesondere die Gerichts- und Rechtsanwaltskosten umfaßt, die dem Betroffenen entstanden sind, weil er im innerstaatlichen Rechtsweg und anschließend vor der EuKMR und dem EuGHMR gegen die Rechtsverletzung vorgegangen ist.[163] Ebenso sind Aufwendungen zur Schadensminderung vom verantwortlichen Staat grundsätzlich zu ersetzen. Verstößt beispielsweise eine Ausweisung gegen Art. 8 Abs. 1 EMRK, weil durch sie eine Familie auseinandergerissen wird,[164] so muß der Staat für die Reisekosten einstehen, die die Betroffenen aufwenden, um trotz der Ausweisung den familiären Kontakt nicht abreißen zu lassen.[165]

Als wiedergutzumachende Vermögensbeeinträchtigung kommt auch die Belastung des Vermögens mit einer Verbindlichkeit in Betracht. So sind beispielsweise nicht nur bereits gezahlte Anwaltsgebühren zu ersetzen, sondern auch solche,

---

159 Siehe hierzu eingehend *Bollecker-Stern,* Le préjudice dans la théorie de la responsabilité internationale, S. 18; *Arangio-Ruiz,* Second Report on State Responsibility (ILC), v. 9. Juni 1989, UN-Doc. A / CN.4 / 425 (English), S. 27 ff. Nr. 34 ff.

160 Siehe etwa *StIGH, Chorzow Factory-Fall,* Urt. v. 13. September 1928, PCIJ Ser. A, No. 17, S. 47 f.

161 Fall *Lingens,* Urt. v. 8. Juli 1986, ECHR, Ser. A, Vol. 103, S. 29 Nr. 50.

162 Ebenso das *Iran-United States Claims Tribunal,* siehe etwa Fall *Minnesota Mining and Manufacturing Co. ./. Iran,* Schiedsspruch v. 18. Dezember 1987, 17 IRAN-U.S. C. T. R. 294, 323 f. Nr. 107; Fall *Logos Development Corp. ./. ISIRAN,* Schiedsspruch v. 30. April 1986, 11 Iran-U.S. C. T. R. 53, 68.

163 Ständige Rechtsprechung des *EuGHMR* seit dem Fall *Neumeister,* Urt. v. 7. Mai 1974, ECHR Ser. A, Vol. 17, S. 20 f. Nr. 43 f.

Auch der *IAGHMR* hat bereits angedeutet, daß er die Kosten der Rechtsverfolgung grundsätzlich als kompensationsfähigen Schaden ansieht, siehe Fall *Velásquez Rodriguez,* Urt. v. 29. Juli 1988, EuGRZ 1989, S. 157 ff. (173 Nr. 193); Urt. v. 21. Juli 1989 (Art. 63 Abs. 1), S. 12 Nr. 42.

164 *EuGHMR,* Fall *Berrehab,* Urt. v. 21. Juli 1988, ECHR Ser. A, Vol. 138, S. 16 Nr. 29.

165 *EuGHMR,* ebd., S. 17 Nr. 32 ff.

die der Betroffene seinem Anwalt noch schuldet.[166] Erforderlich ist in solchen Fällen allerdings, daß die Verbindlichkeit rechtswirksam entstanden („actually incurred") ist.[167] Daran fehlt es beispielsweise, wenn eine nach dem anwendbaren innerstaatlichen Recht unwirksame Erfolgshonorarvereinbarung vorliegt.[168] Anders zu beurteilen war hingegen ein Fall, in dem die Honorarforderung nach dem deutschen Vertragsstatut wirksam entstanden, aber verjährt war:[169] Nach deutschem Recht stellt die Verjährung eine Einrede dar; sie ist nur dann beachtlich, wenn gerade der Schuldner sich auf sie beruft, § 222 Abs. 1 BGB. Ein regreßpflichtiger Dritter kann aus der vom Schuldner nicht geltend gemachten Verjährung also keine Einwendungen herleiten. Der EuGHMR hat mithin die Verpflichtung zur Zahlung des Honorars trotz Verjährung zu Recht als Schaden des Betroffenen anerkannt.[170]

Die Darlegungs- und Beweislast dafür, ob ihm ein Schaden entstanden ist, trägt allgemeinen Beweislastgrundsätzen entsprechend das Individuum.[171] Daher muß — etwa durch die Vorlage detaillierter Rechnungen — belegt werden, daß Rechtsanwaltskosten tatsächlich entstanden („actually incurred") sind.[172] Die Erforderlichkeit der substantiierten Darlegung und des Beweises entfällt nur, wenn der verantwortliche Staat den geltend gemachten Schaden nicht bestreitet.[173]

bb) Immaterielle Nachteile

Wiedergutzumachen sind nach allgemeinem Völkerrecht auch Nachteile immaterieller Art,[174] und zwar sowohl solche, die durch Zufügung körperlichen Leids oder durch eine Freiheitsberaubung verursacht wurden, als auch Nachteile ausschließlich psychischer Natur.[175] Einige innerstaatliche Haftungsrechte sind dem-

---

166 Siehe etwa *EuGHMR*, Fall *X ./. UK*, Urt. v. 18. Oktober 1982, ECHR Ser. A, Vol. 55, S. 17 f. Nr. 23 f.

167 *EuGHMR*, Fall *Dudgeon*, Urt. v. 24. Februar 1983, ECHR Ser. A, Vol. 59, S. 10 Nr. 22.

168 *EuGHMR*, Fall *Dudgeon*, ebd.; als Gegenbeispiel siehe den Fall *Kamasinski*, Urt. v. 19. Dezember 1989, ECHR, Ser. A, Vol. 168, S. 47 Nr. 115, zu einer nach dem anwendbaren US-amerikanischen Recht *wirksamen* Erfolgshonorarvereinbarung.

169 Fall *Pakelli*, Urt. v. 25. April 1983, ECHR Ser. A, Vol. 64, S. 20 Nr. 47.

170 Ebd.

171 Siehe etwa *EuGHMR*, Fall *Ringeisen*, Urt. v. 22. Juni 1972, ECHR Ser. A, Vol. 15, S. 9 f. Nr. 24 f.; Fall *Neumeister*, Urt. v. 7. Mai 1974, ECHR Ser. A, Vol. 17, S. 18 Nr. 40.

172 *EuGHMR*, Fall *Belilos*, Urt. v. 29. April 1988, ECHR Ser. A, Vol. 132, S. 33 f. Nr. 81; Fall *Öztürk*, Urt. v. 23. Oktober 1984, ECHR Ser. A, Vol. 85, S. 9 Nr. 9.

173 *EuGHMR*, Fall *Belilos*, ebd., S. 33 Nr. 80, S. 33 f. Nr. 81.

174 *Arangio-Ruiz*, Second Report on State Responsibility (ILC), v. 9. Juni 1989, UN-Doc. A / CN.4 / 425 (English), S. 42 f. Nr. 58 f.; *Rousseau*, Droit International Public, Tome V, S. 226.

175 Siehe etwa Art. 28 des Konventionsentwurfes von *Sohn und Baxter*, abgedruckt in: García-Amador / Sohn / Baxter, Recent Codification of the Law of State Responsibility for Injuries to Aliens (1974), S. 321 (Hervorhebungen vom Verf.):

gegenüber zum Teil deutlich restriktiver und gewähren für immaterielle Nachteile nur dann eine Entschädigung, wenn diese auf körperliche Eingriffe oder auf Freiheitsentziehungen zurückzuführen sind.[176] Jedoch gibt es auch zahlreiche Rechtsordnungen, die eine solche Beschränkung nicht kennen.[177] Von einem allgemeinen Rechtsgrundsatz, daß im Subordinationsverhältnis zwischen Staat und Individuum Nachteile rein mentaler Art nicht wiedergutgemacht werden müssen, kann demnach keine Rede sein. Internationale Menschenrechtsorgane haben daher zur Recht keinen Anlaß gesehen, von den Grundsätzen des allgemeinen Völkerrechts abzuweichen, und sprechen eine Entschädigung wegen immaterieller Schäden nicht nur bei Folter und sonstigen körperlichen Mißhandlungen[178] sowie bei rechtswidrigen Inhaftierungen zu,[179] sondern auch bei ausschließlich psychischen Nachteilen. Der *EuGHMR* beispielsweise verurteilt bei Verstößen gegen das Erfordernis der angemessenen Verfahrensdauer[180] den verantwortlichen Staat zur Zahlung einer Entschädigung, wenn durch die langandauernde Ungewißheit über den Verfahrensausgang bei dem Betroffenen eine tiefgreifende psychische Unruhe ausgelöst wurde.[181] Ebenso hat der Gerichtshof für das einem zu Unrecht entlassenen Arbeitnehmer entstandene Gefühl der Demütigung einen Geldbetrag zuerkannt,[182] wobei er sich in Übereinstimmung mit der Rechtspre-

---

Damages for bodily or *mental* harm, for mistreatment during detention, or for deprivation of liberty shall include compensation for past and prospective:
(a) harm to the body or mind;
(b) pain, suffering and *emotional distress;*
(c-f) (Auf Abdruck wird verzichtet).

176 So zum Beispiel in der *Bundesrepublik Deutschland,* siehe § 847 BGB, in *Jugoslawien* und in *Schweden,* siehe *Bleckmann,* in: Max-Planck-Institut für ausländisches öffentliches Recht und Völkerrecht (Hrsg.), Haftung des Staates für rechtswidriges Verhalten seiner Organe, S. 783 f.

177 So etwa *Großbritannien,* die *Vereinigten Staaten, Südafrika* und neben *Frankreich* die meisten vom code civil beeinflußten Rechte (intérêts moraux), siehe *Bleckmann,* ebenda.

178 *HRC,* Fall *Miguel Angel Estrella ./. Uruguay,* views v. 29. März 1985, GAOR 38th Sess., Supp. No. 40 (A / 38 / 40), S. 150 ff. (159 Nr. 10 f.); Fall *Lucia Arzuaga Gilboa ./. Uruguay,* views v. 1. November 1985, GAOR 41st Sess., Supp. No. 40 (A / 41 / 40), S. 128 ff. (133 Nr. 14); Fall *Raúl Caribori ./. Uruguay,* views v. 27. Oktober 1987, GAOR 43rd Sess., Supp. No. 40 (A / 43 / 40), S. 184 ff. (189 f. Nr. 10, 11.1).

179 *EuGHMR,* Fall *Engel und andere,* Urt. v. 23. November 1976, ECHR Ser. A, Vol. 22, S. 68 f. Nr. 10; Fall *Bozano,* Urt. v. 2. Dezember 1987, ECHR Ser. A, Vol. 124 F, S. 46 ff. Nr. 7 ff.; *HRC,* Fall *Monja Jaona ./. Madagascar,* views v. 1. April 1985, GAOR 40th Sess., Supp. No. 40 (A / 40 / 40), S. 179 ff. (186 Nr. 14, 16). Siehe auch Fall *Birindwa ci Birhashwirwa ./. Zaire,* views v. 2. November 1989, GAOR 45th Sess., Supp. No. 40 (A / 45 / 40), Vol. II, S. 77, 84 Nr. 13 lit. a, 14: Entschädigung wegen Verletzung des Rechts auf Freizügigkeit.

180 Art. 6 Abs. 1 Satz 1 EMRK („reasonable time").

181 *EuGHMR,* Fall *König,* Urt. v. 10. März 1980, ECHR Ser. A, Vol. 36, S. 17 Nr. 19; Fall *Guincho,* Urt. v. 10. Juli 1984, ECHR Ser. A, Vol. 81, S. 18 Nr. 44; Fall *Capuano,* Urt. v. 25. Juni 1987, ECHR Ser. A, Vol. 119, S. 15 Nr. 37; Fall *Lechner und Hess,* Urt. v. 23. April 1987, ECHR Ser. A, Vol. 118, S. 22 Nr. 64.

182 EuGHMR, Fall *Young, James und Webster,* Urt. v. 18. Oktober 1982, ECHR Ser. A, Vol. 55, S. 7 Nr. 12 f.

chung internationaler Verwaltungsgerichte befindet, die über Kündigungsschutzklagen von Angestellten internationaler Organisationen zu entscheiden haben.[183] Der *IAGHMR* schließlich hat die Angst und die Depressionen, die das spurlose Verschwinden eines Menschen für dessen Frau und Kinder zur Folge hatte, als einen zu entschädigenden Schaden anerkannt.[184]

Allerdings muß — wie noch im einzelnen auszuführen sein wird — eine Entschädigung in Geld nicht für jeden noch so geringfügigen immateriellen Nachteil gezahlt werden. Erforderlich ist vielmehr, daß dieser eine gewisse Intensitätsschwelle überschreitet; sonst genügt als Wiedergutmachung nach der ständigen Rechtsprechung des EuGHMR die Feststellung der Konventionsverletzung durch den Gerichtshof.[185]

cc) Verlust von Chancen

Neben Vermögenseinbußen und immateriellen Nachteilen erkennt der EuGHMR außerdem den sogenannten Verlust von Chancen („loss of opportunities") als wiedergutzumachenden Schaden an.[186] Zum ersten Mal wurde dieser Begriff im Fall *König* verwendet:[187] Dem Beschwerdeführer, einem Arzt, waren unter dem Vorwurf der Verletzung von Berufspflichten die Approbation und die Erlaubnis zum Betrieb einer Privatklinik entzogen worden. Die von ihm deswegen erhobenen verwaltungsgerichtlichen Klagen wurden fünf bzw. mehr als zehn Jahre später abgewiesen. In der Dauer dieser Verfahren sah der EuGHMR einen Verstoß gegen das Recht des Beschwerdeführers auf eine Entscheidung innerhalb angemessener Zeit, Art. 6 Abs. 1 Satz 1 EMRK („reasonable time").[188] Im Rahmen des Art. 50 EMRK ging es nun um die Frage, ob aus der Konventionsverletzung ein Schaden entstanden war. Der Gerichtshof stellte fest, daß der Beschwerdeführer durch die übermäßig lange Verfahrensdauer und die damit verbundene Ungewißheit über seine berufliche Zukunft längere Zeit gehindert gewesen sei, seine Privatklinik zu verpachten oder zu verkaufen. Ihm seien dadurch „gewisse Chancen" („certain opportunities or possibilities") entgangen, wofür der verantwortliche Staat Entschädigung zahlen müsse.[189]

---

183 Zu deren Praxis siehe *Gray*, Judicial Remedies in International Law, S. 171 ff., m. w. N.

184 Fall *Velásquez Rodriguez*, Urt. v. 21. Juli 1989, S. 14 Nr. 50.

185 Siehe im einzelnen unten bei 4. c) dd).

186 Siehe etwa Fall *Sporrong und Lönnroth*, Urt. v. 18. Dezember 1984, ECHR Ser. A, Vol. 88, S. 13 Nr. 25; Fall *Lingens*, Urt. v. 8. Juli 1986, ECHR Ser. A, Vol. 103, S. 29 Nr. 51; Fall *Inze*, Urt. v. 28. Oktober 1987, ECHR Ser. A, Vol. 126, S. 20 f. Nr. 47 ff.; *Fall Martins Moreira*, Urt. v. 26. Oktober 1988, ECHR Ser. A, Vol. 143, S. 22 f. Nr. 63 ff. (65); Fall *Lechner und Hess*, Urt. v. 23. April 1987, ECHR Ser. A, Vol. 118, S. 22 Nr. 64; Fall *Delta*, Urt. v. 19. Dezember 1990, ECHR Ser. A, Vol. 191 A, S. 17 f. Nr. 43.

187 Urt. v. 10. März 1980, ECHR Ser. A, Vol. 36, S. 17 Nr. 19.

188 Urt. v. 28. Juni 1978, ECHR Ser. A, Vol. 27, S. 40 Nr. 111.

Ob sich mit dem Begriff der „entgangenen Chancen“ mehr verband als nur eine neue Terminologie, war nach dieser Entscheidung noch nicht erkennbar. Auch nach allgemeinem Völkerrecht ist nämlich anerkannt, daß bei rechtswidriger Behinderung einer Erwerbstätigkeit — etwa der ungerechtfertigten Beschlagnahme eines Fischereischiffes — eine Entschädigung für sogenannten entgangenen Gewinn („lucrum cessans“) zu zahlen sein kann.[190] Der Sache nach handelt es sich dabei um nichts anderes als um eine Entschädigung für entgangene Chancen, denn ein künftiger Gewinn steht nie mit Sicherheit fest, stellt also stets nur eine mehr oder weniger aussichtsreiche „Chance“ dar. Der EuGHMR hat in späteren Entscheidungen allerdings eine Entschädigung wegen „entgangener Chancen“ auch in solchen Fällen zugesprochen, in denen durch die Verletzung einer Verfahrensgarantie die Aussichten des betroffenen Individuums auf eine ihm günstige Entscheidung verschlechtert worden waren. So hatte beispielsweise im Fall *Goddi* der Beschwerdeführer als Angeklagter in einer Berufungsverhandlung, in der er zu 4 Jahren Gefängnis verurteilt wurde, lediglich einen kurzfristig bestellten und daher mit der Sache nicht vertrauten Pflichtverteidiger. Der EuGHMR sah darin einen Verstoß gegen das Recht auf Verteidigung, Art. 6 Abs. 3 lit. c EMRK.[191] Bei der Anwendung des Art. 50 EMRK mußte wiederum die Frage entschieden werden, ob aus der Konventionsverletzung ein Schaden entstanden war. Der Gerichtshof stellte fest, daß dem Beschwerdeführer durch die ineffektive Verteidigung in der Berufungsverhandlung Chancen auf ein günstigeres Urteil entgangen seien, und sprach ihm hierfür — unter Mitberücksichtigung immateriellen Schadens — eine Entschädigung von 5 Millionen Lire (ca. 6800 DM) zu.[192] Diese Entscheidung läßt sich kaum noch auf eine Analogie zu den Fällen des entgangenen Gewinnes stützen: Daß der Beschwerdeführer bei effektiver Verteidigung ein milderes Urteil erhalten hätte, ist zwar denkbar; eine überwiegende Wahrscheinlichkeit, wie sie nach allgemeinem Völkerrecht bei entgangenem Gewinn gefordert wird,[193] dürfte indes schwerlich zu bejahen gewesen sein.

Dennoch kann die Zuerkennung von Entschädigung im Fall *Goddi* nicht als Billigkeitsrechtsprechung jenseits rechtlicher Maßstäbe angesehen werden. Zwi-

---

189 Urt. v. 10. März 1980, ECHR Ser. A, Vol. 36, S. 17 Nr. 19.

190 Siehe *Bollecker-Stern*, Le préjudice dans la théorie de la responsabilité internationale, S. 214 ff., m. w. N.; *Rousseau*, Droit International Public, Tome V, S. 223 ff.; *Zemanek*, in: Zemanek / Salmon, Responsabilité Internationale, S. 59.

191 Urt. v. 9. April 1984, ECHR Ser. A, Vol. 76, S. 12 f. Nr. 31 f.

192 Ebenda, S. 13 f. Nr. 35 f.; siehe auch EuGHMR, Fall *Delta*, Urt. v. 19. Dezember 1990, ECHR Ser. A, Vol. 191 A, S. 17 f. Nr. 43.

193 Siehe etwa die Formulierung des französisch-venezuelanischen Schiedsgerichts im Fall *Fabiani* (1903), abgedruckt bei *Bollecker-Stern*, ebenda, S. 215:

„. . . le demandeur prouvera que, soit en consultant le cours ordinaire des choses, soit en s'attachant aux affaires de la partie lésée ou aux dispositions prises par elle, il est *probable — non pas seulement possible* — que celui-ci aurait réalisé tel ou tel profit si le fait illicite ne s'était pas produit.“
(Hervorhebung vom Verf.).

schen entgangenem Gewinn und dem Verlust von Chancen auf eine günstigere Entscheidung besteht nämlich ein bedeutsamer Unterschied: Mit der Chance, einen Gewinn zu erwirtschaften, geht regelmäßig die Gefahr eines Verlustes einher. Einer solchen Chance kommt daher nur dann ein Wert zu, wenn die Wahrscheinlichkeit des Gewinnes größer ist als die Wahrscheinlichkeit eines Verlustes. Demgegenüber kann derjenige, dessen Interessen durch eine Verfahrensvorschrift geschützt werden sollen, von der Einhaltung dieser Vorschrift in aller Regel nur profitieren. Der Chance steht hier kein Risiko gegenüber. Ihr kommt folglich auch dann ein gewisser Wert zu, wenn ihre Realisierung nicht überwiegend wahrscheinlich ist. Es ist daher nicht angebracht, die Gewährung von Wiedergutmachung für Verfahrensverstöße von derselben Wahrscheinlichkeit abhängig zu machen, wie sie bei entgangenem Gewinn zu fordern ist. Es muß vielmehr — ebenso wie für die Aufhebung verfahrensfehlerhafter Entscheidungen nach innerstaatlichem Prozeßrecht[194] — die konkrete Möglichkeit genügen, daß die Entscheidung ohne den Verfahrensverstoß günstiger ausgefallen wäre. Zu bejahen ist eine solche Möglichkeit bei Verstößen gegen das Recht auf Verteidigung[195] oder im Falle einer entgegen Art. 6 Abs. 1 EMRK ohne den Angeklagten durchgeführten Hauptverhandlung,[196] zu verneinen hingegen beispielsweise bei Verletzungen des Öffentlichkeitsgebotes, Art. 6 Abs. 1 EMRK („public hearing“).[197]

Der Gerichtshof hat diese Rechtsprechung über den Bereich der Verfahrensverstöße hinaus ausgedehnt: Im Fall *Sporrong und Lönnroth* waren zwei Hausgrundstücke der Beschwerdeführer aus stadtplanerischen Gründen mit einer Veränderungs- und Veräußerungssperre belegt worden, die beim ersten Grundstück acht Jahre und beim zweiten mehr als zwei Jahrzehnte bestanden hatte, ohne daß die zugrundeliegenden Planungen verwirklicht worden wären. Der EuGHMR stellte einen Verstoß gegen Art. 1 Abs. 1 Satz 1 des 1. ZusProt fest, weil durch die Maßnahmen das Eigentum der Beschwerdeführer unangemessen lange beeinträchtigt gewesen sei.[198] Im Hinblick auf Art. 50 EMRK kam es nun darauf an, ob die Beschwerdeführer durch die Rechtsverstöße wiedergutzumachende Nachteile erlitten hatten. Dies war deshalb nicht unproblematisch, weil der Mietertrag nicht gesunken und der Grundstückswert, der sich während der Geltungsdauer

194 Siehe für das deutsche Strafverfahren etwa *Kleinknecht / Meyer,* Rdn. 36 ff. zu § 337 StPO; für den Zivilprozeß *Thomas-Putzo,* Nr. 5 zu § 549 ZPO; zum Verwaltungsprozeß *Kopp,* Rdn. 23 zu § 137 VwGO.

195 Zu Art. 6 Abs. 3 lit. c EMRK siehe — neben der bereits erwähnten Entscheidung im Fall *Goddi* — noch den Fall *Artico,* Urt. v. 13. Mai 1980, ECHR Ser. A, Vol. 37, S. 20 Nr. 42.

196 Zu einer gegen Art. 6 Abs. 1 EMRK verstoßenden Verurteilung in Abwesenheit siehe den Fall *Colozza,* Urt. v. 12. Februar 1985, ECHR Ser. A, Vol. 89, S. 17 Nr. 38.

197 Fall *Le Compte, Van Leuven und De Meyere,* Urt. v. 18. Oktober 1982, ECHR Ser. A, Vol. 54, S. 7 f. Nr. 13, 15; Fall *Albert und Le Compte,* Urt. v. 24. Oktober 1983, ECHR Ser. A, Vol. 68, S. 5 Nr. 4 lit. b (i), S. 7 Nr. 11.

198 Urt. v. 23. September 1982, ECHR Ser. A, Vol. 52, S. 28 Nr. 74.

der Veränderungs- und Veräußerungssperren naturgemäß verringert hatte, nach ihrer Aufhebung wieder auf normales Niveau angestiegen war.[199] Es mußte jedoch berücksichtigt werden, daß die Beschwerdeführer während der Geltungsdauer der Beschränkungen keine Möglichkeit hatten, durch Veräußerung der Grundstücke einen Gewinn zu erzielen. Auch Baumaßnahmen zur Steigerung der Erträge schieden aus. Schließlich konnten die Grundstücke nur schwer zur Kreditsicherung verwendet werden. Ob diese Aussichten je hätten realisiert werden können, wurde vom Gerichtshof zwar als zweifelhaft bezeichnet,[200] so daß eine überwiegende Wahrscheinlichkeit jedenfalls nicht anzunehmen war. Indes handelte es sich auch in diesem Fall um Chancen, denen kein oder oder jedenfalls kein nennenswertes Risiko gegenüberstand. Sie besaßen daher trotz fehlender Wahrscheinlichkeit einen gewissen Wert. Der EuGHMR hat ihren Verlust mithin zu Recht als Schaden anerkannt.[201]

d) Kausalzusammenhang

In Übereinstimmung mit dem allgemeinen Völkerrecht[202] setzt die Wiedergutmachungspflicht neben dem Vorliegen eines Schadens außerdem das Bestehen eines Kausalzusammenhangs zwischen Rechtsverletzung und Schaden voraus.[203] Der Schaden muß, wie auch in Art. 50 EMRK und Art. 63 Abs. 1 Satz 2 AMRK („consequences") zum Ausdruck kommt, eine Folge der Rechtsverletzung sein. Daher konnte beispielsweise in dem bereits erwähnten Fall *König*[204] der Beschwerdeführer eine Entschädigung nur für solche Nachteile verlangen, die sich aus der konventionswidrigen Dauer der verwaltungsgerichtlichen Verfahren ergaben, nicht hingegen für die finanziellen Einbußen, die mit dem Widerruf der ärztlichen Approbation einhergingen, denn diese Maßnahme hatte der EuGHMR nicht beanstandet.[205]

---

199 Aus diesem Grunde sprachen sich fünf der 17 Richter (Plenarentscheidung) gegen eine Entschädigung aus, siehe ECHR Ser. A, Vol. 88, S. 19 f.

200 ECHR Ser. A, Vol. 88, S. 13 Nr. 25.

201 Urt. v. 18. Dezember 1984, ECHR Ser. A, Vol. 88, S. 11 ff. Nr. 19 ff. Siehe auch Fall *Lingens,* Urt. v. 8. Juli 1986, ECHR Ser. A, Vol. 103, S. 29, Nr. 51.

202 Siehe etwa *Arangio-Ruiz,* Second Report on State Responsibility (ILC), v. 9. Juni 1989, UN-Doc. A / CN.4 / 425 (English), S. 27 Nr. 34, sowie eingehend *Bollecker-Stern,* Le préjudice dans la théorie de la responsabilité internationale, S. 180 ff., m. w. N.

203 *EuGHMR,* Fall *Le Compte, Van Leuven und De Meyere,* Urt. v. 18. Oktober 1982, ECHR Ser. A, Vol. 54, S. 7 f. Nr. 15; Fall *Albert und Le Compte,* Urt. v. 24. Oktober 1983, ECHR Ser. A, Vol. 68, S. 5 Nr. 4 lit. b (i), S. 7 Nr. 11; Fall *F. C. B. ./. Italien,* Urt. v. 28. August 1991, ECHR Ser. A, Vol. 208, S. 22 Nr. 39; Fall *Pugliese (II) ./. Italien,* Urt. v. 24. Mai 1991, ECHR Ser. A, Vol. 206, S. 9 Nr. 21.; Fall *Moustaquim,* Urt. v. 18. Februar 1991, ECHR Ser. A, Vol. 193, S. 21 Nr. 53; Fall *Mats Jacobsson,* Urt. v. 28. Juni 1990, ECHR Ser. A, Vol. 180, S. 16 Nr. 43; Fall *B ./. Österreich,* Urt. v. 28. März 1990, ECHR Ser. A, Vol. 175, S. 20 Nr. 59; Fall *Editions Périscope ./. Frankreich,* Urt. v. 26. März 1992, HRLJ 13 (1992), S. 419 (421 Nr. 47).

204 *EuGHMR,*Urt. v. 10. März 1980, ECHR Ser. A, Vol. 36. Siehe zu diesem Fall bereits oben unter c) cc).

205 Ebd., S. 16 Nr. 18.

Bei den Kosten der Rechtsverfolgung ist der notwendige Kausalzusammenhang jedenfalls dann zu bejahen, wenn diese zur Berichtigung des Konventionsverstoßes im innerstaatlichen Rechtsweg,[206] bei einer Beschwerde vor internationalen Organen wie etwa *EuKMR* und *EuGHMR*[207] oder zur Erlangung von Wiedergutmachung aufgewendet wurden.[208] Dagegen kann zwischen einem Konventionsverstoß und den Kosten, die zu seiner Verhinderung entstanden sind,[209] naturgemäß kein Kausalzusammenhang bestehen. Derartige Aufwendungen müssen daher nur dann wiedergutgemacht werden, wenn sie durch einen vorhergehenden Konventionsverstoß veranlaßt wurden.[210] Zu bejahen ist dies beispielsweise, wenn gegen den Betroffenen ein rechtswidriger Haftbefehl ergangen ist und er zur Verhinderung seiner Verhaftung Rechtsanwaltskosten aufwendet, zu verneinen hingegen, wenn durch eine private Beleidigungsklage seine Meinungsfreiheit bedroht ist und ihm bei seiner Verteidigung Kosten entstehen:[211] Diese Kosten sind nicht die Folge eines Konventionsverstoßes, denn erst eine Verurteilung, nicht aber schon die Erhebung der Privatklage durch die Privatperson, kann dem Staat zugerechnet werden.

e) Normzweckzusammenhang

Durch das Kausalitätskriterium ist der Umfang der Schäden, für die Wiedergutmachung zu leisten ist, allerdings noch nicht ausreichend eingegrenzt:

aa) Personenkreis

Zum einen ist nach allgemeinem Völkerrecht anerkannt, daß sich die Wiedergutmachungspflicht nicht auf sogenannte *Drittschäden* bezieht. Wird beispielsweise ein Ausländer unter Verstoß gegen das Fremdenrecht enteignet, so sind zwar die Schäden des Enteigneten wiedergutzumachen, nicht hingegen auch die Nachteile seiner Gläubiger und Geschäftspartner.[212] Ebenso besteht, wenn eine Aktiengesellschaft enteignet wird, keine Ersatzpflicht für die Vermögensschäden, die den Aktionären hieraus erwachsen.[213] Diese personelle Begrenzung der wie-

---

206 Siehe EuGHMR, Fall Minelli, Urt. v. 25. März 1983, ECHR Ser. A, Vol. 62, S. 20 Nr. 45 („rectification“).

207 *EuGHMR*, Fall *Minelli*, ebd.

208 *EuGHMR*, Fall *Minelli*, ebd.

209 *EuGHMR*, Fall *Minelli*, ebd. („prevention“).

210 Ohne eine solche Einschränkung hingegen die Formulierung des EuGHMR, ebd.

211 Anderer Ansicht aber offenbar *EuGHMR*, Fall *Lingens*, Urt. v. 8. Juli 1986, ECHR Ser. A, Vol. A, S. 29 Nr. 52: Die dabei angefallenen Kosten seien entstanden, um einen Konventionsverstoß zu verhindern und müßten daher vom Staat wiedergutgemacht werden.

212 Siehe eingehend *Bollecker-Stern*, Le préjudice dans la théorie de la responsabilité internationale, S. 148 ff., m. w. N.

213 *IGH*, *Barcelona Traction-Fall*, Urt. v. 5. Februar 1970, ICJR 1970, S. 36, para 46.

dergutzumachenden Schäden gilt auch bei Menschenrechtsverletzungen. So ist bei einer gegen Art. 1 Abs. 1 Satz 2 des 1. ZusProt (EMRK) verstoßenden Enteignung nicht für die Schäden der Gläubiger, Geschäftspartner oder Aktionäre der enteigneten Person Wiedergutmachung zu leisten und im Falle einer gegen Art. 5 Abs. 1 EMRK verstoßenden Verhaftung nicht für die Schäden, die etwa der Arbeitgeber des Verhafteten durch dessen Ausfall erleidet.

Der Grund für diese Beschränkung liegt im *Schutzzweck* der verletzten Norm: Die Normen zum Schutz des Eigentums sollen nur den Eigentümer, die Normen zum Schutz der persönlichen Freiheit nur den Verhafteten schützen. Voraussetzung für das Bestehen einer Wiedergutmachungspflicht ist also das Vorliegen eines *Normzweckzusammenhangs* zwischen der Rechtsverletzung und dem entstandenen Schaden. Dies bedeutet allerdings, daß in solchen Fällen, in denen die verletzte Norm nicht nur den Schutz des unmittelbar Betroffenen, sondern darüber hinaus auch den weiterer Personen bezweckt, auch der diesen Personen entstandene Schaden wiedergutgemacht werden muß. Verstößt etwa die Ausweisung eines Ausländers gegen Art. 8 Abs. 1 EMRK („family life"), weil der Betroffene durch sie den Kontakt zu seinem minderjährigen Kind verliert,[214] so hat der verantwortliche Staat nicht nur die Schäden des ausgewiesenen Vaters, sondern auch die des Kindes zu ersetzen,[215] denn dessen Interessen sollen durch Art. 8 Abs. 1 EMRK („family life") ebenso geschützt werden wie die des Vaters.

Bei menschenrechtswidrigen Tötungen wird im Einklang mit dem allgemeinen Völkerrecht[216] den nächsten Angehörigen des Opfers Wiedergutmachung für die Schäden zugesprochen, die ihnen aus der Tötung entstanden sind.[217] Dies ist keine Ausnahme vom Erfordernis des Normzweckzusammenhangs. Im Falle einer rechtswidrigen Tötung ist nämlich auch das Recht der Angehörigen auf ungestörtes Familienleben[218] verletzt, denn was bei einer Ausweisung gilt, muß bei einer Tötung erst recht zutreffen. Der Normzweckzusammenhang zwischen Rechtsverletzung und Schaden ist also gewahrt. Ebenso muß auch bei spurlosem Verschwindenlassen oder längerdauernden rechtswidrigen Freiheitsentziehungen

---

214 *EuGHMR*, Fall *Berrehab*, Urt. v. 21. Juli 1988, ECHR Ser. A, Vol. 138, S. 16 Nr. 29.

215 Ebd., S. 17 Nr. 32 ff.

216 Siehe etwa *Bollecker Stern*, Le préjudice dans la théorie de la responsabilité internationale, S. 258 ff., 157 ff.; *Arangio-Ruiz*, Second Report on State Responsibility (ILC), v. 9. Juni 1989, UN-Doc. A / CN.4 / 425 (English), S. 41 f. Nr. 56 f.; *Gray*, Judicial Remedies in International Law, S. 37 f., jeweils m. w. N.

217 *HRC*, Fall *Ehemann von Maria Fanny Suarez de Guerrero ./. Kolumbien*, „views" v. 31. März 1982, GAOR 37th Sess., Supp. No. 40 (A / 37 / 40), S. 147 Nr. 15; Fall *Dermit ./. Uruguay*, „views" v. 21. Oktober 1982, GAOR 38th Sess., Supp. No. 40 (A / 38 / 40), S. 133 Nr. 11 lit. a; Fall *Baboeram u. a. ./. Surinam*, „views" v. 4. April 1985, GAOR 40th Sess., Supp. No. 40 (A / 40 / 40), S. 194 Nr. 16 (iii); Fall *Miango ./. Zaire*, „views" v. 27. Oktober 1987, GAOR 43rd Sess., Supp. No. 40 (A / 43 / 40), S. 221 Nr. 11 lit. e.

218 Art. 17, 23 *IPBPR*, Art. 8 Abs. 1 *EMRK*, Art. 11 Abs. 2, 17 *AMRK*, Art. 18 *AfrCh*.

Wiedergutmachung für die Nachteile der Angehörigen geleistet werden,[219] denn solche Verletzungen greifen ebenfalls in deren Familienleben ein.

Der Personenkreis, dessen Schäden in solchen Fällen zu ersetzen ist, deckt sich mit dem Anwendungsbereich der Normen zum Schutz der Familie.[220] Erfaßt sind also der Ehegatte,[221] die Kinder[222] und die Eltern des Betroffenen, wobei es auf eheliche oder nichteheliche Abstammung nicht ankommt,[223] aber auch der Lebensgefährte jedenfalls dann, wenn das Zusammenleben eheähnlich war und bereits mehrere Jahre angedauert hatte.[224]

bb) Art des Schadens

Der Grundsatz, daß nur diejenigen Schäden wiedergutgemacht werden müssen, vor denen die verletzte Norm schützen sollte, ist aber nicht nur für die Frage des Personenkreises von Bedeutung: Auch im Hinblick auf die Art des Schadens muß stets geprüft werden, ob und inwieweit die aus der Rechtsverletzung entstandenen Nachteile vom Schutzzweck der verletzten Norm noch umfaßt sind. So ist zwar beispielsweise eine Haftung für entgangenen Arbeitsverdienst ohne Schwierigkeiten zu bejahen, wenn der Lohnausfall Folge einer menschenrechtswidrigen Freiheitsentziehung war. Hingegen ist zweifelhaft, ob gleiches auch bei Lohnausfällen infolge einer Ausweisung gilt, die lediglich wegen Eingriffs in das Recht des Betroffenen auf Kontakt zu seiner Familie, Art 8 Abs. 1 EMRK, rechtswidrig ist:[225] Es kann nicht angenommen werden, daß das Recht auf ungestörtes Familienleben auch den Arbeitsplatz des Betroffenen schützen soll. Dieses Interesse des Ausgewiesenen liegt ebensowenig innerhalb des Normzwecks wie etwa die Interessen seines Arbeitgebers. Die konsequente Anwendung des Normzweckerfordernisses muß folglich zur Verneinung einer Ersatzpflicht führen.

f) „Fiktive" Schäden

Andererseits können normative Erwägungen in bestimmten Situationen eine Wiedergutmachungspflicht für tatsächlich nicht vorhandene, also rein „fiktive"

---

219 *IAGHMR*, Fall *Velásquez Rodriguez*, Urt. v. 29. Juli 1988, EuGRZ 1989, S. 157 ff. (173 Nr. 192); Urt. v. 21. Juli 1989 (Art. 63 Abs. 1), S. 14 Nr. 49, 52; *EuGHMR*, Fall *Colozza*, Urt. v. 12 Februar 1985, ECHR Ser. A, Vol. 89, S. 17 Nr. 36, 38.

220 Art. 17, 23 *IPBPR*, Art. 8 *EMRK*, Art. 11 Abs. 2, 17 *AMRK*, Art. 18 *AfrCh*.

221 *IAGHMR*, Fall *Velásquez Rodriguez*, Urt. v. 21. Juli 1989 (Art. 63 Abs. 1), S. 14, Nr. 49, 52.

222 *IAGHMR*, ebd.

223 Siehe *EuGHMR*, Fall *Marcks*, ECHR Ser. A, Vol. 31, S. 14 Nr. 31; Fall *Johnston u. a.*, Urt. v. 18. Dezember 1986, ECHR Ser. A, Vol. 112, S. 25 Nr. 56.

224 *EuGHMR*, Fall *Johnston* u. a., ebd.

225 Siehe *EuGHMR*, Fall *Berrehab*, Urt. v. 21. Juli 1988, ECHR Ser. A, Vol. 138, S. 16 Nr. 29.

Schäden begründen, wie anhand des vom *EuGHMR* entschiedenen *Sunday-Times-*Falles[226] deutlich wird: Dort stellte sich die Frage, ob der verantwortliche Staat für die Tätigkeit des mit der Menschenrechtsbeschwerde betrauten Hausjuristen von Times Newspapers Ltd. eine Entschädigung zu zahlen hatte. Dagegen schien zu sprechen, daß diese Tätigkeit bereits durch normales Gehalt abgegolten war, so daß Times Newspapers Ltd. keine zusätzlichen Aufwendungen entstanden waren.[227] Andererseits mußte jedoch berücksichtigt werden, daß mit der Wahrnehmung der in Frage stehenden Aufgabe sonst eine unabhängige Rechtsanwaltskanzlei beauftragt worden wäre.[228] Deren Honorar hätte mit Sicherheit höher gelegen als der Gehaltsanteil von 7500 Pfund, der für die fünfjährige Tätigkeit des Hausjuristen in dieser Sache geltend gemacht wurde. Dessen Einschaltung war also eine Maßnahme der Schadensminderung, die auch im Interesse des verantwortlichen Staates lag und deshalb den Beschwerdeführern nicht zum Nachteil gereichen durfte. Der EuGHMR hat ihnen den geltend gemachten Betrag daher zu Recht zugesprochen.[229]

Dieselben Erwägungen müssen gelten, wenn das Opfer der Menschenrechtsverletzung selbst Rechtsanwalt ist und sich daher persönlich um die Wahrnehmung seiner Rechte kümmert, anstatt einen weiteren Anwalt beizuziehen: Auch in einem solchen Fall werden Kosten eingespart, so daß es sich gleichfalls um eine Maßnahme der Schadensminderung handelt. Die Weigerung des EuGHMR, dafür eine Entschädigung zuzusprechen,[230] kann also nicht als folgerichtig bezeichnet werden.

3. Die Pflicht zur Naturalrestitution

Soweit nach den bisherigen Ausführungen kraft Gewohnheitsrechts eine Verpflichtung zur Wiedergutmachung besteht, stellt sich nun die Frage, ob die geschuldete Wiedergutmachung in den dafür geeigneten Fällen durch *Naturalrestitution* zu erbringen ist, also durch Herstellung des Zustands, der ohne die Rechtsverletzung bestehen würde, oder ob stets auch die Gewährung einer Entschädigung in Geld ausreicht. Die Anzahl der Fälle, in denen es auf diese Frage ankommt, ist allerdings begrenzt: Zum einen ist Naturalrestitution bei einem Großteil der Schäden, die typischerweise aus Menschenrechtsverletzungen entstehen, bereits rein tatsächlich undenkbar. So können etwa die durch eine Freiheitsentziehung entstehenden immateriellen Nachteile nicht beseitigt, sondern allen-

---

226 Urt. v. 6. November 1980, ECHR Ser. A, Vol. 38.

227 Siehe die Bedenken der *EuKMR*, ebd., S. 13, Nr. 25, sowie die *Minderheitsvoten* der Richter *Fitzmaurice, Liesch* und *Pinheiro Farinha*, ebd., S. 20 f.

228 *EuGHMR*, ebd., S. 13 f. Nr. 25.

229 Ebd.

230 *EuGHMR*, Fall *Corigliano*, Urt. v. 10. Dezember 1982, ECHR Ser. A, Vol. 57, S. 7 Nr. 11, S. 17 Nr. 51, 53 letzter Absatz.

falls durch Gewährung eines anderweitigen Vorteils, etwa die Zahlung einer Entschädigung in Geld, ausgeglichen werden. Zum anderen ist schon nach allgemeinem Völkerrecht anerkannt, daß wegen *Unzumutbarkeit* eine Verpflichtung zur Naturalrestitution ausscheidet, wenn diese für den verantwortlichen Staat mit Aufwendungen oder Nachteilen verbunden wäre, die außer Verhältnis zum wiedergutzumachenden Schaden stehen.[231] So kann zum Beispiel die Rückgabe eines rechtswidrig enteigneten Grundstücks wegen Unzumutbarkeit ausgeschlossen sein, wenn es inzwischen mit einer wichtigen Straße bebaut ist. Schließlich ist zu betonen, daß es hier nicht um die Fälle geht, in denen sich die Naturalrestitution als Erfüllung einer vertraglichen Primärpflicht darstellt, was beispielsweise bei der Freilassung einer rechtswidrig inhaftierten Person, aber auch bei der Aufhebung eines konventionswidrigen Gesetzes der Fall ist: In solchen Fällen folgt die Verpflichtung zur Naturalrestitution bereits unmittelbar aus der Pflicht zur Achtung bzw. Gewährleistung der verletzten Menschenrechtsnorm,[232] so daß es eines Rückgriffes auf Gewohnheitsrecht nicht bedarf.

a) Grundsätzliche Verpflichtung zur Naturalrestitution

Hingegen kommt nur die gewohnheitsrechtliche Wiedergutmachungspflicht als Rechtsgrundlage in Betracht, wenn zum Beispiel eine Person infolge einer rechtswidrigen Freiheitsentziehung arbeitslos wird. In solchen Fällen stellt sich zunächst die Frage, ob sich aus der gewohnheitsrechtlichen Wiedergutmachungspflicht eine Verpflichtung zur Naturalrestitution, hier also zur Beschaffung einer Arbeitsstelle, überhaupt ergeben kann oder ob nicht der verantwortliche Staat stattdessen stets die Möglichkeit hat, sich durch die Zahlung einer Entschädigung zu befreien.[233] Grundsätzlich ist zwar anerkannt, daß der verantwortliche Staat seine Wiedergutmachungspflicht so weit wie möglich durch *Naturalrestitution* zu erfüllen hat.[234] Das Völkerrecht folgt insoweit der Lösung der kontinentaleuro-

---

231 *Arangio-Ruiz*, Preliminary Report on State Responsibility (ILC), Addendum, v. 27. Mai 1988, UN-Doc. A / CN.4 / 416 / Add. 1 (English), S. 22 Nr. 102.

232 Siehe oben unter I. 3.

233 Der *Rassendiskriminierungsausschuß*, der in seiner ersten Entscheidung im Individualbeschwerdeverfahren nach Art. 14 RDK, Fall *Yilmaz-Dogan ./. Niederlande*, Entscheidung v. 10. Oktober 1988, GAOR 43rd Sess., Supp. No. 18 (A / 43 / 18), S. 59 ff., mit einem ähnlichen Fall befaßt war, hat auf diese Frage keine klare Antwort gegeben:

> „The Committee . . . recommends that (the State party) ascertain whether Mrs. Yilmaz-Dogan is now gainfully employed and, if not, that it use its good offices to secure alternative employment for her and / or to provide her with such other relief as may be considered equitable." (Ebenda, S. 64 Nr. 10).

234 Siehe *StIGH*,, Chorzow Factory-Fall, PCIJ Ser. A,. No. 17 (1928), S. 47:

> „The essential principle contained in the notion of an illegal act — a principle which seems to be established by international practice and in particular by the decisions of arbitral tribunals — is that reparation must, as far as possible, wipe out all the consequences of the illegal act and re-establish the situation which would, in all probability, have existed if that act had not been committed."

Aus der Literatur siehe etwa *Mann*, BYIL 48 (1976-1977), S. 5; *Graefrath*, RdC 185 päischen und ehemals sozialistischen Rechtssysteme,[235] die im Gegensatz zum anglo-amerikanischen Rechtskreis[236] vom Grundsatz der „restitutio in integrum" ausgehen. In wichtigen Teilgebieten des Völkerrechts ist das Bestehen einer solchen Verpflichtung mittlerweile jedoch höchst streitig geworden, insbesondere in der so ideologieträchtigen Materie des internationalen Enteigungsrechts[237] und neuerdings sogar für das gesamte Fremdenrecht.[238] Man kann daher nicht umhin, die Frage aufzuwerfen, ob auch für den Bereich der Menschenrechte eine Ausnahme vom Grundsatz der Naturalrestitution zu machen ist.

Bei einem flüchtigen Blick auf die internationale Praxis könnte man zunächst geneigt sein, diese Frage zu bejahen. So weigert sich insbesondere der EuGHMR in ständiger Rechtsprechung, den verantwortlichen Staat zu etwas anderem als zur Zahlung einer Entschädigung in Geld zu verurteilen,[239] und auch in der Praxis des Menschenrechtsausschusses finden sich kaum Fälle, die als Beleg für eine Verpflichtung zur Naturalrestitution angeführt werden könnten.[240] Indes hat sich der Menschenrechtsausschuß bislang zum ganz überwiegenden Teil mit Fällen von Folter, Tötungen und rechtswidrigen Freiheitsentziehungen befaßt, in denen Naturalrestitution von vornherein ausschied. Auch der EuGHMR kann zu dieser Form der Wiedergutmachung nicht Stellung nehmen, denn wenn sie in Betracht kommt, fehlt ihm die Entscheidungskompetenz. Seine Befugnis beschränkt sich gemäß Art. 50 EMRK darauf, über eine Entschädigung („just satisfaction") zu befinden, wenn Naturalrestitution („reparation") unzulässig oder unmöglich ist.[241] Daraus, daß nur in diesen Fällen eine Entschädigung zugesprochen werden kann, muß im Gegenteil sogar geschlossen werden, daß in den übrigen Fällen der verantwortliche Staat nach dem Willen der Konventionsverfasser zur Naturalresti-

(1984 II), S. 82; *Arangio-Ruiz*, Preliminary Report on State Responsibility (ILC), Addendum, v. 27. Mai 1988, Un-Doc. A / CN.4 / 416 / Add. 1 (English), S. 3 ff. Nr. 64 ff. m. w. N.; *Brownlie*, System of the Law of Nations, State Responsibility, Part I, S. 222.

235 *Mann*, BYIL 48 (1976-1977), S. 3; *Graefrath*, RdC 185 (1984 II), S. 81.

236 *Mann*, ebd., S. 2 f.

237 Siehe nur die bereits erwähnten gegensätzlichen Schiedssprüche der Schiedsrichter *Lagergren* und *R.-J. Dupuy* in *BP* bzw. *Tecaco ./. Libyen*, ILR 53 (1979), S. 347 f. und 507 f. Nr. 109.

238 Siehe Art. 7 des Berichts von ILC-Berichterstatter Riphagen zum zweiten Teils der Draft Articles on State Responsibility und den Kommentar dazu in YBILC 1985 Vol. II Part 1, S. 10; siehe andererseits aber den Preliminary Report des neuen ILC-Berichterstatters *Arangio-Ruiz*, v. 27. Mai 1988, UN-Doc. A / CN.4 / 416 / Add. 1 (English), S. 29 Nr. 121. Für eine grundsätzliche Pflicht zur Naturalrestitution bei Fremdenrechtsverletzungen auch *Graefrath*, RdC 185 (1984 II), S. 82.

239 Siehe oben unter A I. 1. c).

240 Eine Ausnahme ist aber *HRC*, Fall *Luyeye Magana ./. Zaire*, views v. 21. Juli 1983, GAOR 38th Sess., Supp. No. 40 (A / 38 / 40), S. 197 (200 Nr. 9): Rückgabe von Eigentum, das bei einer rechtswidrigen Hausdurchsuchung beschlagnahmt worden war (ebenda, S. 200, Nr. 7.2). Um einen Fall der Erfüllung einer vertraglichen Primärpflicht handelt es sich hier nicht, weil im IPBPR das Recht auf Eigentum nicht garantiert ist.

241 Siehe oben unter A I. 1. b) und c).

tution verpflichtet sein sollte.[242] Noch deutlicher wird die Existenz dieser Verpflichtung in Art. 63 Abs. 1 S. 2 (1. Halbsatz) AMRK vorausgesetzt, denn dort wird dem IAGHMR sogar die Befugnis eingeräumt, den verantwortlichen Staat gegebenenfalls entsprechend zu verurteilen.[243] So hat der IAGHMR denn auch die grundsätzliche Existenz einer Verpflichtung zur Naturalrestitution ausdrücklich hervorgehoben.[244] Ein genereller Ausschluß für den Bereich der Menschenrechte läßt sich also nicht nachweisen.

b) *Ausschluß aus Gründen der Rechtssicherheit*

Eine Einschränkung der Verpflichtung zur Naturalrestitution kann sich jedoch aus dem Grundsatz der Rechtssicherheit ergeben. Deutlich wird dies in dem vom EuGHMR entschiedenen Fall *Vermeire ./. Belgien.*[245] Gegenstand des Verfahrens war die Benachteiligung der nichtehelich geborenen Beschwerdeführerin bei der Beerbung ihrer ohne Testament verstorbenen Großeltern. Der EuGHMR hatte in seinem Urteil vom 13. Juni 1979 im Fall *Marckx* entschieden, daß die Benachteiligung nichtehelicher Abkömmlinge bei der gesetzlichen Erbfolge gegen Art. 14 in Verbindung mit Art. 8 EMRK verstößt.[246] Im Fall *Vermeire* war nun der Großvater der Beschwerdeführerin im Jahre 1980 gestorben, also nach dem Urteil des EuGHMR im Fall *Marckx,* die Großmutter hingegen bereits im Jahre 1975. Beide Nachlässe wurden erst nach dem Tode des Großvaters geteilt, wobei die Beschwerdeführerin wegen ihrer nichtehelichen Abstammung leer ausging. Der *EuGHMR* stellte deshalb einen Verstoß gegen Art. 8 in Verbindung mit Art. 14 EMRK fest. Jedoch beschränkte er diese Feststellung auf die Teilung des großväterlichen Nachlasses.[247] Hinsichtlich des Nachlasses der Großmutter war hingegen zu berücksichtigen, daß das Erbrechtsverhältnis bereits im Jahre 1975, also vor dem *Marckx-Urteil,* entstanden war.[248] Zwar stellte es eine Folge der konventionswidrigen Gesetzgebung Belgiens dar; nach dem Grundsatz der Naturalrestitution hätte die Beschwerdeführerin also rechtlich so gestellt werden müssen, wie sie ohne die konventionswidrige Gesetzgebung gestanden hätte. Indes wären dadurch zwangsläufig die Rechte der bisherigen Erben beeinträchtigt worden. Diese aber hatten im Zeitpunkt des Rechtserwerbs nicht damit rechnen müssen, daß ihre Rechtspositionen auf einem Konventionsverstoß beruhten. Das Vertrauen der Erben in die Beständigkeit ihrer Rechte war also schutzwürdig.[249] Der Grundsatz

---

242 Insoweit zutreffend *Urbanek,* ÖZöffR 11 (1961), S. 87.

243 Siehe oben unter A I. 3.

244 Fall *Velásquez Rodriguez,* Urt. v. 21. Juli 1989, S. 10 Nr. 26.

245 Urt. v. 29. November 1991, deutsche Übersetzung abgedruckt in EuGRZ 1992, S. 12 ff.

246 ECHR Ser. A, Vol. 31, S. 25 f. Nr. 56 und 59.

247 EuGRZ 1992, S. 13 f. Nr. 21 f., 28.

248 Ebd., S. 13 Nr. 22.

des Vertrauensschutzes als Bestandteil der Rechtssicherheit ist aber in allen Vertragsstaaten der EMRK anerkannt. Es kann nicht davon ausgegangen werden, daß er durch den Abschluß der EMRK in Frage gestellt werden sollte. So hatte denn auch der EuGHMR bereits im *Marckx-* Urteil festgestellt, daß Belgien aus Gründen der Rechtssicherheit nicht verpflichtet sei, bereits entstandene Rechtsverhältnisse umzugestalten.[250] In das am Nachlaß der Großmutter bestehende Rechtsverhältnis mußte also nicht nachträglich eingegriffen werden.[251] Der Fall zeigt, daß die Verpflichtung zur Naturalrestitution eine Einschränkung durch den Grundsatz der Rechtssicherheit bzw. des Vertrauensschutzes erfährt, der bereits abgeschlossene Rechtsverhältnisse der Diposition des Gesetzgebers entzieht.[252]

c) Ausschluß durch entgegenstehendes innerstaatliches Recht?

Vielfach wird der Naturalrestitution außerdem das innerstaatliche Recht entgegenstehen. Zu denken ist insbesondere an rechtskräftige Gerichtsurteile, die nach innerstaatlichem Verfahrensrecht nicht mehr aufgehoben werden können. Hier stellt sich die Frage, ob der verantwortliche Staat dennoch, notfalls im Wege der Gesetzgebung, für Naturalrestitution sorgen muß oder ob es genügt, wenn er stattdessen eine Entschädigung zahlt. Indirekt geregelt ist die Frage in der Europäischen Menschenrechtskonvention: Nach Art. 50 EMRK soll bei innerstaatlich unzulässiger Naturalrestitution eine Entschädigung zuerkannt werden.[253] Dies bedeutet, daß in solchen Fällen eine Verpflichtung zur Naturalrestitution nicht besteht.[254]

Eine dem Art. 50 EMRK entsprechende Regelung fehlt allerdings in allen übrigen Menschenrechtsverträgen. Dies muß jedoch nicht notwendigerweise zu

---

249 Der Richter *Martens* vertrat in seinem Sondervotum hingegen die Ansicht, die Rechtsstellung der Erben sei nicht schutzwürdig gewesen, weil der Nachlaß im Zeitpunkt des *Marckx-* Urteils noch nicht geteilt gewesen sei, siehe die Zusammenfassung ebd., S. 14.

250 Urt. v. 13. Juni 1979, ECHR Ser. A, Vol. 31, S. 26 Nr. 58:
„Having regard to all these circumstances, the principle of legal certainty, which is necessarily inherent in the law of the convention as in Community law, dispenses the Belgian State from re-opening legal acts or situations that antedate the delivery of the present judgment. Moreover, a similar solution is found in certain Contracting States having a constitutional court: their public law limits the retroactive effect of those decisions of that court that annul legislation."

251 EuGHMR, EuGRZ 1992, S. 13 Nr. 22.

252 Siehe auch *Ress,* Die Wirkungen der Urteile des Europäischen Gerichtshofes für Menschenrechte im innerstaatlichen Recht und vor innerstaatlichen Gerichten, in: Irene Maier (Hrsg.), Europäischer Menschenrechtsschutz, S. 227 ff., 238 f.

253 Siehe oben unter A I. 1. b) bb) und cc) sowie c).

254 *BVerfG,* ZaöRV 1986, S. 289, 291 ff. *(Pakelli-Beschluß)*; *Arangio-Ruiz,* Preliminary Report on State Responsibility, Addendum, v. 27. Mai 1988, UN-Doc. A / CN.4 / 416 / Add. 1 (English), S. 18 f. Nr. 94; *Urbanek,* ÖZöffR 11 (1961), S. 87; *Graefrath,* RdC 185 (1984 II), S. 78 f. i. V. m. FN 172.

einem von der EMRK abweichenden Ergebnis führen. Zwar kann allein aus der Existenz des Art. 50 EMRK nicht schon auf einen allgemein geltenden Grundsatz geschlossen werden. Die Regelung könnte ja gerade deshalb getroffen worden sein, weil die Vertragsparteien eine ansonsten geltende Norm gegenteiligen Inhalts ausschließen wollten.[255] Die Verfasser des Art. 50 EMRK gingen indes davon aus, daß die Vorschrift in vollem Umfang mit dem allgemeinen Völkerrecht in Einklang stehe.[256] Diese Ansicht kann zwar keinen Anspruch auf Allgemeinverbindlichkeit erheben, zumal sich in der Parallelregelung des Art. 63 Abs. 1 Satz 2 AMRK eine entsprechende Bezugnahme auf das innerstaatliche Recht nicht findet. Jedoch besteht gemäß Art. 63 Abs. 1 Satz 2 (1. HS) AMRK die Befugnis, den verantwortlichen Staat zur Naturalrestitution zu verurteilen,[257] nur „if appropriate", wobei immerhin naheliegt, daß als „inappropriate" von den Verfassern unter anderem die Fälle angesehen wurden, in denen die Naturalrestitution nach innerstaatlichem Recht unzulässig ist. Was die übrigen Menschenrechtsverträge angeht, deren Verfasser sich nicht einmal zu Organen mit verbindlichen Entscheidungsbefugnissen durchringen konnten, so ist noch schwerer vorstellbar, daß bei ihnen weitergehende Wiedergutmachungspflichten bestehen sollten als im Rahmen der EMRK.

Berücksichtigt werden muß zudem, daß die in Art. 50 EMRK enthaltene Regelung keinen Einzelfall darstellt, sondern zahlreiche Vorbilder in bi- und multilateralen Schieds- und Vergleichsverträgen hat, so zum Beispiel in Art. 32 der Genfer Generalakte über die friedliche Beilegung zwischenstaatlicher Streitigkeiten vom 26. September 1928[258] und in Art. 10 des Schieds- und Vergleichsvertrages zwischen der Schweizerischen Eidgenossenschaft und dem Deutschen Reich vom 3. Dezember 1921.[259] Nach diesen Regelungen kann die Verpflichtung zur Naturalrestitution, anders als bei Art. 50 EMRK, zwar nur durch innerstaatliches Verfassungsrecht ausgeschlossen werden.[260] Dieser Unterschied ist indes dadurch zu erklären, daß die Schiedsverträge für das Verhältnis zwischen souveränen Staaten gelten, in dem der Grundsatz herrscht, daß innerstaatliche Gesetze völkerrechtlichen Verpflichtungen nicht entgegengehalten werden können.[261] Zu

---

255 Mit dieser Argumentation spricht sich *Arangio-Ruiz,* ebenda, S. 18 f. Nr. 94 f., gegen eine Verallgemeinerung der in Art. 50 EMRK getroffenen Regelung aus.

256 Collected Edition, Vol. III, S. 276:
„This provision is in accordance with the actual international law relating to the violation of an obligation by a State. In this respect, jurisprudence of a European Court will never, therefore, introduce any new element or one contrary to existing international law."

257 Siehe oben unter A I. 3.

258 LNTS 93 (1929), S. 343 ff.

259 LNTS 12 (1922), S. 272 ff.

260 Siehe etwa Art. 32 der Generalakte:
„. . . if the *constitutional* law . . . does not permit or only partially permits the consequences of the judgement or measure in question to be annulled . . ." (Hervorhebung vom Verf.).

Ausnahmen von diesem Grundsatz bestand bei den vertragschließenden Staaten offenbar nur eine sehr begrenzte Bereitschaft. Daß die Regelungen in den Schiedsverträgen einen allgemeingültigen Rechtssatz formulieren, läßt sich daher mit guten Gründen bestreiten.[262] Grundlegend anders ist die Situation jedoch im Rahmen der Menschenrechtsverträge. Sie regeln nicht die Beziehungen zwischen souveränen Staaten, sondern das Verhältnis des Staates zum Individuum. Dieses haben die Vertragsstaaten ersichtlich nicht als eines der Gleichordnung, sondern als ein Subordinationsverhältnis angesehen. Insbesondere belassen die Verträge, wie sich an den zahlreichen Gesetzesvorbehalten zeigt, den Staaten die Befugnis, vertraglich garantierte Rechte im öffentlichen Interesse einzuschränken. Auch das Privateigentum ist nicht schlechthin vor staatlichem Zugriff geschützt, sondern kann im öffentlichen Interesse aufgrund eines Gesetzes, bestenfalls gegen Zahlung einer Entschädigung, entzogen werden.[263] Die Verpflichtung zur Naturalrestitution kann von dieser Dispositionsbefugnis des Gesetzgebers nicht ausgenommen sein, denn es würde einen Wertungswiderspruch bedeuten, eine vertraglich nicht garantierte Sekundärpflicht anders zu behandeln als vertragliche Primärpflichten.

Für den sonach grundsätzlich zulässigen Ausschluß der Naturalrestitution durch innerstaatliches Recht wird man allerdings verlangen müssen, daß er durch ein öffentliches Interesse gerechtfertigt ist. Dies läßt sich zwar nicht dem Wortlaut des Art. 50 EMRK, wohl aber dem Gesamtzusammenhang der Menschenrechtsverträge entnehmen, die für einen Eingriff in Rechtspositionen des Individuums stets, sei es ausdrücklich oder implizit, ein solches öffentliches Interesse verlangen.[264] Im Falle der Rechtskraft von Urteilen, die der Rechtssicherheit und damit einem wichtigen, ja überragenden Gemeinschaftsgut dient, ist diese Voraussetzung aber zweifelsfrei erfüllt.

Die Bedenken, die einer Verallgemeinerung des in Art. 50 EMRK enthaltenen Rechtsgedankens auf das Verhältnis zwischen souveränen Staaten entgegenstehen, greifen also im Subordinationsverhältnis zwischen Staat und Individuum nicht durch. Für Menschenrechtsverletzungen gilt mithin auch außerhalb des

---

261 Zu diesem Grundsatz siehe etwa Art. 4 von Teil 1 der ILC-Draft Articles on State Responsibility sowie den Kommentar dazu in YBILC 1973 vol. II, S. 184 ff.

262 *Bejahend* aber *Urbanek*, ÖZöffR 11 (1961), S. 84 ff., sowie *Graefrath*, RdC 185 (1984 II), S. 82; im Ergebnis ebenso *v. Münch*, Das völkerrechtliche Delikt, S. 210 f.; *Zemanek*, in: Zemanek / Salmon, Responsabilité Internationale, S. 1 ff., 69; siehe auch Art. 26 Abs. 2 des Konventionsentwurfes von *Garcia Amador*, in: Garcia-Amador / Sohn / Baxter, Recent Codification of the Law of State Responsibility for Injuries to Aliens; *verneinend* hingegen *Arangio-Ruiz*, Preliminary Report on State Responsibility, Addendum, v. 27. Mai 1988, UN-Doc. A / CN.4 / 416 / Add. 1 (English), S. 18 f. Nr. 94 f.; *Verdross / Simma*, § 1295, jeweils m. w. N.

263 Siehe Art. 1 Abs. 1 Satz 2 des 1. *Zusatzprotokolls zur EMRK*, Art. 21 *AMRK*, Art. 14 *AfrCh*.

264 Siehe etwa Art. 1 Abs. 1 Satz 2 des 1. ZusProt (EMRK): „No one shall be deprived of his possessions except in the public interest . . .".

Anwendungsbereiches von Art. 50 EMRK, daß keine Verpflichtung zur Naturalrestitution besteht, wenn diese nach innerstaatlichem Recht unzulässig ist.

4. Die Pflicht zur Entschädigung

Insgesamt hat sich gezeigt, daß Naturalrestitution nur unter engen Voraussetzungen zu leisten ist: Sie muß tatsächlich möglich, zumutbar und rechtlich zulässig sein und darf nicht aus Gründen der Rechtssicherheit ausscheiden. Sie kommt daher nur selten vor. An ihre Stelle tritt die in der Praxis häufigste Form der Wiedergutmachung, die Entschädigung.

a) Anwendungsbereich

Diese Wiedergutmachungsform kommt auch dann in Betracht, wenn der verantwortliche Staat an sich zur Naturalrestitution verpflichtet ist: Dem Staat und dem Geschädigten muß in solchen Fällen die Möglichkeit zustehen, die Naturalrestitution im Wege der Vereinbarung durch eine Entschädigung zu ersetzen, denn es geht hier nur um Schadenswiedergutmachung im Interesse des Betroffenen. So bestehen etwa keine Bedenken dagegen, daß derjenige, der durch die Menschenrechtsverletzung seinen Arbeitsplatz verloren hat, sich mit dem verantwortlichen Staat auf eine Abfindung anstelle der Beschaffung eines neuen Arbeitsplatzes einigt. Außerdem muß sich das betroffene Individuum für Entschädigung entscheiden können, wenn ihm die Annahme der Naturalrestitution nicht zugemutet werden kann. Denn wenn selbst der verantwortliche Staat Unzumutbarkeit geltend machen kann,[265] muß gleiches erst recht zugunsten des Betroffenen gelten. Da dieser prinzipiell schutzwürdiger ist, wird man zu seinen Gunsten Unzumutbarkeit sogar wesentlich eher anzunehmen haben als beim verantwortlichen Staat. So sollte es beispielsweise ausreichen, wenn ein rechtswidrig enteigneter Unternehmensinhaber sich zur Ruhe gesetzt hat und nun, möglicherweise mehrere Jahre nach der Enteignung, nicht mehr bereit ist, das Unternehmen zurückzunehmen und seine Lebensplanung erneut umzustellen. Von solchen Fällen abgesehen, muß das betroffene Individuum schließlich auch dann eine Entschädigung wählen dürfen, wenn der verantwortliche Staat die Naturalrestitution nach einer erfolgreichen Menschenrechtsbeschwerde verzögert oder gar verweigert.[266] Denn ein erneutes Beschreiten des innerstaatlichen Rechtsweges kann dem Betroffenen nicht zugemutet werden.[267]

Hingegen ist zweifelhaft, ob sich darüber hinaus ein einseitiges Wahlrecht des betroffenen Individuums zwischen Naturalrestitution und Entschädigung nach-

---

265 Siehe oben unter 3.

266 Siehe bereits oben unter A I. 1. b) dd).

267 Ebd., m. w. N.

weisen läßt, wie es für das allgemeine Völkerrecht zugunsten des verletzten Staates teilweise behauptet wird:[268] Die für diese Auffassung zitierten Entscheidungen, etwa der *Chorzow-Factory-Fall*,[269] können zur Begründung eines solchen Wahlrechts nicht angeführt werden, denn es handelte sich — wenn nicht sogar Unzumutbarkeit vorlag — jedenfalls um Fälle der Einvernehmlichkeit: Der verantwortliche Staat wandte sich zwar gegen den Grund und die Höhe des geltend gemachten Entschädigungsanspruches, nicht jedoch dagegen, daß überhaupt Entschädigung statt Naturalrestitution gefordert wurde. Gegen ein Wahlrecht des Individuums zwischen Entschädigung und Naturalrestitution spricht überdies Art. 50 EMRK. Diese Vorschrift läßt die Zuerkennung von Entschädigung nur dann zu, wenn Naturalrestitution unzulässig oder unmöglich ist.[270] Sie geht also ersichtlich vom Vorrang der Naturalrestitution aus. Dieser Vorrang bindet nicht nur den verantwortlichen Staat, sondern ebenso den Betroffenen, denn auch der verantwortliche Staat soll vor Willkür bei der Bemessung der Entschädigung geschützt werden. Dem betroffenen Individuum steht also kein einseitiges Wahlrecht zwischen Naturalrestitution und Entschädigung zu. Im Beispielsfall muß folglich der Betroffene, wenn es nicht zu einer anderweitigen Einigung kommt, einen ihm angebotenen, zumutbaren Ersatzarbeitsplatz annehmen; er kann nicht stattdessen eine Abfindung verlangen.

b) Die Form der Entschädigung

In den allermeisten Fällen wird die geschuldete Entschädigung durch Zahlung von Geld bewirkt. Der Betrag ist an das betroffene Individuum zu zahlen,[271] denn dessen Interessen sollen durch die Menschenrechte geschützt werden.[272] Es sind jedoch auch andere Entschädigungsformen denkbar.[273] Überschreitet

268 Siehe etwa *Arangio-Ruiz*, Preliminary Report on State Responsibility (ILC), Addendum, v. 27. Mai 1988, UN-Doc. A / CN.4 / 416 / Add. 1 (English), S. 25 f. 109 ff.; *Mann*, BYIL 48 (1976-1977), S. 5, allerdings mit der Einschränkung, daß die Wahl des verletzten Staates „reasonable" sein müsse.

269 *StIGH*, *Chorzow-Factory-Fall*, Urt. v. 26. Juli 1927, PCIJ Ser. A, No. 9.

270 Siehe dazu bereits oben unter A. I. 1. b).

271 Ständige Rechtsprechung des *EuGHMR* zu Art. 50 EMRK („injured party"), siehe bereits oben unter A I. 1. d). Ebenso der *IAGHMR* zu Art. 63 Abs. 1 Satz 2 (2.Hs) AMRK, siehe Fall *Velásquez Rodriguez*, Urt. v. 29. Juli 1988, EuGRZ 1989, S. 157 ff. (173), Nr. 192; Urt. v. 21. Juli 1989 (Art. 63 Abs. 1), S. 15 Nr. 58. Im gleichen Sinne auch die Rechtsprechung des *Menschenrechtsausschusses*, siehe etwa Fall *Jaona ./. Madagascar*, views v. 1. April 1985, GAOR 40th Sess., Supp. No. 40 (A / 40 / 40), S. 179 (186 Nr. 16); Fall *Martinez Portorreal ./. Dominican Republic*, views v. 5. November 1987, GAOR 43rd Sess., Supp. No. 40 (A / 43 / 40), S. 207 (211 Nr. 12).

272 Siehe oben unter A I. 1. d). Die dort zu Art. 50 EMRK angeführten Gründe gelten im vorliegenden Zusammenhang entsprechend.

273 *van Boven*, Study concerning the right to restitution, compensation and rehabilitation for victims of gross violations of human rights and fundamental freedoms, Preliminary report v. 26. Juli 1990, UN-Doc. E / CN.4 / Sub. 2 / 1990 / 10 (English), S. 9 Nr. 40.

etwa die Dauer der Untersuchungshaft die Grenze des menschenrechtlich Zulässigen, so kommt als Wiedergutmachung für den hierdurch verursachten immateriellen Schaden nicht nur die Zahlung von Geld, sondern beispielsweise auch die Verringerung der später verhängten Freiheitsstrafe in Betracht.[274] Einigen sich verantwortlicher Staat und Betroffener auf eine solche besondere Form der Entschädigung,[275] so bestehen dagegen ebensowenig Bedenken wie etwa gegen einen einvernehmlichen Ausschluß der Naturalrestitution.[276] Kommt hingegen eine Einigung nicht zustande, so muß es grundsätzlich bei der Entschädigung in Geld bleiben.[277] Ebensowenig wie zwischen Naturalrestitution und Entschädigung ein einseitiges Wahlrecht besteht, kann es auch zwischen verschiedenen Formen der Entschädigung eine Wahlmöglichkeit des verantwortlichen Staates oder des Geschädigten geben, denn eine solche Wahlmöglichkeit birgt stets die Gefahr der willkürlichen Benachteiligung der anderen Seite. So erkennt denn auch der EuGHMR in ständiger Rechtsprechung „just satisfaction" nur in Geld zu,[278] und auch in Art. 63 Abs. 1 Satz 2 (2.Halbsatz) AMRK („paid") ist ausschließlich diese Form der Entschädigung vorgesehen. Nach der Rechtsprechung des EuGHMR kann der Beschwerdeführer grundsätzlich nicht einmal eine andere Währung als die des verantwortlichen Staates wählen,[279] es sei denn, er lebt im Ausland: In einem solchen Fall darf er sich für die Währung des Aufenthaltsstaates entscheiden,[280] denn nur auf diese Weise wird er vor Umtauschgebühren und Wechselkursrisiken geschützt.

Von dem Grundsatz, daß die Entschädigung in Geld zu bewirken ist, kann allerdings bei Verfahrensverstößen, die den Verlust von Chancen auf ein günstigeres Urteil zur Folge hatten,[281] eine Ausnahme zu machen sein. Eine solche

---

274 *EuGHMR,* Fall Neumeister, Urt. v. 7. Mai 1974, ECHR Ser. A, Vol. 17, S. 18 f. Nr. 40 f.

275 So etwa im Fall *Neumeister,* ebd.

276 Dazu siehe bereits soeben unter a).

277 Der *Menschenrechtsausschuß* hat denn auch im Fall *Marais ./. Madagascar,* views v. 24. März 1983, GAOR 38th Sess., Supp. No. 40 (A / 38 / 40), S. 141 (149 Nr. 20), die vorzeitige Freilassung des Beschwerdeführers als Form der Wiedergutmachung lediglich *angeregt:*

„The Committee would welcome a decision by the State party to release Mr. Marais prior to completion of his sentence, in response to his petition for clemency."

278 Siehe oben unter A. I. 1. c).

279 Siehe *EuGHMR,* Fall *Engel und andere,* Urt. v. 23. November 1976, ECHR Ser. A, Vol. 22, S. 69 Nr. 10 a. E. in Verbindung mit S. 68 Nr. 6: Die Beschwerdeführer wünschten die Entschädigung in französischen Francs; der Gerichtshof sprach holländische Gulden zu. Welche Bedeutung die Frage der Währung insbesondere bei Staaten mit starker Inflation hat, zeigt *IAGHMR, Fall Velásquez Rodríguez,* Auslegungsurteil v. 17. August 1990, deutsche Übersetzung abgedruckt in EuGRZ 1991, S. 349 ff.

280 So i. E. auch *EuGHMR,* Fall *Kamasinski,* Urt. v. 19. 12. 1989, ECHR Ser. A, Vol. 168, S. 46 f. Nr. 112 ff. i. V. m. S. 10 Nr. 10.

281 Zum Verlust von Chancen als wiedergutzumachendem Schaden siehe bereits oben unter 2. c) cc).

Situation lag der Entscheidung des EuGHMR im Fall *Piersack* zugrunde: Der Beschwerdeführer war von einem belgischen Gericht wegen Mordes zu 18 Jahren Gefängnis verurteilt worden. Der EuGHMR stellte einen Verstoß gegen Art. 6 Abs. 1 Satz 1 EMRK („impartial") fest, weil die Unparteilichkeit des vorsitzenden Richters Anlaß zu Zweifeln gab.[282] Der *procureur général* stellte daraufhin auf Weisung des Justizministers einen Antrag auf Aufhebung des Strafurteils gemäß Art. 441 der belgischen Strafprozeßordnung, dem der Kassationsgerichtshof stattgab. Der Fall wurde an ein anderes Gericht zurückverwiesen, dessen Unparteilichkeit außer Frage stand und das den Beschwerdeführer nach neuem Verfahren wiederum zu 18 Jahren Gefängnis verurteilte.

In solchen Fällen bedeutet die wegen der entgangenen Chance durchgeführte Wiederholung des Verfahrens zwar keine Naturalrestitution, denn das fehlerhafte Verfahren ist nicht mehr rückgängig zu machen. Es liegt vielmehr eine besondere Form der Entschädigung vor, bei der dem Betroffenen zum Ausgleich für die entgangene Chance eine neue gewährt wird. Diese Art der Entschädigung kommt der Naturalrestitution jedoch so nahe, wie es der Natur der Sache nach überhaupt nur möglich ist.[283] Sie kann folglich rechtlich nicht anders behandelt werden als wirkliche Naturalrestitution und hat daher Vorrang vor der Zahlung einer Entschädigung. Wenn also ein Gerichtsverfahren, in dem Verfahrensgarantien verletzt wurden, nach innerstaatlichem Recht wiederholt werden kann, ist der verantwortliche Staat hierzu auch verpflichtet und darf den Betroffenen nicht auf eine Entschädigung in Geld verweisen. Andererseits muß sich aber das betroffene Individuum mit der Wiederholung des Verfahrens als Wiedergutmachung auch zufriedengeben und darf nicht stattdessen eine andere Form der Wiedergutmachung verlangen.[284]

c) Die Bemessung

Soweit der verantwortliche Staat hingegen zur Zahlung einer Entschädigung in Geld verpflichtet ist, stellt sich die Frage, wie diese zu bemessen ist. Dabei sind mehrere Faktoren von Bedeutung:

aa) Schadensumfang

Ausgangspunkt muß der Umfang des aus der Menschenrechtsverletzung entstandenen Schadens sein. Diesen in Geld zu beziffern, ist bei materiellen Schäden zwar meist unproblematisch, schwierig hingegen bei immateriellen Nachteilen und bei entgangenen Chancen: Bei immateriellen Schäden können Präjudizien,

---

282 Urt. v. 1. Oktober 1982, ECHR Ser. A, Vol. 53, S. 16 Nr. 32.

283 *EuGHMR*, Fall Piersack, Urt. v. 26. Oktober 1984, ECHR Ser. A, Vol. 85, S. 15 f. Nr. 11.

284 *EuGHMR*, ebd.

insbesondere die inzwischen recht zahlreichen Entscheidungen des EuGHMR, zwar eine grobe Orientierung bieten. Konkrete Maßstäbe lassen sich aus ihnen jedoch schon deshalb nur schwer ableiten, weil die Höhe der jeweils zugesprochenen Beträge stark von den Umständen des Einzelfalls abhing. Während der Gerichtshof beispielsweise im Fall *Engel* für zwei Tage strengen Disziplinararrests, die gegen Art. 5 Abs. 1 EMRK verstießen, eine Entschädigung von 100 Gulden (ca. 89 DM) zuerkannte,[285] sprach er im Fall *Guzzardi* für eine siebzehnmonatige, ebenfalls gegen Art. 5 Abs. 1 EMRK verstoßende Lagerhaft lediglich 1.000.000,— Lire (ca. DM 1350,—) zu, und zwar deshalb, weil die Umstände der Freiheitsentziehung weniger streng als in einem Gefängnis gewesen seien.[286] Die Orientierung an Präzedenzfällen wird außerdem dadurch erschwert, daß der EuGHMR häufig für mehrere Schadenspositionen einen Gesamtbetrag zuerkennt, ohne darzulegen, wieviel davon auf den immateriellen Schaden des Opfers entfällt.[287] Zu berücksichtigen ist schließlich, daß sich die Höhe der vom EuGHMR zugesprochenen Entschädigungsbeträge an westeuropäischen Wertmaßstäben orientiert und daher nicht ohne weiteres als „menschenrechtlicher Mindeststandard" angesehen werden kann. Insgesamt kann daher nur die Größenordnung der zu erwartenden Entschädigung für einige Fallgruppen ungefähr beziffert werden:

Bei Verstößen gegen das Recht auf ein Haftprüfungsverfahren gemäß Art. 5 Abs. 4 EMRK bei ansonsten rechtmäßiger Freiheitsentziehung ist der *EuGHMR* mit einer Entschädigung für immaterielle Schäden im allgemeinen sehr zurückhaltend. Im Fall *De Wilde, Ooms und Versyp* hat er einen Schaden noch gänzlich verneint,[288] während im Fall *Van Droogenbroeck* für die nicht näher bezeichneten psychischen Folgen der Rechtsverletzung immerhin ein Betrag von 20.000 Belgischen Francs (ca. 970,— DM) zuerkannt wurde.[289]

Großzügiger ist der Gerichtshof bei Verstößen gegen die Erfordernisse eines fairen Verfahrens gemäß Art. 6 Abs. 1 Satz 1 EMRK: Im Fall *de Cubber* war der Beschwerdeführer zu einer mehrjährigen Freiheitsstrafe verurteilt worden, wobei ein Mitglied des erkennenden Gerichts in einem früheren Verfahrensstadium bereits als Ermittlungsrichter mitgewirkt hatte, was gegen das Erfordernis der Unparteilichkeit gemäß Art. 6 Abs. 1 Satz 1 EMRK („impartial") verstieß.[290] Die hierdurch beim Beschwerdeführer hervorgerufene Verunsicherung bewertete der Gerichtshof als immateriellen Schaden und sprach eine Entschädigung von 100.000 Belgischen Francs (ca. 4900,— DM) zu.[291] Im Fall *Feldbrugge* war

[285] Urt. v. 23. November 1976, ECHR Ser. A, Vol. 22, S. 68 f. Nr. 10.

[286] Urt. v. 6. November 1980, ECHR Ser. A, Vol. 39, S. 41 f. Nr. 113 f.

[287] Siehe etwa Fall *Colozza*, Urt. v. 12. Februar 1985, ECHR Ser. A, Vol. 89, S. 17 Nr. 38; Fall *König*, Urt. v. 10. März 1980, ECHR Ser. A, Vol. 36, S. 16 f. Nr. 19.

[288] Urt. v. 10. März 1972, ECHR Ser. A, Vol. 14, S. 11 Nr. 24.

[289] Urt. v. 25. April 1983, ECHR Ser. A, Vol. 63, S. 7 Nr. 13.

[290] Urt. v. 26. Oktober 1984, ECHR Ser. A, Vol. 86, S. 13 ff. Nr. 23 ff.

eine Klage der Beschwerdeführerin auf Lohnfortzahlung vom zuständigen Gericht entgegen Art. 6 Abs. 1 Satz 1 EMRK („fair hearing") ohne jede Anhörung zurückgewiesen worden;[292] wegen der daraus entstandenen Nachteile psychischer Natur hielt der EuGHMR eine Entschädigung von 10.000 Gulden (ca. 8890,— DM) für angemessen.[293] Im Fall *H ./. Belgien* schließlich ging es um einen Rechtsanwalt, den die Anwaltskammer aus standesrechtlichen Gründen ausgeschlossen hatte und dessen spätere Anträge auf Wiederaufnahme vom Rat der Kammer in erster und letzter Instanz mit der lapidaren Begründung abgewiesen worden waren, die vom Gesetz geforderten außergewöhnlichen Umstände für die Wiederaufnahme lägen nicht vor. Der EuGHMR sah Art. 6 Abs. 1 EMRK als verletzt an, weil das Verfahren zur Entscheidung über seine Wiederaufnahmeanträge nicht öffentlich gewesen sei, weil ihm keine schriftliche Verfahrensordnung zugrundegelegen habe und weil die ablehnenden Entscheidungen nicht ausreichend begründet gewesen seien.[294] Für den infolgedessen erlittenen immateriellen Schaden sprach der Gerichtshof 250.000 Belgische Francs (ca. 12.100,— DM) zu,[295] wobei für die Höhe der Entschädigung ausschlaggebend gewesen sein dürfte, daß es in den angegriffenen Verfahren um die berufliche Zukunft des Beschwerdeführers ging.

Beträge in ungefähr derselben Größenordnung gewährt der Gerichtshof regelmäßig auch bei Überschreitung der angemessenen Verfahrensdauer („reasonable time") im Sinne von Art. 6 Abs. 1 Satz 1 EMRK: In den Fällen *Baraona* und *Neves e Silva* wurden wegen der zögerlichen Behandlung von Schadensersatzklagen mit hohen Streitwerten durch die portugiesischen Gerichte (Verfahrensdauer in beiden Fällen länger als 6 Jahre) jeweils 500.000 Escudos (ca. 5700,— DM) zuerkannt, weil die Beschwerdeführer sich infolge der Konventionsverstöße in einem Zustand andauernder Ungewißheit über den Verfahrensausgang befunden hätten.[296] Im Fall *Milasi* dauerte ein Strafverfahren, das zum Freispruch des Beschwerdeführers führte, beinahe 10 Jahre;[297] der EuGHMR sprach ihm eine Entschädigung von 7 Millionen Lire (ca. 9500,— DM) für das dadurch erlittene Gefühl der Ungewißheit zu.[298] Im Fall *Bock* hatte das Scheidungsverfahren des Beschwerdeführers unter Verstoß gegen Art. 6 Abs. 1 Satz 1 EMRK („reasonable

291 Urt. v. 14. September 1987, ECHR Ser. A, Vol. 124 B, S. 19 Nr. 24.

292 Urt. v. 29. Mai 1986, ECHR Ser. A, Vol. 99, S. 17 f. Nr. 44, 47.

293 Urt. v. 27. Juli 1987, ECHR Ser. A, Vol. 124 A, S. 8 Nr. 13.

294 Urt. v. 30. November 1987, ECHR Ser. A, Vol. 127 B, S. 34 ff. Nr. 49 ff.

295 Ebd., S. 37 Nr. 60.

296 EuGHMR, Fall *Baraona,* Urt. v. 8. Juli 1987, ECHR Ser. A, Vol. 122, S. 22 Nr. 61; Fall *Neves e Silva,* Urt. v. 27. April 1989, ECHR Ser. A, Vol. 153 A, S. 17 Nr. 48.

297 Urt. v. 25. Juni 1987, ECHR Ser. A, Vol. 119, S. 47 Nr. 20.

298 Ebd., S. 48 Nr. 23. Siehe auch *EuGHMR,* Fall *Mori ./. Italien,* Urt. v. 19. Februar 1991, ECHR Ser. A, Vol. 197 C, S. 38 Nr. 20: 2 Millionen Lire (ca. 2.700 DM) für ein sechsjähriges Strafverfahren; Fall *Colacioppo ./. Italien,* Urt. v. 19. Februar 1991, ECHR Ser. A, Vol. 197 C, S. 52 Nr. 18: 20 Millionen Lire für ein zehn Jahre dauerndes Strafverfahren.

time") mehr als 9 Jahre in Anspruch genommen, wofür 10.000,— DM Entschädigung zuerkannt wurden.[299] Im Fall *H ./. Frankreich* dauerte ein Schadensersatzprozeß des Beschwerdeführers wegen eines angeblichen ärztlichen Kunstfehlers 7 Jahre und 7 Monate und überschritt damit das Maß des nach Art. 6 Abs. 1 Satz 1 EMRK Zulässigen bei weitem;[300] für den dadurch erlittenen immateriellen Schaden (Ungewißheit) sprach der Gerichtshof dem Beschwerdeführer 50.000 französische Francs (ca. 14.800,— DM) zu.[301] Im Fall *Wiesinger ./. Österreich*[302] schließlich zog sich ein Flurbereinigungsverfahren mehr als 9 Jahre hin und verstieß deshalb ebenfalls gegen Art. 6 Abs. 1 Satz 1 EMRK („reasonable time"),[303] weshalb der EuGHMR dem betroffenen Landwirtsehepaar eine Entschädigung von 200.000 ÖS (ca. 28.600,— DM) für „stress and anxiety" zuerkannte.[304]

Wesentlich höher liegen die Entschädigungsbeträge regelmäßig bei rechtwidrigen Eingriffen in die gemäß Art. 8 Abs. 1 EMRK geschützte Familien- und Privatsphäre:[305] Im Fall *Gillow* war den Beschwerdeführern unter Verstoß gegen Art. 8 Abs. 1 EMRK („home") verboten worden, ihr Haus auf der Insel Guernsey zu bewohnen,[306] wofür ihnen eine Entschädigung von 10.000 Britischen Pfund (ca. 29.600,— DM) wegen immateriellen Schadens zugesprochen wurde.[307] Im Fall *Olsson* hatte die zuständige schwedische Behörde die Kinder der Beschwerdeführer unter öffentliche Fürsorge gestellt; der Verstoß gegen Art. 8 Abs. 1 EMRK lag darin, daß die Kinder getrennt bei 3 verschiedenen Pflegefamilien Hunderte von Kilometern voneinander entfernt untergebracht wurden, wodurch den Beschwerdeführern die Aufrechterhaltung des Kontaktes zu ihren Kindern übermäßig erschwert wurde.[308] Unter dem Gesichtspunkt des immateriellen Schadens verurteilte der EuGHMR Schweden zur Zahlung von 200.000 Schwedischen Kronen (ca. 55.700,— DM), wobei besondere Bedeutung dem Umstand beigemessen wurde, daß der konventionswidrige Zustand etwa 7 Jahre angedauert hatte.[309] Der IAGHMR schließlich hat der Frau und den 3 Kindern eines spurlos

---

299 Urt. v. 29. März 1989, ECHR Ser. A, Vol. 150, S. 24 Nr. 52.

300 Urt. v. 24. Oktober 1989, ECHR Ser. A, Vol. 162 A, S. 23 Nr. 59.

301 Ebd., S. 27 Nr. 75. Siehe auch *EuGHMR*, Fall *Vocaturo*, Urt. v. 24. Mai 1991, ECHR Ser. A, Vol. 206, S. 33 Nr. 19: 10 Millionen Lire (ca. 13.600 DM) für übermäßig lange Dauer eines Zivilprozesses.

302 Urt. v. 30. Oktober 1991, HRLJ 1991, S. 447 ff.

303 Ebd., S. 450 Nr. 64.

304 Ebd., S. 452 Nr. 85.

305 Siehe aber auch *EuGHMR*, Fall *Moustaquim*, Urt. v. 18. Februar 1991, ECHR Ser. A, Vol. 193, S. 21 Nr. 54: (Nur) 100.000 BF (ca. 4.900 DM) für den immateriellen Schaden, der dem Beschwerdeführer infolge einer gegen Art. 8 EMRK verstoßenden Ausweisung entstanden ist.

306 Urt. v. 24. November 1986, ECHR Ser. A, Vol. 109, S. 23 f. Nr. 58.

307 Urt. v. 14. September 1987, ECHR Ser. A, Vol. 124 C, S. 27 Nr. 13 ff.

308 Urt. v. 24. März 1988, ECHR Ser. A, Vol. 130, S. 37 Nr. 83.

309 Ebd., S. 42 Nr. 102.

Verschwundenen für immateriellen Schaden 250.000 honduranische Lempiras (ca. 57.500,— DM) zugesprochen.[310]

Während also bei immateriellen Schäden zumindest für einige Fallgruppen eine gewisse, wenn auch nur grobe Orientierung an Präjudizien möglich ist, kommt es für die Schadensbemessung bei entgangenen Chancen[311] vollkommen auf die Würdigung des Einzelfalles an. Im Hinblick auf die Art der entgangenen Chance ist dabei eine grundlegende Differenzierung vorzunehmen: Soweit es um entgangenen Gewinn aus gewerblicher Tätigkeit geht, beziffert sich die Entschädigung im Einklang mit dem allgemeinen Völkerrecht[312] nach dem Ertrag, der wahrscheinlich erzielt worden wäre, wenn sich die Rechtsverletzung nicht ereignet hätte. Ein „Risikoabschlag" wegen der fehlenden „Sicherheit" des Gewinnes ist regelmäßig nicht angebracht, weil der wirkliche Ertrag ja nicht nur niedriger, sondern auch höher hätte ausfallen können. Daneben gibt es, wie bereits festgestellt wurde, aber auch Chancen, deren Verlust trotz fehlender Wahrscheinlichkeit einen Schaden darstellt.[313] Hier muß die fehlende Wahrscheinlichkeit bei der Bemessung der Entschädigung berücksichtigt werden. Wird etwa einem Angeklagten unter Verstoß gegen Art. 6 Abs. 3 lit. c EMRK nicht die Möglichkeit einer effektiven Verteidigung geboten,[314] so liegt in dem damit verbundenen Verlust der Chance auf ein günstigeres Urteil zwar ein wiedergutzumachender Schaden.[315] Daß der Angeklagte bei effektiver Verteidigung ein günstigeres Urteil erhalten hätte oder gar freigesprochen worden wäre, kann jedoch in aller Regel nicht als wahrscheinlich, sondern nur als möglich bezeichnet werden. Der Betroffene darf daher nicht für einen entgangenen Freispruch entschädigt werden, denn ein solcher stellte für ihn den günstigsten nur denkbaren Verfahrensausgang dar. Es muß vielmehr ein „Risikoabschlag" vorgenommen werden, der um so größer auszufallen hat, je unwahrscheinlicher die Realisierung der Chance war. Der EuGHMR setzt in solchen Fällen für den Verlust der Chance regelmäßig keinen konkreten Betrag fest, sondern stellt diesen Posten in eine Gesamtschadensbewertung ein, in der auch der entstandene immaterielle Schaden berücksichtigt wird. Im Fall *Goddi* wurde so für den Verlust von Chancen sowie für immateriellen Schaden, den der zu vier Jahren Haft verurteilte Beschwerdeführer durch seine ineffektive Verteidigung erlitten hatte, ein Betrag von fünf Millionen Lire (ca. 6.800 DM) zugesprochen.[316]

---

310 *IAGHMR,* Fall *Velásquez Rodriguez,* Urt. v. 21. Juli 1989, deutsche Übersetzung abgedruckt in EuGRZ 1991, S. 346 ff., 348 Nr. 52.

311 Siehe oben unter B. II. 2. c) cc).

312 Siehe ebd.

313 Siehe ebd.

314 Siehe etwa *EuGHMR,* Fall *Goddi,* Urt. v. 9. April 1984, ECHR Ser. A, Vol. 76, S. 12 f. Nr. 31 f.

315 Ebd., S. 14 Nr. 36; siehe auch oben unter B II. 2. c) cc).

316 Ebd.

bb) Verschuldensgrad

Fraglich ist, ob neben dem Schadensumfang auch der Grad des Verschuldens, mit dem die Staatsorgane die Menschenrechtsverletzung begangen haben, bei der Bemessung der Entschädigung zu berücksichtigen ist. Dies wäre unter zwei Gesichtspunkten denkbar: Zum einen könnte die Festsetzung der Entschädigungshöhe — nach dem Vorbild der *„punitive damages"* im Recht der Vereinigten Staaten — ein Mittel sein, um die Mißbilligung der Rechtsverletzung deutlich zu machen und um von Wiederholungen abzuschrecken; dann müßte die Entschädigung konsequenterweise um so höher ausfallen, je größer das Verschulden der handelnden Organe war. Das Rechtsinstitut der „punitive damages", also die Erhöhung der Entschädigungssumme zum Zwecke der Repression, ist jedoch im gegenwärtigen Völkerrecht nicht anerkannt.[317] So ist denn auch vom *IAGHMR* im Fall *Velásquez Rodríguez* die Zuerkennung eines Schadensersatzbetrages unter diesem Gesichtspunkt ausdrücklich abgelehnt worden.[318]

Damit ist jedoch nicht gesagt, daß der Grad des Verschuldens der handelnden Organe bei der Bemessung der Entschädigung gänzlich unbeachtlich ist. Vielmehr kann das Verschulden mittelbar bei der Bewertung des immateriellen Schadens zu berücksichtigen sein. Für dessen Höhe macht es einen Unterschied, ob es sich bei dem Verstoß um eine geringfügige Nachlässigkeit oder aber um eine vorsätzliche, mit vollem Unrechtsbewußtsein vorgenommene Rechtsverletzung handelt.[319] Ein anschauliches Beispiel hierfür ist der vom EuGHMR entschiedene Fall *Bozano:*[320] Der Beschwerdeführer, ein italienischer Staatsangehöriger, war unter dem Vorwurf der Ermordung einer 13-jährigen Schweizerin von einem italienischen Gericht in Abwesenheit zu einer lebenslangen Freiheitsstrafe verurteilt worden. Drei Jahre später, im Januar 1979, wurde er in Frankreich festgenommen. Das zuständige französische Gericht lehnte indes seine Auslieferung an Italien ab, weil eine Verurteilung in Abwesenheit gegen den französischen *ordre public* verstoße. Am Abend des 26. Oktober 1979 wurde der inzwischen wieder auf freiem Fuß befindliche Beschwerdeführer in Limoges von 3 Polizeibeamten in Zivil angehalten und unter Anwendung von Gewalt zur örtlichen Polizeistation gebracht. Dort händigte man ihm eine bereits vor mehr als einem Monat ergangene Ausweisungsverfügung des französischen Innenministers aus und brachte ihn

---

317 *Cheng,* General Principles of Law as applied by International Courts and Tribunals, S. 234 ff., m. w. N.; *Graefrath,* RdC 185 (1984 II), S. 100 ff.; *Gray,* Judicial Remedies in International Law, S. 26 ff.; *Rousseau,* Droit International Public, Tome V, S. 211 ff.; *Riedel,* Satisfaction, EPIL Vol. 10, S. 383 f.

318 Urt. v. 21. Juli 1989, deutsche Übersetzung abgedruckt in EuGRZ 1991, S. 346 ff., S. 347, Nr. 38.

319 Siehe etwa *Tomuschat,* FS Schindler, S. 147 ff., 162; ähnlich *Tanzi,* Is damage a distinct condition for the existence of an internationally wrongful act?, in: Spinedi / Simma (Hrsg.), United Nations Codification of State Responsiblity, S. 1 ff., 24 ff.

320 Urt. v. 18. Dezember 1986, ECHR Ser. A, Vol. 111.

anschließend gegen seinen Willen zur Schweizer Grenze, wo er am Morgen des 27. Oktober 1979 den eidgenössischen Behörden übergeben wurde, ohne vorher noch die Gelegenheit gehabt zu haben, Rechtsbehelfe gegen seine Ausweisung einzulegen oder mit einem Anwalt zu sprechen. Von der Schweiz aus wurde der Beschwerdeführer schließlich an Italien ausgeliefert, wo er seither seine lebenslange Freiheitsstrafe verbüßt.

Der EuGHMR stellte zunächst fest, daß der Beschwerdeführer durch die „Aktion" der französischen Polizei in seinem Recht auf persönliche Freiheit gemäß Art. 5 Abs. 1 EMRK verletzt worden sei. Die Verbringung des Beschwerdeführers an die Grenze sei unrechtmäßig gewesen, weil sie unter Umgehung einer entgegenstehenden Gerichtsentscheidung darauf abgezielt habe, ihn der italienischen Justiz zuzuführen.[321] Im Verfahren nach Art. 50 EMRK stellte sich für den Gerichtshof nun die Frage nach der Höhe der dem Beschwerdeführer zuzusprechenden Entschädigung. Die französische Regierung vertrat die Auffassung, daß für die knapp 12-stündige Freiheitsentziehung allenfalls 1000 französische Francs (ca. 295 DM) zuerkannt werden könnten. Der EuGHMR gelangte hingegen zu der Ansicht, daß

> „... such a sum is far from being commensurate with the seriousness of the breach of Article 5 § 1 which, in its judgment of 18 December 1986, it (the Court) held had been committed. This was a violation of the right to liberty and to security of person, a disguised form of extradition designed to circumvent a negative ruling by the appropriate French court, and an abuse of deportation procedure for objects and purposes other than its normal ones. The attendant circumstances inevitably caused the applicant substantial non-pecuniary damage."[322]

Deshalb wurden dem Beschwerdeführer insgesamt 100.000 französische Francs (ca. 29.500 DM) zugesprochen.[323] Aus den Ausführungen des Gerichtshofs geht klar hervor, daß bei der Bewertung des immateriellen Schadens in besonderem Maße auf die rechtswidrige Absicht der französischen Behörden und die konspirative Art und Weise ihrer Durchführung abgestellt wurde. Tatsächlich muß das handstreichartige Vorgehen und die fehlende Möglichkeit, Rechtsbehelfe einzulegen oder einen Anwalt zu sprechen, dem Beschwerdeführer das Gefühl gegeben haben, staatlicher Willkür schutzlos ausgeliefert zu sein. Der immaterielle Schaden war also im Vergleich zu einer „normalen" Inhaftierung erheblich höher.

cc) Obliegenheitsverletzungen des Betroffenen

Andererseits kann aber nicht nur das Verschulden der Staatsorgane, sondern auch das Verhalten des betroffenen Individuums bei der Schadensbemessung zu

321 Ebd., S. 26 f. Nr. 60.

322 Urt. v. 2. Dezember 1987, ECHR Ser. A, Vol. 124 F, S. 46 Nr. 8.

323 Ebd., S. 48 Nr. 10.

berücksichtigen sein: Bereits nach allgemeinem Völkerrecht trifft den Geschädigten eine Obliegenheit zur Schadensminderung, deren Verletzung eine Einschränkung oder gar den Ausschluß der Wiedergutmachungspflicht nach sich ziehen kann.[324] Führt beispielsweise die gegen Art. 6 Abs. 1 EMRK („reasonable time") verstoßende Dauer eines Strafverfahrens dazu, daß sich der Eintritt des Angeklagten in den öffentlichen Dienst verzögert, so muß sich der Betroffene bemühen, die entstehenden Verdienstausfälle durch die zwischenzeitliche Aufnahme einer anderen Arbeitstätigkeit so gering wie möglich zu halten;[325] handelt er seiner Obliegenheit zuwider, so ist dies bei der Bemessung der Entschädigung zu berücksichtigen.[326]

Im Hinblick auf die Kosten der Rechtsverfolgung ergibt sich aus der Obliegenheit zur Schadensminderung, daß dem Betroffenen nur solche Aufwendungen zu erstatten sind, die erforderlich und vom Betrag her vernünftig sind.[327] Der Begriff der Erforderlichkeit darf allerdings nicht so verstanden werden, daß die Aufwendungen conditio sine qua non für die Erlangung von Rechtsschutz gewesen sein müßten. Es reicht vielmehr aus, wenn sie geeignet waren, die Entscheidungsfindung zu fördern. So spricht der Gerichtshof beispielsweise auch für die Kosten, die dem Beschwerdeführer infolge seiner persönlichen Anwesenheit vor den Konventionsorganen entstanden sind, eine Entschädigung zu, sofern seine Anwesenheit für die Entscheidungsfindung von Nutzen sein konnte,[328] was bislang, soweit ersichtlich, regelmäßig bejaht worden ist. Bei der Beurteilung der Geeignetheit kommt es auf eine ex-ante-Betrachtung an. Besonders deutlich wird dies in dem vom *EuGHMR* entschiedenen Fall *Abdulaziz, Cabales und Balkandali:*[329] Die Beschwerdeführerinnen rügten, ein in Großbritannien geltendes Nachzugsverbot für die Ehemänner dort lebender Ausländerinnen verstoße gegen das Recht auf ungestörtes Familienleben, Art. 8 EMRK. Hinsichtlich der Beschwerdeführerin Cabales, einer philippinischen Staatsangehörigen, bestritt die britische Regierung das Vorliegen einer wirksamen Ehe und damit die Anwendbarkeit von Art. 8 EMRK.[330] Der Rechtsanwalt der Beschwerdeführerin holte daraufhin ein Gutachten philippinischer Rechtsanwälte ein, um die Wirksamkeit der Ehe zu belegen.[331] In seinem Urteil stellte der EuGHMR fest, daß die Beschwerdefüh-

---

324 *Bollecker-Stern,* Le préjudice dans la théorie de la reponsabilité internationale, S. 336 ff., m. w. N.

325 EuGHMR, Fall *Baggetta,* Urt. v. 25. Juni 1987, ECHR Ser. A, Vol. 119, S. 34 Nr. 28.

326 Ebd., Nr. 28 f.

327 Siehe etwa *EuGHMR,* Fall *Sunday Times,* Urt. v. 6. November 1980, ECHR Ser. A, Vol. 38, S. 13 Nr. 23: „. . . necessarily incurred and also reasonable as to quantum . . ."(st. Rspr.).

328 *EuGHMR,* Fall *Le Compte, Van Leuven und De Meyere,* Urt. v. 18. Oktober 1982, ECHR Ser. A, Vol. 54, S. 11 Nr. 25; Fall *Minelli,* Urt. v. 25. März 1983, ECHR Ser. A, Vol. 62, S. 22 Nr. 52.

329 Urt. v. 28. Mai 1985, ECHR Ser. A, Vol. 94.

330 Ebd., S. 26 Nr. 48, S. 29 Nr. 57.

rerinnen durch das Nachzugsverbot in ihrem Recht aus Art. 8 in Verbindung mit Art. 14 EMRK verletzt seien. Dabei ließ er die Gültigkeit der Ehe der Beschwerdeführerin Cabales dahinstehen, weil für Art. 8 EMRK auch eine „faktische“ Ehe ausreiche.[332] Dennoch verurteilte der Gerichtshof die Regierung zu Recht, die Kosten des Gutachtens zu erstatten:[333] Ob auch eine „faktische“ Ehe den Schutz des Art. 8 EMRK genießt, war bis zu dieser Entscheidung nicht geklärt. Die Beschwerdeführerin durfte also, ex ante betrachtet, davon ausgehen, daß es auf die Wirksamkeit ihrer Ehe ankommen könnte, so daß die Einholung eines Rechtsgutachtens zu dieser Frage nicht als eine Obliegenheitsverletzung bezeichnet werden konnte.

Als nicht erforderlich wurde vom Gerichtshof hingegen die Beauftragung eines Rechtsanwalts angesehen, der, um in Straßburg auftreten zu können, erst aus den Vereinigten Staaten anreisen mußte.[334] Ebenso war das Maß des Erforderlichen überschritten, als ein Beschwerdeführer in der Verhandlung vor dem EuGHMR mit einem fest angestellten Justitiar und drei weiteren Anwälten erschien;[335] der Gerichtshof befand, ein Anwalt und der Justitiar hätten ausgereicht, und sprach nur insoweit eine Entschädigung zu.[336] Auch die Kosten eingeholter Rechtsgutachten werden vom Gerichtshof, außer bei Vorfragen aus unbekannten Rechtsordnungen,[337] grundsätzlich nicht anerkannt.[338] Schließlich kann die Erforderlichkeit der für die Menschenrechtsbeschwerde gemachten Aufwendungen teilweise zu verneinen sein, wenn der Beschwerdeführer neben begründeten Beschwerdepunkten noch zahlreiche weitere vorbringt, die als unbegründet zurückgewiesen werden. In solchen Fällen des „Teilunterliegens“ muß er sich Abzüge bei den zu erstattenden Rechtsanwaltskosten gefallen lassen.[339]

Die angefallenen Aufwendungen, insbesondere Rechtsanwaltshonorare, müssen außerdem vom Betrag her vernünftig („reasonable as to quantum“) sein. Dabei ist allerdings zu berücksichtigen, daß Menschenrechtsfälle für einen Rechtsanwalt regelmäßig überdurchschnittlich arbeitsaufwendig sind: Bei der

---

331 Ebd., S. 26 f. Nr. 48.

332 Ebd., S. 33 Nr. 63.

333 Ebd., S. 45 Nr. 100.

334 *EuGHMR*, Fall *Campbell und Cosans*, Urt. v. 22. März 1983, ECHR Ser. A, Vol. 60, S. 9 Nr. 14 lit. b.

335 *EuGHMR*, Fall *Sunday Times*, Urt. v. 6. November 1980, ECHR Ser. A, Vol. 38, S. 15 Nr. 29; siehe auch Fall *Young, James und Webster*, Urt. v. 18. Oktober 1982, ECHR Ser. A, Vol. 55, S. 8 Nr. 16.

336 Ebd., S. 15 Nr. 30.

337 Siehe den Fall *Abdulaziz, Cabales und Balkandali*, Urt. v. 28. Mai 1985, ECHR Ser. A, Vol. 94, S. 45 Nr. 100.

338 Siehe etwa *EuGHMR*, Fall *Sunday Times*, Urt. v. 6. November 1980, ECHR Ser. A, Vol. 38, S. 16 f. Nr. 36 f.; Fall *Eckle*, Urt. v. 21. Juni 1983, ECHR Ser. A, Vol. 65, S. 15 Nr. 36.

339 Siehe *EuGHMR*, Fall *Le Compte, Van Leuven und De Meyere*, Urt. v. 18. Oktober 1982, ECHR Ser. A, Vol. 54, S. 10 Nr. 21.

Vorbereitung ist intensives Rechtsprechungs- und Literaturstudium oft unumgänglich, wobei die Literatur größtenteils schwer und nur in fremder Sprache zugänglich ist. Die Einwendung der verantwortlichen Staaten, das geltend gemachte Rechtsanwaltshonorar übersteige die innerstaatlichen Gebührensätze, hat der EuGHMR daher zu Recht stets zurückgewiesen.[340] Die vernünftige Höhe eines Rechtsanwaltshonorars hängt im wesentlichen von der Arbeitszeit ab, die auf den Fall verwendet wird, wobei der EuGHMR in einem Urteil aus dem Jahre 1983[341] einen Stundensatz von 35 britischen Pfund und in einem Urteil aus dem Jahre 1988[342] einen solchen von 60 bis 70 britischen Pfund für einen „solicitor" als angemessen bezeichnet hat.

dd) Anrechnung erlangter Vorteile

Entschädigungsmindernd können sich neben dem Verhalten des Betroffenen auch die ihm durch die Rechtsverletzung zugeflossenen Vorteile auswirken *(compensatio lucri cum damno)*. Dieser Grundsatz kommt beispielsweise zur Anwendung, wenn ein Angeklagter, der unter Verstoß gegen Art. 5 Abs. 3 EMRK zu lange in Untersuchungshaft gesessen hat, später zu einer Freiheitsstrafe verurteilt und seine Untersuchungshaft in vollem Umfang auf die Strafe angerechnet wird. Der mit der Anrechnung verbundene Strafnachlaß muß bei der Bemessung der Entschädigung berücksichtigt werden.[343] Dies bedeutet allerdings nicht, daß der verantwortliche Staat überhaupt keine Entschädigung zu zahlen hätte. Es darf nicht übersehen werden, daß die Dauer der Untersuchungshaft die Gerichte erfahrungsgemäß bei der Strafzumessung beeinflußt[344] und daher die Aussichten des Betroffenen auf eine milde Strafe verschlechtert. Hinzu kommt, daß die mit einem Strafverfahren verbundenen psychischen Belastungen während der Untersuchungshaft in besonderem Maße spürbar sind. Folglich hat der EuGHMR im Fall *Ringeisen* für eine Untersuchungshaft, die das zulässige Maß um 22 Monate überschritten hatte, trotz der Verrechnung mit der später verhängten Freiheitsstrafe zu Recht noch einen Betrag von 20.000 DM zugesprochen.[345]

Einen bei der Bemessung der Entschädigung zu berücksichtigenden Vorteil bedeutet auch die Feststellung der Konventionsverletzung durch den *EuGHMR*

---

340 Siehe etwa Fall *Sunday Times*, Urt. v. 6. November 1980, ECHR Ser. A, Vol. 38, S. 17 Nr. 41; Fall *Eckle*, Urt. v. 21. Juni 1983, ECHR Ser. A, Vol. 65, S. 15 Nr. 35.

341 Fall *Silver*, Urt. v. 24. Oktober 1983, ECHR Ser. A, Vol. 67, S. 10 Nr. 20 lit. c.

342 Fall *B ./. UK*, Urt. v. 9. Juni 1988, ECHR Ser. A, Vol. 136, S. 34 Nr. 15 lit. d.

343 *EuGHMR*, Fall *Ringeisen*, Urt. v. 22. Juni 1972, ECHR Ser. A, Vol. 15, S. 10 Nr. 26; Fall *Neumeister*, Urt. v. 7. Mai 1974, ECHR Ser. A, Vol. 17, S. 19 Nr. 41; siehe auch Fall *Engel und andere*, Urt. v. 23. November 1976, ECHR Ser. A, Vol. 22, S. 68 f. Nr. 10.

344 Siehe *Schreuer*, IsrYHR 4 (1974), S. 70.

345 Urt. v. 22. Juni 1972, ECHR Ser. A, Vol. 15, S. 10 Nr. 26; siehe auch Fall *Engel und andere*, Urt. v. 23. November 1976, ECHR Ser. A, Vol. 22, S. 68 f. Nr. 10.

oder ein anderes internationales Organ: Eine solche Feststellung dient zwar primär der Verhinderung künftiger Verstöße.[346] Daneben verschafft sie dem Betroffenen aber auch ein Gefühl der Genugtuung und bedeutet daher in gewissem Umfang bereits einen Ausgleich für den erlittenen immateriellen[347] Schaden.[348] Ist dieser nur geringfügig, kann also eine Entschädigung in Geld entbehrlich sein, weil der Schaden bereits durch die förmliche Feststellung der Verletzung in ausreichendem Maße ausgeglichen ist. Dieser Gesichtspunkt ist in der Rechtsprechung des EuGHMR von erheblicher praktischer Bedeutung,[349] insbesondere bei Verstößen gegen Verfahrensgarantien. So hatte zum Beispiel in dem vom EuGHMR entschiedenen Fall *Lamy* der Rechtsanwalt des in Untersuchungshaft befindlichen Beschwerdeführers während der ersten 30 Hafttage keine Akteneinsicht erhalten. Darin sah der EuGHMR zwar einen Verstoß gegen Art. 5 Abs. 4 EMRK, weil im Haftprüfungsverfahren keine Waffengleichheit zwischen Staatsanwaltschaft und Verteidigung geherrscht habe.[350] Ob der Verfahrensverstoß dem Beschwerdeführer einen immateriellen Schaden zugefügt hatte, ließ der Gerichtshof jedoch dahinstehen, da dieser Schaden jedenfalls so geringfügig gewesen sei, daß die Feststellung der Konventionsverletzung als Wiedergutmachung ausreiche.[351] Im Fall *Wassink*[352] war bei der Gerichtsverhandlung, in der über die Fortdauer der Unterbringung des Beschwerdeführers in einem psychiatrischen Krankenhaus entschieden worden war, unter Verstoß gegen Vorschriften des innerstaatlichen

346 Siehe oben unter I. 3. c) bb).

347 Für materielle Schäden, insbesondere Kosten, kommt die Feststellung der Konventionsverletzung hingegen nicht als Wiedergutmachung in Betracht, siehe etwa *EuGHMR*, Fall *Sunday Times*, Urt. v. 6. November 1980, ECHR Ser. A, Vol. 38, S. 9 Nr. 16: „In fact, it is difficult to imagine that the finding of a violation could of itself constitute just satisfaction as regards costs."

348 *IAGHMR*, Fall *Velásquez Rodriguez*, Urt. v. 21. Juli 1989 (Art. 63 Abs. 1), S. 12 Nr. 36.

349 Siehe zuletzt etwa Fall *Koster ./. Niederlande*, Urt. v. 28. November 1991, HRLJ 1992, S. 46 f., 47 Nr. 28; Fall *Borgers ./. Belgien*, Urt. v. 30. Oktober 1991, HRLJ 1991, S. 413 ff., 416 Nr. 31; Fall *Demicoli ./. Malta*, Urt. v. 27. August 1991, ECHR Ser. A, Vol. 210, S. 20 Nr. 47; Fall *F.C.B. ./. Italien*, Urt. v. 28. August 1991, ECHR Ser. A, Vol. 208, S. 22 Nr. 38; Fall *Letellier ./. Frankreich*, Urt. v. 26. Juni 1991, ECHR Ser. A, Vol. 207, S. 23 Nr. 62; Fall *Oberschlick*, Urt. v. 23. Mai 1991, ECHR Ser. A, Vol. 204, S. 29 Nr. 69; Fall *Ezelin ./. Frankreich*, Urt. v. 26. April 1991, ECHR Ser. A, Vol. 202, S. 24 Nr. 57; Fall *Thynne, Wilson und Gunnell*, Urt. v. 25. Oktober 1990, ECHR Ser. A, Vol. 190 A, S. 32 Nr. 85; Fall *Fox, Campbell und Hartley*, Urt. v. 27. März 1991, ECHR Ser. A, Vol. 190 B, S. 49 Nr. 11; Fall *Huber*, Urt. v. 23. Oktober 1990, ECHR Ser. A, Vol. 188, S. 19 Nr. 46; Fall *Koendjbiharie*, Urt. v. 25. Oktober 1990, ECHR Ser. A, Vol. 185 B, S. 42 Nr. 34; Fall *McCallum*, Urt. v. 30. August 1990, ECHR Ser. A, Vol. 183, S. 17 Nr. 37.

350 Urt. v. 30. März 1989, ECHR Ser. A, Vol. 151, S. 16 f. Nr. 29.

351 Ebd., S. 19 Nr. 42. Siehe auch *EuGHMR*, Fall *Engel und andere*, Urt. v. 23. November 1976, ECHR Ser. A, Vol. 22, S. 69 Nr. 11; Fall *Le Compte, Van Leuven und De Meyere*, Urt. v. 18. Oktober 1982, ECHR Ser. A, Vol. 54, S. 8 Nr. 16; Fall *Albert und le Compte*, Urt. v. 24. Oktober 1983, ECHR Ser. A, Vol. 68, S. 6 Nr. 8.

352 Urt. v. 27. September 1990, ECHR Ser. A, Vol. 185 A.

Verfahrensrechts kein Urkundsbeamter anwesend gewesen; der Gerichtshof stellte daher fest, daß ein Verstoß gegen Art. 5 Abs. 1 EMRK („in accordance with a procedure prescribed by law") vorgelegen habe.[353] Dieser rechtfertige jedoch — so der Gerichtshof — nicht die Zuerkennung einer Entschädigung:[354]

> „It may have left the applicant with a certain feeling of frustration, but not to the extent of justifying the award of compensation; the finding of a violation of Article 5 constitutes in itself just satisfaction in this respect."

Aus dem Grundsatz der Vorteilsausgleichung ergibt sich weiterhin, daß auf eine Entschädigung für Rechtsanwaltskosten die Beträge angerechnet werden müssen, die dem betroffenen Individuum von der EuKMR als „free legal aid" zur Abdeckung derartiger Aufwendungen bewilligt wurden.[355] Zweifelhaft ist hingegen, ob auch Leistungen Dritter zu berücksichtigen sind. Hierauf kam es in dem vom EuGHMR entschiedenen *Fall Dudgeon* an:[356] Der Beschwerdeführer, ein Homosexueller, hatte sich im Hauptsacheverfahren erfolgreich gegen nordirische Gesetze gewandt, die einvernehmlichen Geschlechtsverkehr zwischen männlichen Erwachsenen unter Strafe stellten.[357] Er machte nun im Verfahren nach Art. 50 EMRK Rechtsanwaltskosten geltend, die im Rahmen seiner Menschenrechtsbeschwerde angefallen waren. Das Problem lag darin, daß einen Teil dieser Kosten die „Northern Ireland Gay Rights Association" („NIGRA") übernommen hatte. Die Regierung stellte sich auf den Standpunkt, der Beschwerdeführer müsse sich diese Leistungen auf seine Entschädigung anrechnen lassen.[358] Dabei mißachtete sie indes den Zweck der zwischen dem Beschwerdeführer und der NIGRA getroffenen Freistellungsvereinbarung. Dieser bestand darin, die Rechte der Homosexuellen zu stärken, nicht die Finanzen des Staates. Jener wäre also ohne Rechtsgrund bereichert gewesen, wenn die Kostenübernahme durch die NIGRA zu einer Minderung seiner Entschädigungspflicht geführt hätte. Da das Verbot der ungerechtfertigten Bereicherung als allgemeiner Rechtsgrundsatz auch im Völkerrecht gilt,[359] mußte ein solches Ergebnis vermieden werden. Folglich hat der EuGHMR bei der Festsetzung der Entschädigung die Zahlungen der NIGRA zutreffenderweise außer Acht gelassen.[360] Wenig folgerichtig war daher die Entscheidung des Gerichtshofes im Fall *Öztürk:* Dort war zwar im Hauptverfahren ein Verstoß gegen Art. 6 Abs. 3 lit. e EMRK festgestellt worden, weil die deutschen Gerichte dem türkischen Beschwerdeführer in einem Bußgeldverfahren

---

353 Ebd., S. 12 Nr. 27.

354 Ebd., S. 15 Nr. 41.

355 Siehe etwa *EuGHMR*, Fall *Young, James und Webster*, Urt. v. 18. Oktober 1982, ECHR Ser. A, Vol. 55, S. 9 Nr. 17; Fall *Campbell und Cosans*, Urt. v. 22. März 1983, ECHR Ser. A, Vol. 60, S. 11 Nr. 22 (st. Rspr.).

356 Urt. v. 24. Februar 1983, ECHR Ser. A, Vol. 59, S. 9 Nr. 21.

357 Siehe Urt. v. 22. Oktober 1981, ECHR Ser. A, Vol. 45.

358 Siehe ECHR Ser. A, Vol. 59, S. 9 Nr. 21.

359 *Bleckmann*, Grundprobleme und Methoden des Völkerrechts, S. 136.

360 ECHR Ser. A, Vol. 59, S. 9 Nr. 21.

Dolmetscherkosten von DM 63,90 auferlegt hatten.[361] Im Verfahren nach Art. 50 EMRK lehnte es der EuGHMR jedoch ab, die Bundesrepublik zur Rückzahlung dieser Kosten zu verurteilen, weil sie von der Rechtsschutzversicherung des Beschwerdeführers beglichen worden waren.[362] Diese Anrechnung der Versicherungsleistung auf die vom verantwortlichen Staat zu zahlende Entschädigung bedeutete eine ungerechtfertigte Bereicherung des Staates, denn der Beschwerdeführer hatte die Rechtsschutzversicherung nur zu seinen eigenen Gunsten abgeschlossen und hierfür auch die Prämien gezahlt. Richtigerweise hätte also auch hier, wie schon im Fall *Dudgeon,* die Anrechnung der Drittleistung unterbleiben und der verantwortliche Staat zur Rückzahlung an den Beschwerdeführer verurteilt werden müssen.

d) Verzinsung

Soweit der verantwortliche Staat nach den bisherigen Ausführungen zur Zahlung einer Entschädigung verpflichtet ist, stellt sich nun die Frage, ob und inwieweit er auf den geschuldeten Betrag Zinsen entrichten muß.[363] Daß Geldschulden zu verzinsen sind, ist zwar vom *Ständigen Schiedshof* im *Russischen Entschädigungsfall* als allgemeiner Rechtsgrundsatz bezeichnet worden, der auch im Völkerrecht gelte.[364] Ob indes diese Begründung heute noch tragfähig ist, muß bezweifelt werden. Das Problem stellt sich mit besonderer Deutlichkeit dem *Iran-United States Claims Tribunal,* denn das iranische Recht, wie auch das Recht anderer Staaten des islamischen Rechtskreises, kennt keine Zinsen.[365] Verlangt man aber als Voraussetzung für das Vorliegen eines allgemeinen Rechtsgrundsatzes, daß die betreffende Regel in allen Rechtskreisen der Welt anerkannt ist,[366] so müßte man zu dem Ergebnis kommen, daß die Pflicht zur Zahlung von Zinsen zumindest heute keinen allgemeinen Rechtsgrundsatz im Sinne des Art. 38 Abs. 1 lit. c des IGH Statuts mehr darstellt.

Indes bedarf es zur Begründung dieser Verpflichtung keines Rückgriffs auf allgemeine Rechtsgrundsätze. Wie bereits festgestellt wurde, erstreckt sich die völkergewohnheitsrechtliche Pflicht zur Wiedergutmachung von Rechtsverlet-

---

361 Urt. v. 21. Februar 1984, ECHR Ser. A, Vol. 73, S. 22 Nr. 58.

362 Urt. v. 23. Oktober 1984, ECHR Ser. A, Vol. 85, S. 9 Nr. 8.

363 Zum Problem der Zinsen im Völkerrecht siehe *Arangio-Ruiz,* Second Report on State Responsibility (ILC), v. 9. Juni 1989, UN-Doc. A / CN.4 / 425 (English), S. 57 ff., Nr. 77 m. w. N.; *Brownlie,* System of the Law of Nations, State Responsibility, Part I, S. 228; *O'Connell,* International Law, Vol. Two, S. 1122 f.; *Gray,* Judicial Remedies in International Law, S. 29 ff.

364 Spruch v. 11. November 1912, RIAA Vol. XI, S. 421 (438 ff.).

365 Siehe *Iran-United States Claims Tribunal,* Fall *Mc Collough & Co. Inc. ./. Ministry of Post,* Schiedsspruch v. 22. April 1986, 11 Iran-U.S. C.T.R, 3 ff., 27 Nr. 92.

366 Siehe etwa *Bleckmann,* Grundprobleme und Methoden des Völkerrechts, S. 140 Nr. 4.

zungen auch auf entgangenen Gewinn.[367] Hat aber ein völkerrechtliches Delikt den Verlust von Kapital zur Folge, dann entgeht dem Betroffenen die Möglichkeit, durch die Nutzung dieses Kapitals einen Ertrag zu erwirtschaften. Die Zahlung von Zinsen auf entzogenes Kapital ist also nichts anderes als eine Entschädigung für entgangenen Gewinn. Die Verpflichtung hierzu läßt sich folglich unmittelbar auf die gewohnheitsrechtliche Wiedergutmachungspflicht stützen.[368] So hat denn auch das *Iran-United States Claims Tribunal* letztlich keine Probleme gehabt, die Verpflichtung zur Zahlung von Zinsen als ein Prinzip des Völkerrechts zu bezeichnen.[369]

Nicht im Widerspruch dazu steht das Urteil des EuGHMR im Fall *Sunday-Times,*[370] obgleich sich der Gerichtshof in dieser Entscheidung geweigert hat, die Verzinsung der Urteilssumme mit 10 % jährlich anzuordnen:[371] Nach Ansicht des EuGHMR soll davon auszugehen sein, daß der verantwortliche Staat dem Urteil umgehend Folge leisten werde, so daß es nicht notwendig („not necessary") sei, eine Entscheidung über die Verzinsung zu treffen.[372] Mit dieser Begründung hat der EuGHMR das Bestehen einer Verpflichtung zur Zahlung von Zinsen implizit anerkannt, was nunmehr im Fall *Darby* auch in ausdrücklicher Form geschehen ist.[373] Der *IAGHMR,* weniger optimistisch als der *EuGHMR,* hat in seinem Entschädigungsurteil zum Fall *Velásquez-Rodríguez*[374] die Verzinsung der Urteilssumme für den Fall nicht rechtzeitiger Zahlung sogar von vornherein ausdrücklich angeordnet.[375] Diese Entscheidungen belegen, daß die Verpflichtung zur Zahlung von Zinsen grundsätzlich auch bei Menschenrechtsverstößen gilt.

Allerdings muß hinsichtlich des Beginns der Verzinsung nach der Art des Nachteils, für den Entschädigung zu leisten ist, differenziert werden: Handelt es sich bei dem aus der Rechtsverletzung entstandenen Schaden unmittelbar um

---

367 Siehe oben unter 2. c) cc).

368 *Arangio-Ruiz,* Second Report on State Resopnsibility (ILC), v. 9. Juni 1989, UN-Doc. A / CN.4 / 425 (English), S. 57 f. Nr. 78; *Rousseau,* Droit International Public, Tome V, S. 244.

369 Fall *Mc Collough & Co. Inc. ./. Ministry of Post,* Schiedsspruch v. 22. April 1986, 11 Iran U.S. C.T.R. 3 ff., 30 Nr. 101 in Verbindung mit S. 29 Nr. 98.

370 Urt. v. 6. November 1980, ECHR Ser. A, Vol. 38.

371 Ebd., S. 18 Nr. 44. Siehe auch *EuGHMR,* Fall *Delta,* Urt. v. 19. Dezember 1990, ECHR Ser. A, Vol. 191, S. 17 f. Nr. 40, 43: Antrag des Beschwerdeführers, die Regierung zur Zahlung von Zinsen auf die Urteilssumme zu verurteilen, wird vom Gerichtshof unberücksichtigt gelassen.

372 Ebd..

373 Urt. v. 23. Oktober 1990, ECHR Ser. A, Vol. 187, S. 14 Nr. 37 f. Siehe auch Fall *Observer und Guardian ./. UK,* Urt. v. 26. November 1991, HRLJ 1992, S. 7 ff., 19 Nr. 81; Fall *Young, James und Webster,* Urt. v. 18. Oktober 1982, ECHR Ser. A, Vol. 55, S. 8 f. Nr. 17.

374 Urt. v. 21. Juli 1989, deutsche Übersetzung abgedruckt in EuGRZ 1991, S. 346 ff.

375 Ebd., S. 349 Nr. 57. Der weitere Verlauf der Ereignisse hat ihm Recht gegeben, siehe das Auslegungsurteil v. 17. August 1990, deutsche Übersetzung abgedruckt in EuGRZ 1991, S. 349 ff., 353 f. Nr. 40.

den Verlust einer Geldsumme, so beginnt die Verzinsung im Moment des Schadenseintritts,[376] denn von diesem Zeitpunkt an entgeht dem Geschädigten die Möglichkeit der gewinnbringenden Nutzung des Kapitals. Dem entspricht die Entscheidung des *EuGHMR* im Fall *Darby:* Dem Beschwerdeführer war ohne sachlichen Grund eine Steuerbefreiung verweigert worden, worin der EuGHMR einen Verstoß gegen Art. 14 EMRK in Verbindung mit Art. 1 Abs. 1 des 1. ZusProt (EMRK) sah.[377] Der Gerichtshof verurteilte Schweden daraufhin nicht nur zur Rückzahlung der in den Jahren 1979 bis 1981 zu viel erhobenen Steuern, sondern addierte noch einen erheblichen Betrag für bis zum Urteil angefallene Zinsen hinzu.[378] Entsprechendes hat im Grundsatz auch zu gelten, soweit der Schaden in der Entziehung, Beschädigung oder Zerstörung von Eigentum liegt. Hier muß zumindest der Wert bzw. Wertverlust der betroffenen Sache vom Zeitpunkt des Schadenseintritts an verzinst werden,[379] denn dem Geschädigten ist in jedem Fall die Möglichkeit genommen worden, diesen Wert in Geld umzusetzen und gewinnbringend anzulegen. Soweit allerdings schon eine Entschädigung für entgangenen Gewinn wegen Verlusts der Möglichkeit, die Sache zu nutzen, gezahlt werden muß, kann nicht zusätzlich noch der Wert der Sache zu verzinsen sein, denn der Geschädigte hätte diese ja nur entweder nutzen oder veräußern können, nicht aber beides.

Grundlegend anders ist die Situation hingegen bei immateriellen Schäden und entgangenen Chancen: Zwar kommt auch hier eine Verzinsung in Betracht, nämlich unter dem Gesichtspunkt der nicht rechtzeitigen Zahlung der Entschädigungssumme. Zu berücksichtigen ist jedoch, daß die Höhe der Entschädigung naturgemäß nur das Ergebnis einer Ermessensausübung sein kann.[380] Aus diesem Grunde sprechen weder der *EuGHMR* noch der *IAGHMR* Zinsen für die bis zum Urteil vergangene Zeit zu.[381] Zu Recht, denn es würde sonderbar anmuten, auf

---

376 Siehe *U.S.-Germany Mixed Claims Commission,* Administrative Decision No. III, v. 11. Dezember 1923, RIAA VII, S. 64, 65.

377 Urt. v. 23. Oktober 1990, ECHR Ser. A, Vol. 187, S. 13 Nr. 34.

378 Ebd., S. 14 Nr. 37 f. Siehe auch *EuGHMR, Fall Observer und Guardian ./. UK,* Urt. v. 26. November 1991, HRLJ 1992, S. 7 ff., 19 Nr. 81, wo für Kosten des innerstaatlichen Verfahrens, die die Beschwerdeführer bereits bezahlt hatten, Zinsen zuerkannt wurden.

379 Siehe *Iran-United States Claims Tribunal,* Fall *Starrett Housing Corp. ./. Iran,* Schiedsspruch v. 14. August 1987, 16 Iran-U.S. C.T.R. 112 ff., 234 Nr. 369: Bei Enteignung Verzinsung des Wertes vom Moment der Enteignung an. Ebenso *U.S.-Germany Mixed Claims Commission,* Administrative Decision No. III, v. 11. Dezember 1923, RIAA VII, S. 64, 65.

380 Siehe oben unter 4. c) aa).

381 Der *IAGHMR* hat dem verantwortlichen Staat im Fall *Velásquez Rodríguez* für die Zahlung der Entschädigung sogar 90 Tage Zeit gegeben und erst für den Fall nicht rechtzeitiger Zahlung eine Verzinsung angeordnet, siehe Urt. v. 21. Juli 1989, deutsche Übersetzung abgedruckt in EuGRZ 1991, S. 347 ff., 349 Nr. 57; siehe auch Auslegungsurteil v. 17. August 1990, deutsche Übersetzung abgedruckt in EuGRZ 1991, S. 349 ff., 353 f. Nr. 40.

einen nach freiem Ermessen festgesetzten Entschädigungsbetrag für die Zeit bis zu dessen Festsetzung mathematisch exakt nach Tagen und Prozentsatz Zinsen zu berechnen. Die Verzinsung kann sinnvollerweise erst mit dem Urteil beginnen.[382] Dies bedeutet allerdings nicht, daß der bis zum Urteil vergangene Zeitraum — allein im Verfahren vor den Organen der EMRK durchschnittlich 6 Jahre — bei der Festsetzung der Höhe der zu zahlenden Entschädigung unbeachtlich wäre: Es macht für das Ausmaß des immateriellen Schadens einen Unterschied, ob der verantwortliche Staat umgehend die Rechtsverletzung anerkennt und Wiedergutmachung leistet oder erst in einem langwierigen Verfahren hierzu angehalten werden muß.[383] Im letzteren Fall ist der immaterielle Schaden des betroffenen Individuums beträchtlich höher. Die bis zum Urteil vergangene Zeit muß daher als Abwägungsgesichtspunkt bei der Bemessung der Entschädigung für immateriellen Schaden berücksichtigt werden.

Einen festen Verzugszinssatz, wie man ihn im innerstaatlichen Recht findet, kennt das Völkerrecht nicht.[384] Dies ist auch nur folgerichtig, denn wegen der verschiedenen Inflationsraten in den einzelnen Staaten würde gerade ein einheitlicher Zinssatz zu unterschiedlichen Ergebnissen führen. Der Zinssatz muß sich nach den Verhältnissen des Staates richten, in dessen Währung die Entschädigung zu zahlen ist.[385] Die dort geltenden Bankkreditzinsen können jedoch im Regelfall nicht als Maßstab herangezogen werden.[386] Zwar bleibt es dem Geschädigten unbenommen, konkret darzutun und gegebenenfalls zu beweisen, daß er infolge der Menschenrechtsverleztung gezwungen war, einen Bankkredit aufzunehmen. Sofern er dies jedoch unterläßt, wäre es unangebracht, ihm die hohen Kreditzinsen zuzusprechen. Abzustellen ist vielmehr auf den Ertrag, den die Entschädigungssumme dem Betroffenen gebracht hätte,[387] so daß der Zinssatz je nach Lage des Falles und der Person des Verletzten im Bereich zwischen dem Sparzins und dem Zinssatz für festverzinsliche Wertpapiere liegen wird.

---

382 So auch *U.S.-Germany Mixed Claims Commission,* Administrative Decision No. III, v. 11. Dezember 1923, RIAA VII, S. 64, 65.

383 *Tanzi,* Is damage a distinct condition for the existence of an internationally wrongful act? in: Spinedi / Simma (Hrsg.), United Nations Codification of State Responsibility, S. 1 ff., 24.

384 *Arangio-Ruiz,* ebd., S. 73 f. Nr. 95 ff.

385 So i. E. auch der *IAGHMR,* Fall *Velasquez-Rodriguez,* Urt. v. 21. Juli 1989 (Art. 63 Abs. 1), S. 15 Nr. 57. Ebenso *EuGHMR,* Fall *Darby,* Urt. v. 23. Oktober 1990, ECHR Ser. A, Vol. 187, S. 14 Nr. 37 f. Zur Zahlungswährung — regelmäßig die des verantwortlichen Staates — siehe oben unter b).

386 So auch *Iran-United States Claims Tribunal,* Fall *Agrostruct Int'l Inc. ./. Iran State Cereals,* Schiedsspruch v. 15. April 1988, 18 Iran-U.S. C.T.R., S. 180 ff., 195 Nr. 49.

387 So auch *Iran-United States Claims Tribunal,* ebd.; ebenso Fall *First Travel Corporation ./. Iran,* Schiedsspruch v. 3. Dezember 1985, 9 Iran-U.S. C.T.R., S. 360 ff., 376.

5. Haftung für „legislatives Unrecht“

Zum Abschluß der Erörterung der gewohnheitsrechtlichen Wiedergutmachungspflicht stellt sich noch die Frage, inwieweit diese auch bei „legislativem Unrecht“ anwendbar ist, also bei Menschenrechtsverletzungen, die ohne dazwischentretenden Vollzugsakt unmittelbar von Gesetzen ausgehen. Ein Beispiel ist der vom EuGHMR entschiedene Fall *Norris:*[388] Der Gerichtshof hatte festgestellt, daß der Beschwerdeführer, ein Homosexueller, unmittelbar durch die Existenz irischer Gesetze, die einvernehmlichen Geschlechtsverkehr zwischen männlichen Erwachsenen unter Strafe stellten, in seinem Recht auf Privatleben aus Art. 8 EMRK verletzt war.[389] Nunmehr war zu entscheiden, ob dem Beschwerdeführer wegen immaterieller Nachteile eine Entschädigung zuerkannt werden sollte. Dafür, daß ihm infolge der konventionswidrigen Gesetzgebung solche Nachteile entstanden waren, sprach einiges: Zwar waren Anklagen aufgrund der in Rede stehenden Strafgesetze bereits seit längerer Zeit nicht mehr erhoben worden. Die Möglichkeit einer Änderung dieser Praxis konnte jedoch nicht ausgeschlossen werden, so daß der Beschwerdeführer dem ständigen, wenn auch geringen Risiko einer Bestrafung ausgesetzt war. Schwerer noch wog die in den Gesetzen liegende Kundgabe hoheitlicher Mißachtung gegenüber Homosexuellen, von der auch der Beschwerdeführer betroffen war und die sein gesellschaftliches Ansehen mit Sicherheit nicht gefördert hat. Angesichts der sonst recht großzügigen Entschädigungspraxis des Gerichtshofes gerade bei Eingriffen in das Recht auf Privatsphäre[390] hätte es daher eigentlich nahegelegen, auch in diesem Fall eine Entschädigung zuzusprechen.

Die Besonderheit des Falles lag jedoch darin, daß die Rechtsverletzung unmittelbar von einem Gesetz ausging, von dem neben dem Beschwerdeführer noch eine unbestimmte Vielzahl weiterer Personen in gleicher Weise betroffen war.[391] Eine Schadensersatzpflicht des Staates für die unmittelbar aus legislativem Unrecht entstandenen Schäden ist aber nach den Staatshaftungsrechten der meisten Staaten zu verneinen.[392] Der Grund dürfte darin liegen, daß wegen des großen

---

388 Urt. v. 26. Oktober 1988, ECHR Ser. A, Vol. 142; siehe auch den Fall *Johnston und andere*, Urt. v. 18. Dezember 1986, ECHR Ser. A, Vol. 112.

389 Ebd., S. 21 Nr. 47.

390 Siehe oben unter 4. c) aa).

391 So auch das Sondervotum des Richters *De Meyer* zu dem insoweit ähnlichen Fall *Johnston und andere*, Urt. v. 18. Dezember 1986, ECHR Ser. A, Vol. 112, S. 40 IV Nr. 1:

> „The applicants are not the only victims of the situation complained of, a situation which affects, in a general and impersonal manner, everyone whose circumstances are similar to theirs. In my view, the just satisfaction to be afforded to the applicants in such a case should normally be confined to reimbursement of the costs and expenses referable to the proceedings before the Commission and the Court and should not include compensation for material or non-pecuniary loss.“

392 Siehe *Morvay*, Die Haftung des Staates für rechtsetzende Akte, in: Max-Planck-Institut für ausländisches öffentliches Recht und Völkerrecht (Hrsg.), Haftung des Staates für rechtswidriges Verhalten seiner Organe, S. 776 ff., S. 777 f.

Kreises der in Betracht kommenden Geschädigten derart hohe Entschädigungsbeträge auf dem Spiel stehen, daß eine Entscheidung des Gesetzgebers für notwendig gehalten wird.[393] Dieser Grundsatz kann zwar nicht unbesehen als allgemeiner Rechtsgrundsatz in das Völkerrecht übernommen werden, denn die innerstaatlichen Staatshaftungsrechte setzen ein Subordinationsverhältnis zwischen Schädiger (Staat) und Geschädigtem (Individuum) voraus, während das Völkerrecht grundsätzlich die Rechtsverhältnisse zwischen den einander gleichgeordneten Staaten regelt. Die Menschenrechte gelten indes wie das innerstaatliche Staatshaftungsrecht im Subordinationsverhältnis des Staates zum Individuum. Insbesondere belassen sie dem Staat die Möglichkeit, einseitig Regelungen zu erlassen, die für das Individuum verbindlich sind, wie sich daran zeigt, daß die meisten Menschenrechte unter Gesetzesvorbehalt stehen. Es besteht also genau die Interessenlage, auf die auch die innerstaatlichen Staatshaftungsrechte zugeschnitten sind. Daraus folgt, daß Gemeinsamkeiten der innerstaatlichen Haftungsregelungen für den Bereich der Menschenrechte als allgemeine Rechtsgrundsätze in das Völkerrecht übernommen werden können und müssen. Dies gilt insbesondere für den Grundsatz, daß die Entschädigung „legislativen Unrechts" eine besondere Entscheidung des Gesetzgebers voraussetzt. Der EuGHMR hat sich mithin im Fall *Norris* zu Recht geweigert, dem Beschwerdeführer eine Entschädigung für immateriellen Schaden zuzusprechen.[394]

Der Ausschluß der Haftung für unmittelbar legislatives Unrecht kann allerdings unter Berücksichtigung seines Zwecks nur bei solchen Schäden eingreifen, die einem großen Kreis von Betroffenen entstanden sind. Daran fehlt es, wenn sich das Gesetz gezielt gegen einzelne Personen richtet, also eine Einzelfallmaßnahme im formellen Gewand eines Gesetzes darstellt,[395] was zum Beispiel bei einer Legalenteignung der Fall sein kann. Aber auch die Kosten eines gegen das Gesetz eingeleiteten Verfahrens einschließlich einer Beschwerde vor internationalen Organen entstehen nur bei einzelnen Betroffenen, so daß insoweit ebenfalls eine Entschädigungspflicht des verantwortlichen Staates zu bejahen ist.[396]

6. Zusammenfassung

Insgesamt hat sich gezeigt, daß die gewohnheitsrechtliche Wiedergutmachungspflicht zwar grundsätzlich auch bei Menschenrechtsverstößen gilt, daß sich aber wegen der Besonderheiten menschenrechtlicher Primärnormen einige Anpassungen und Neuerungen als erforderlich erwiesen haben:

---

393 Siehe etwa *Ossenbühl*, Staatshaftungsrecht, S. 215 f.

394 ECHR Ser. A, Vol. 142, S. 21 f. Nr. 49 f.; ebenso im Fall *Johnston und andere*, Urt. v. 18. Dezember 1986, ECHR Ser. A, Vol. 112, S. 32 Nr. 84.

395 Siehe das Sondervotum des Richters *De Meyer* zum Fall *Johnston und andere*, ebd., S. 40 IV Nr. 1.

396 So auch *EuGHMR*, Fall *Norris*, ECHR Ser. A, Vol. 142, S. 22; Fall *Johnston und andere*, ebd., S. 32 f. Nr. 85 f.

Der Umstand, daß die Menschenrechtsverträge — im Gegensatz zum herkömmlichen Fremdenrecht — zahlreiche detaillierte Verfahrensgarantien enthalten, hat eine Erweiterung des völkerrechtlichen Schadensbegriffes um die Kategorie der sogenannten „entgangenen Chancen" mit sich gebracht. Diese Erweiterung war geboten, weil das gegenwärtige Völkerrecht, anders als die innerstaatlichen Rechtsordnungen, seinen Organen nicht die Befugnis gewährt, verfahrensfehlerhafte innerstaatliche Entscheidungen aufzuheben. Unter dem Gesichtspunkt der entgangenen Chancen bietet sich internationalen Organen die Möglichkeit, dem betroffenen Individuum anstelle der nicht möglichen Aufhebung eine Wiedergutmachung in Geld zuzuerkennen.

Besonderheiten gegenüber dem herkömmlichen Völkerrecht ergeben sich außerdem aus dem Umstand, daß die Menschenrechte nicht das Rechtsverhältnis zwischen gleichgeordneten Staaten, sondern unmittelbar das Verhältnis des Staates zum Individuum regeln. In diesem Verhältnis hat der Staat die Befugnis zu einseitigen Regelungen. Daraus folgt, daß er seine grundsätzlich bestehende Verpflichtung zur Naturalrestitution im öffentlichen Interesse durch Gesetz ausschließen kann[397] und daß es zur Haftung für „legislatives Unrecht" einer besonderen Entscheidung des Gesetzgebers bedarf.[398]

---

397 Siehe oben unter 3. c).

398 Siehe soeben unter 5.

C. Das subjektive Recht auf Wiedergutmachung

Während Gegenstand der bisherigen Untersuchung die Verpflichtung zur Wiedergutmachung von Menschenrechtsverletzungen war, ist nunmehr der Frage nach dem Bestehen entsprechender subjektiver Rechte nachzugehen. Der Begriff „subjektives Recht", ein Terminus der allgemeinen Rechtslehre,[1] läßt sich als eine rechtliche „Willensmacht" des Inhabers definieren.[2] Eine solche Willensmacht kommt bei der Verpflichtung zur Wiedergutmachung von Menschenrechtsverletzungen in zweifacher Hinsicht[3] in Betracht: Zum einen als Aktivlegitimation, die Erfüllung dieser Verpflichtung zu verlangen, zum anderen als Verfügungsbefugnis, etwa zum Abschluß eines Verzichts oder Vergleichs.

I. Die Aktivlegitimation, Wiedergutmachung zu verlangen

Die rechtliche Bedeutung der Aktivlegitimation, Erfüllung einer Wiedergutmachungsverpflichtung zu verlangen,[4] bedarf der Verdeutlichung: Haben zum Beispiel Organe des Staates A das Botschaftsgebäude von Staat B beschädigt, so muß Staat A seiner Verpflichtung zur Zahlung von Schadensersatz nur dann nachkommen, wenn der insoweit aktivlegitimierte Staat B dies von ihm verlangt. Bleibt letzterer — etwa aus politischer Rücksichtnahme — untätig, so braucht Staat A nicht zu erfüllen, mögen Dritte dies auch noch so energisch von ihm fordern. Der Begriff „Aktivlegitimation" bezeichnet also die Willensmacht, eine Verpflichtung durch Geltendmachung zu einem „aktuellen Müssen" erstarken zu lassen. Im folgenden soll untersucht werden, wem bei der Verpflichtung zur Wiedergutmachung von Menschenrechtsverletzungen diese Willensmacht zukommt und wann sie entsteht.

---

1 Siehe — aus historischer Sicht — *Coing*, in: Coing / Lawson / Grönfors, Das subjektive Recht und der Rechtsschutz der Persönlichkeit, S. 1 ff.; *Bucher*, Das subjektive Recht als Normsetzungsbefugnis, 1965.

2 Siehe etwa *Windscheid*, Lehrbuch des Pandektenrechts, Band 1, S. 155 f.

3 Zu diesen zwei Aspekten des Begriffes „subjektives Recht" siehe auch *Windscheid*, ebd.

4 Zum Begriff der Aktivlegitimation im Völkerrecht siehe *Wengler*, Völkerrecht, Bd. I, S. 579 ff., 594.

1. Der Inhaber

Zur Begründung der Aktivlegitimation ist im Völkerrecht, anders als nach manchen innerstaatlichen Rechten,[5] ein rein tatsächliches Interesse an der Einhaltung der geltend gemachten Verpflichtung nicht ausreichend. Aktivlegitimiert ist vielmehr nur, wer an der Einhaltung der Verpflichtung ein *rechtlich geschütztes Interesse* hat.[6] Bei Wiedergutmachungspflichten ist dies ausschließlich derjenige, dessen Interesse durch die verletzte Primärnorm geschützt werden sollte.[7] Wird beispielsweise eine Person unter Verstoß gegen Art. 3 des Europäischen Niederlassungsabkommens[8] ausgewiesen, so kann zwar der Heimatstaat des Ausgewiesenen, nicht aber ein sonstiger Vertragsstaat Wiedergutmachung verlangen, denn Art. 3 des Abkommens soll nur die Interessen des jeweiligen Heimatstaates, nicht jedoch die anderer Vertragsstaaten schützen.

Im Hinblick auf den Schutzzweck besteht zwischen dem herkömmlichen Völkerrecht — zu dem beispielsweise auch das Europäische Niederlassungsabkommen gehört — und den Menschenrechten ein fundamentaler Unterschied: Das herkömmliche Völkerrecht bezweckt den Schutz staatlicher Interessen. Dies gilt selbst dann, wenn es die Behandlung von Individuen zum Gegenstand hat. Auch in solchen Fällen sollen nicht unmittelbar die Interessen des Individuums, sondern die seines Heimatstaates geschützt werden, was sich insbesondere daran zeigt, daß die Staaten in ihrem Verhalten gegenüber eigenen Staatsangehörigen nicht gebunden sind.[9] So steht denn auch im Beispielsfall nur dem Heimatstaat, nicht hingegen dem von der Ausweisung betroffenen Individuum die Aktivlegitimation zu, Wiedergutmachung für die aus der rechtswidrigen Ausweisung entstandenen Nachteile zu verlangen. Einen anderen Schutzzweck verfolgen hingegen die Menschenrechte: Sie gelten zugunsten aller Individuen, unabhängig von ihrer

---

[5] Wie zum Beispiel nach französischem Verwaltungsrecht, siehe etwa *Bleckmann,* GYIL 28 (1985), S. 144 ff., 148; *ders,* Grundprobleme und Methoden des Völkerrechts, S. 144, m. w. N.

[6] *IGH, South West Africa-Case,* Urt. v. 18. Juli 1966, ICJR 1966, 6 ff., 22 Nr. 15 („legal right or interest"); *Barcelona Traction-Case,* Urt. v. 5. Februar 1970, ICJR 1970, S. 3 ff., 32 f. Nr. 35 f.; siehe auch *Graefrath,* RdC 185 (1984 II), S. 47 ff.

[7] Besonders deutlich wird dies bei multilateralen Verträgen, siehe etwa Art. 5 lit. (d) (i) des 6. *Riphagen-Berichts* zu Teil 2 der ILC-Draft Articles on State Responsibility, YBILC 1985, Vol. II Part One, S. 6.

„For the purposes of the present articles, „injured State" means: . . .(d) if the internationally wrongful act constitutes a breach of an obligation imposed by a multilateral treaty, a State party to that treaty, if it is established that: (i) *the obligation was stipulated in its favour; . . .*"

[8] UNTS 529, S. 141 ff. Art. 3 Abs. 1 lautet:

„Nationals of any Contracting Party lawfully residing in the territory of another Party may be expelled only if they endanger national security or offend against ordre public or morality."

[9] Dazu siehe etwa *Oda,* in: Sorensen (Hrsg.), Manual of Public International Law, S. 495.

Staatsangehörigkeit, und insbesondere auch im Verhältnis der Staaten zu den eigenen Angehörigen. Daran wird deutlich, daß die Menschenrechte nicht etwa staatliche Eigeninteressen, sondern unmittelbar das Individuum schützen sollen.[10] Weil aber die Aktivlegitimation, Wiedergutmachung zu verlangen, demjenigen zusteht, dessen Schutz mit der verletzten Primärnorm bezweckt wird, muß sie folglich bei Menschenrechtsverstößen, anders als zum Beispiel bei Verstößen gegen das Fremdenrecht,[11] unmittelbar dem betroffenen Individuum zugeordnet werden.[12] Daß dieses nicht Vertragspartei der Menschenrechtsverträge ist, steht dem nicht entgegen, denn die Staaten sind in der Lage, durch den Abschluß von Verträgen Rechte Dritter zu begründen.[13]

Auch kann — entgegen einer bisweilen vertretenen Auffassung[14] — als Voraussetzung für eine subjektive Berechtigung des Individuums nicht verlangt werden, daß diesem die Befugnis eingeräumt worden ist, sein Begehren in einem völkerrechtlich geregelten Verfahren vor internationalen Organen geltend zu machen. Aktivlegitimation einerseits und Klage- bzw. Beschwerdebefugnis andererseits müssen auseinandergehalten werden. Dies gilt gerade im Völkerrecht, das keine obligatorische Gerichtsbarkeit kennt. In einer solchen Rechtsordnung kann die Aktivlegitimation, die Einhaltung einer Verpflichtung zu verlangen, nicht von der Verfügbarkeit institutionalisierter Durchsetzungsmechanismen abhängen.[15] Zwar wird das Individuum ohne die Hilfe solcher Durchsetzungsmechanismen aufgrund seiner Unterlegenheit gegenüber dem verantwortlichen Staat in aller Regel nichts bewirken können. Seine faktische Machtlosigkeit allein rechtfertigt indes nicht die Versagung subjektiver Rechte. Andernfalls müßte man auch das schwache, wirtschaftlich und militärisch bedeutungslose Entwicklungsland gegenüber einer Großmacht rechtlos stellen, womit die wichtigste Aufgabe des Rechts, den Schwachen vor Willkür des Starken zu schützen, verfehlt würde. Die Frage, wer bei einer Menschenrechtsverletzung aktivlegitimiert ist, Wiedergutmachung zu verlangen, muß also unabhängig vom Bestehen oder Nichtbestehen einer Beschwerdemöglichkeit ausschließlich aus dem Normzweck der Menschenrechte heraus beantwortet werden.

---

10 *Geck*, FS Carstens, Bd. 1, S. 355.

11 Dort wird sie dem Heimatstaat zugeordnet, siehe etwa *StIGH*, *Mavrommatis Palestine Concessions*, Urt. v. 30. August 1924, PCIJ Ser. A, No. 2 (1924), S. 11 f.:
„The latter Power (Greece) is asserting its own rights by claiming from His Britannic Majesty's Government an indemnity on the ground that M. Mavrommatis, one of its subjects, has been treated by the Palestine or British authorities in a manner incompatible with certain international obligations . . ."

12 So auch *van Boven*, Study concerning the right to restitution, compensation and rehabilitation for victims of gross violations of human rights and fundamental freedoms, Second progress report v. 29. Juli 1992, UN-Doc. E / CN.4 / Sub. 2 / 1992 / 8 (English), S. 10 Nr. 30.

13 Siehe für Verträge zugunsten von Drittstaaten Art. 36 Abs. WVK.

14 *Verdross / Simma*, § 424; *Epping*, in: Ipsen (Hrsg.), Völkerrecht, § 7 Rdn. 5, 8.

15 *Bleckmann*, GYIL 28 (1985), S. 144 ff., 146, 149.

Aktivlegitimiert ist folglich das Individuum, dessen Interessen durch die verletzte Menschenrechtsnorm geschützt werden sollten. Dabei deckt sich der Kreis der aktivlegitimierten Personen mit dem Kreis derjenigen, deren Schäden wiedergutzumachen sind, denn auch dieser wird durch den Schutzzweck der verletzten Menschenrechtsnorm bestimmt.[16] So steht etwa im Falle einer gegen Art. 8 Abs. 1 EMRK („family life") verstoßenden Ausweisung[17] die Aktivlegitimation nicht nur dem Ausgewiesenen, sondern auch den Familienmitgliedern zu, von denen der Ausgewiesene getrennt wurde.[18]

Daneben kommt eine Aktivlegitimation, Wiedergutmachung zu verlangen, aber auch den übrigen Vertragsstaaten zu.[19] Die Menschenrechtsverträge sollen nicht nur dem Interesse des einzelnen Individuums dienen, sondern zugleich dem „altruistischen" Gemeinschaftsinteresse aller Vertragsstaaten am Schutz der Menschenrechte.[20] Bei Verstößen sind also nicht nur die betroffenen Individuen, sondern zugleich alle Vertragsstaaten in einem rechtlich geschützten Interesse verletzt. Auch sie, und bei Verstößen gegen gewohnheitsrechtlich geltende Menschenrechte sogar sämtliche Staaten,[21] müssen folglich befugt sein, vom verantwortlichen Staat Wiedergutmachung zu fordern,[22] wobei sie allerdings die Zah-

---

16 Siehe bereits oben unter B II. 2. e) aa).

17 Siehe etwa *EuGHMR*, Fall *Berrehab*, Urt. v. 21. Juli 1988, ECHR Ser. A, Vol. 138, S. 16 Nr. 29.

18 Dementsprechend ist im Fall *Berrehab*, ebd., S. 13 Nr. 18, nicht nur die Beschwerde des Ausgewiesenen, sondern auch die der Tochter von der EuKMR für zulässig erklärt worden, siehe ebd., S. 13 Nr. 17.

19 Dies muß unterschieden werden von dem nach wie vor umstrittenen Problem, ob auch einseitige *Durchsetzungsmaßnahmen* außerhalb der vertraglich vorgesehenen Verfahren ergriffen werden können; dazu siehe etwa *Simma*, in: Weiler / Cassese / Spinedi (Hrsg.), International Crimes of State, S. 283, 298; *ders.*, NYIL XVI (1985), S. 111, 133; *Hanz*, Zur völkerrechtlichen Aktivlegitimation zum Schutze der Menschenrechte, S. 152; *Sachariew*, NILR XXXV (1988), S. 273, 281, jeweils m. w. N.

20 Siehe *EuKMR*, Fall *Österreich ./. Italien*, Entscheidung v. 11. Januar 1961, YBECHR 4 (1961), S. 116 ff., 138:

„... the purpose of the High Contracting Parties in concluding the Convention was ... to establish a *common public order* of the free democracies of Europe ..." (Hervorhebung vom Verf.).

Siehe im gleichen Sinne *IAGHMR*, Gutachten v. 24. September 1982, ILM 22 (1983), S. 37 ff., 48 Nr. 32:

„In concluding these human rights treaties, the States can be deemded to submit themselves to a legal order within which they, *for the common good*, assume various obligations ..." (Hervorhebung vom Verf.).

21 *Wengler*, Bd. I, S. 580; *Ramcharan*, State Responsibility for violations of Human Rights Treaties, in: Essays in honour of Georg Schwarzenberger, S. 242 ff., 249; siehe auch das obiter dictum des *IGH* im *Barcelona Traction-Fall*, Urt. v. 5. Februar 1970, ICJR 1970, S. 32, para 33 f.

22 Siehe Art. 5 lit. d (iii) und (iv) des 6. *Riphagen-Berichts* zu Teil 2 der ILC-Draft Articles on State Responsibility, YBILC 1985, Vol. II Part 1, S. 6; siehe auch *Ramcharan*, State Responsibility for violations of Human Rights Treaties, in: Essays in honour of Georg Schwarzenberger, S. 242 ff., 249.

lung einer Entschädigung nicht an sich selbst, sondern nur an das betroffene Individuum verlangen können.[23]

2. Der Zeitpunkt des Entstehens

Während aber das betroffene Individuum bereits vom Moment der Rechtsverletzung bzw. Schädigung an befugt ist, Wiedergutmachung zu fordern, wenngleich zunächst einmal nur im innerstaatlichen Rechtsweg,[24] entsteht die Aktivlegitimation der Staaten erst später: Sämtliche Menschenrechtsverträge, die eine Staatenbeschwerde vorsehen, enthalten die Regelung, daß diese erst erhoben werden darf, wenn das verletzte Individuum die ihm zur Verfügung stehenden innerstaatlichen Rechtsbehelfe ausgeschöpft hat.[25] Dies entspricht der im Fremdenrecht geltenden *„local-remedies-rule"*. Danach kann der Heimatstaat des von einer Fremdenrechtsverletzung betroffenen Ausländers den Rechtsverstoß und die sich aus ihm ergebenden Wiedergutmachungspflichten erst geltend machen, wenn zuvor der Ausländer die innerstaatlichen Rechtsbehelfe des Aufenthaltsstaates erfolglos durchschritten hat.[26] Hinter dieser Regel steht der Gedanke, daß die Intervention anderer Staaten wegen des damit verbundenen Eingriffs in die internen Verhältnisse des Aufenthaltsstaates nur als letztes Mittel zugelassen werden soll.[27] Diese Erwägung trifft aber nicht nur bei Fremdenrechtsverletzungen, sondern erst recht auch bei Verstößen gegen Menschenrechte zu, denn die Behandlung eigener Staatsangehöriger ist in noch stärkerem Maße ein „Internum" als die Behandlung von Ausländern.[28] Das gewohnheitsrechtliche Erfordernis der Erschöpfung des innerstaatlichen Rechtsweges muß folglich grundsätzlich auch bei Menschenrechtsverletzungen anwendbar sein. Vertragsnormen, die dieses Erfordernis enthalten, haben daher lediglich bestätigenden bzw. konkretisierenden Charakter.[29] Auch dann, wenn solche Regelungen nicht eingreifen, etwa weil sich der verantwortliche Staat der Staatenbeschwerde nicht unterworfen hat, gilt also, daß andere Staaten die Menschenrechtsverletzung und die sich aus ihr

23 Siehe bereits oben unter A I. 1. d) und unter B II. 4. b).

24 Siehe Art. 26 *EMRK*, Art. 46 Abs. 1 lit. a *AMRK*, Art. 56 Nr. 5 *AfrCh*, Art. 5 Abs. 2 lit. b *FP (IPBPR)*, Art. 14 Abs. 7 lit. a *RDK*, Art. 22 Abs. 5 lit. b *UN-FK*.

25 Siehe Art. 26 *EMRK*, Art. 46 Abs. 1 lit. a *AMRK*, Art. 50 *AfrCh*, Art. 41 Abs. 1 lit. c *IPBPR*, Art. 11 Abs. 3 *RDK*, Art. 21 lit. c *UN-FK*.

26 Zur „local-remedies-rule" siehe etwa *Wengler*, Bd. I, S. 653 ff.; *Gloria*, in: Ipsen (Hrsg.), Völkerrecht, § 24 Rdn. 38 ff.; sowie — eingehend — den Kommentar der *ILC* zu Art. 22 des 1. Teils ihres Entwurfes zur Staatenverantwortlichkeit, YBILC 1977, Vol. II Part Two, S. 31 ff. Nr. 7 ff.

27 Siehe den Kommentar der ILC, ebd., S. 49 Nr. 56:

„. . . a protection against the undue facility with which it has traditionally been attempted to raise to the level of international relations disputes which often should have been kept on the internal level."

28 So auch die ILC, ebd., S. 46 Nr. 46.

29 *Silagi*, EuGRZ 1980, S. 632 ff. (648).

ergebenden Wiedergutmachungspflichten grundsätzlich erst dann geltend machen können, wenn das betroffene Individuum die ihm offenstehenden innerstaatlichen Rechtsbehelfe ausgeschöpft hat. Vorher dürfen die anderen Staaten den verantwortlichen Staat zwar darauf hinweisen, daß ihrer Ansicht nach eine Menschenrechtsverletzung vorliege.[30] Ein förmliches Wiedergutmachungsverlangen vor Erschöpfung des innerstaatlichen Rechtsweges wäre jedoch mit der „local-remedies-rule" nicht vereinbar, denn diese fordert, daß dem verantwortlichen Staat zunächst die Möglichkeit gegeben wird, die Angelegenheit ohne Beteiligung anderer Staaten allein mit dem betroffenen Individuum zu bereinigen.

Eine Ausnahme von der „local-remedies-rule" gilt allerdings dann, wenn die Rechtsverletzung auf menschenrechtswidrige Gesetzgebung oder eine systematische menschenrechtswidrige Verwaltungspraxis zurückzuführen ist. In derartigen Fällen besteht die Gefahr, daß es noch zu zahlreichen weiteren Verstößen kommen wird. Angesichts der daraus folgenden besonderen Dringlichkeit hat das Interesse des verantwortlichen Staates, daß vor einer Internationalisierung der Angelegenheit der innerstaatliche Rechtsweg erschöpft wird, zurückzutreten. Die Aufhebung menschenrechtswidriger Gesetze und Schritte zur Beendigung einer systematischen menschenrechtswidrigen Verwaltungspraxis dürfen die anderen Staaten also auch dann fordern, wenn die bereits betroffenen Individuen die innerstaatlichen Rechtsbehelfe noch nicht ausgeschöpft haben.[31] Dabei gehört zur Beendigung einer systematischen Verwaltungspraxis — entsprechende Schwere der Menschenrechtsverletzungen vorausgesetzt[32] — auch die Bestrafung der an der Verwaltungspraxis beteiligten Organe. Diese können die anderen Staaten folglich ebenfalls schon vor Erschöpfung des innerstaatlichen Rechtsweges verlangen. Der EuGHMR hat sich im Fall *Irland ./. UK* zwar geweigert, den verantwortlichen Staat entsprechend zu verurteilen.[33] Dies geschah jedoch nur deshalb, weil der Gerichtshof für derartige Anordnungen keine Befugnis besitzt.[34] Eine Aussage zur materiellen Rechtslage lag darin nicht.

Zweifelhaft ist hingegen, ob auch Schadensersatz für die bereits betroffenen Individuen in solchen Fällen schon vor Erschöpfung des innerstaatlichen Rechtsweges gefordert werden kann.[35] Die Gewährung von Schadensersatz dient nicht

---

30 Siehe Art. 41 Abs. 1 lit. a Satz 1 *IPBPR*, Art. 47 Satz 1 *AfrCh*, Art. 1 Abs. 1 Satz 1 *RDK*, Art. 21 lit. a *UN-FK*.

31 *EuGHMR*, Fall *Irland ./. UK*, Urt. v. 18. Januar 1978, ECHR Ser. A, Vol. 25, S. 64 Nr. 159. Bei Gesetzen gewährt der EuGHMR den Vertragsstaaten sogar die Möglichkeit, die Konventionswidrigkeit *in abstracto*, also ohne Bezugnahme auf individuelle Rechtsverletzungen, zu rügen, ebd., S. 91 Nr. 240.

32 Zum Erfordernis der Schwere als Voraussetzung für die Verfolgungspflicht siehe oben unter B. I. 3. c) cc).

33 Ebd., S. 72 Nr. 187.

34 Siehe oben unter A. I. 1. c).

35 Diese Frage brauchte der *EuGHMR* im Fall *Irland ./. UK* nicht zu entscheiden, weil Irland eine solche Entschädigung nicht beantragt hatte, ebd., S. 93 f. Nr. 244 ff.

der Verhinderung künftiger Verstöße und ist daher nicht mit derselben Dringlichkeit geboten wie Maßnahmen zur Beendigung einer menschenrechtswidrigen Verwaltungspraxis oder die Aufhebung konventionswidriger Gesetze. Damit fehlt aber das entscheidende Argument dafür, das Interesse des verantwortlichen Staates an der Ausschöpfung seines innerstaatlichen Rechtsweges zurücktreten zu lassen. Zur Geltendmachung von Schadensersatz für die betroffenen Individuen sind die anderen Staaten also stets erst dann befugt, wenn die Betroffenen die ihnen zur Verfügung stehenden effektiven[36] Rechtsbehelfe erfolglos ausgeschöpft haben.

3. Erlöschen durch Zeitablauf

Soweit die „local-remedies-rule" anwendbar ist, kann sie aber nicht nur zu einem Aufschub der Aktivlegitimation der anderen Staaten führen, sondern die Geltendmachung der Menschenrechtsverletzung auch auf Dauer ausschließen. Läßt nämlich das betroffene Individuum eine innerstaatliche Rechtsbehelfsfrist verstreichen und wird der Rechtsbehelf aus diesem Grunde verworfen, so ist der innerstaatliche Rechtsweg nicht erschöpft[37] und mangels Nachholbarkeit auch nicht mehr erschöpfbar.[38] Der verantwortliche Staat kann in einem solchen Fall einem Wiedergutmachungsverlangen des Individuums oder eines Vertragsstaates auf Dauer die Einrede der Nichterschöpfung des innerstaatlichen Rechtweges entgegenhalten. Eine Ausnahme ist nur dann zu machen, wenn die versäumte Frist unangemessen kurz war[39] oder der verantwortliche Staat den Betroffenen an ihrer Einhaltung gehindert hat.

Zu den Fristen, deren Versäumung die Geltendmachung der völkerrechtlichen Wiedergutmachungsansprüche dauerhaft hindern kann, gehören nicht nur die von Amts wegen zu beachtenden Rechtsbehelfsfristen wie etwa die Monatsfrist für die Verfassungsbeschwerde gemäß § 93 Abs. 1 Satz 1 BVerfGG,[40] sondern auch materiellrechtliche Verjährungsfristen wie etwa die Dreijahresfrist für Amtshaftungsansprüche gemäß § 852 Abs. 1 BGB, sofern sich der verantwortliche

---

36 Zum Erfordernis der Effektivität der Rechtsbehelfe siehe etwa *EuGHMR*, Fall *Johnston und andere*, Urt. v. 18. Dezember 1986, ECHR Ser. A, Vol. 112, S. 22 Nr. 45; Fall *Ciulla*, Urt. v. 22. Februar 1989, ECHR Ser. A, Vol. 148, S. 15 Nr. 31 f.

37 Siehe etwa *EuKMR*, E 352 / 58, v. 4. September 1958, YBECHR Vol. II, S. 342 (344).:

„. . . pour se conformer aux dispositions de cet article (Art. 26 EMRK) les requérants doivent non seulement soumettre leur cas aux juridictions internes compétentes, mais encore agir dans les délais prévus a cet effet par la loi."

38 *Nowak*, Rdn. 21 zu Art. 5 FP.

39 Gegen die Geltung kurzer Verjährungsfristen bei „gross violations": *van Boven*, Study concerning the right to restitution, compensation and rehabilitation for victims of gross violations of human rights and fundamental freedoms, Preliminary report v. 26. Juli 1990, UN-Doc. E / CN.4 / Sub. 2 / 1990 / 10 (English), S. 10 Nr. 45.

40 *EuKMR*, ebd.

Staat auf die Verjährung beruft und die Schadensersatzklage des betroffenen Individuums aus diesem Grunde abgewiesen wird. Denn ebenso wie bei der Versäumung einer von Amts wegen zu berücksichtigenden Rechtsbehelfsfrist unterbleibt auch im Falle der Verjährung die Entscheidung über das Vorliegen einer Rechtsverletzung aus einem Grund, den das betroffene Individuum zu vertreten hat. Indirekt, nämlich über die „local-remedies-rule", gelten also die innerstaatlichen Rechtsbehelfs- und Verjährungsfristen auch für die völkerrechtlichen Wiedergutmachungsansprüche.

Im Rahmen der EMRK und der AMRK muß außerdem die sechsmonatige Frist zur Erhebung der Menschenrechtsbeschwerde[41] gemäß Art. 26 EMRK bzw. Art. 46 lit. b AMRK eingehalten werden, um ein Erlöschen der Aktivlegitimation zu vermeiden. Die Sechsmonatsfrist soll im Interesse der Rechtssicherheit gewährleisten, daß in der Vergangenheit liegende Sachverhalte nur für begrenzte Zeit in Frage gestellt werden können.[42] Daher muß im Falle ihrer Nichteinhaltung nicht nur die Menschenrechtsbeschwerde, sondern die Geltendmachung der Menschenrechtsverletzung schlechthin ausgeschlossen sein, also auch das Erheben von Wiedergutmachungsansprüchen. Aber auch dann, wenn eine solche Sechsmonatsfrist für die Einlegung der Menschenrechtsbeschwerde nicht vertraglich vorgesehen ist,[43] bedeutet dies nicht, daß nach dem Durchlaufen des innerstaatlichen Rechtsweges die Aktivlegitimation ohne Zeitbegrenzung bestehen bliebe. Auch im Völkerrecht besteht, zumindest im Ergebnis, weitgehend Einigkeit darüber, daß das längere Nichtgeltendmachen eines Rechtes zu dessen Verwirkung führen kann.[44] Wegen des regelmäßigen Fehlens effektiver Durchsetzungsmechanismen ist allerdings die völkerrechtliche Verwirkungsfrist grundsätzlich wesentlich länger als die innerstaatlichen Verjährungsfristen. Als Anhaltspunkt werden 20 bis 30 Jahre genannt.[45] Besteht jedoch bei einer Menschenrechtsverletzung nach Erschöpfung des innerstaatlichen Rechtsweges die Möglichkeit einer aussichtsreichen Beschwerde vor einem internationalen Organ wie etwa dem *Menschenrechtsausschuß*, so sind die Möglichkeiten der Geltendmachung eher mit denen nach innerstaatlichem Recht vergleichbar. Folglich muß die Frist, in der die Menschenrechtsbeschwerde zu erheben ist, wesentlich kürzer sein als sonst die Verwirkungsfrist im Völkerrecht. Als Anhaltspunkt kann die in Art. 26 EMRK, Art. 46 Abs. 1 lit. b AMRK, Art. 14 Abs. 5 RDK vorgesehene Sechsmonatsfrist dienen, wobei jedoch eine größere Flexibilität im Einzelfall

---

41 Eine solche Frist sieht für die Individualbeschwerde auch Art. 14 Abs. 5 *RDK* vor.

42 *EuKMR*, Fall *X ./. Bundesrepublik Deutschland*, E 6181 / 73, CD 46, 188 (196).

43 So z. B im *FP (IPBPR)*, in der *AfrCh* und der *UN-FK*.

44 *Dahm*, Völkerrecht, Bd 3, S. 171 f., leitet dies als allgemeinen Rechtsgrundsatz aus den innerstaatlichen Verjährungsvorschriften ab, während *Schwarzenberger*, International Law, Vol. 1, S. 570, auf den völkerrechtlichen Grundsatz der „acquiescence" abstellt.

45 Siehe etwa das Gutachten der Rechtsabteilung des Schweizerischen Département politique fédéral, SchwJbIntR 32 (1976), S. 152 f.

besteht. Hat hingegen das betroffene Individuum nach Erschöpfung des innerstaatlichen Rechtsweges überhaupt keine Beschwerdemöglichkeit mehr, so kann es auch keine Verwirkung geben. Denn in einer solchen Situation bleibt dem Betroffenen gar nichts anderes übrig, als zu warten, etwa auf eine Veränderung der Verhältnisse im verantwortlichen Staat.

II. Die Verfügungsbefugnis

Zu erörtern ist nunmehr die Frage, ob, von wem und über welche menschenrechtlichen Wiedergutmachungspflichten — etwa durch Verzicht oder Vergleich — verfügt werden kann. Die Antwort hängt möglicherweise von der Rechtsgrundlage der jeweiligen Verpflichtung ab:

1. Vereinbarungen über gewohnheitsrechtliche Pflichten

Die sich aus dem gewohnheitsrechtlichen Wiedergutmachungsgrundsatz ergebenden Verpflichtungen zur Naturalrestitution bzw. zur Entschädigung[46] dienen dem Interesse des betroffenen Individuums an der Wiedergutmachung der ihm entstandenen Nachteile. Das Gemeinschaftsinteresse an der Verhinderung weiterer Verstöße wird durch Nichtleistung von Schadensersatz nicht berührt. Daher prüfen sowohl der *EuGHMR*[47] als auch der *IAGHMR*[48] die Frage, ob dem Verletzten eine Entschädigung zuzusprechen ist, nicht von Amts wegen, sondern nur insoweit, als der Beschwerdeführer dies beantragt. Dann aber muß auch ein vom Betroffenen aus freien Stücken erklärter Entschädigungsverzicht wirksam und damit bindend sein. Nach einem eher gegenteiligen obiter dictum im Fall *Neumeister*[49] hat dies der *EuGHMR* im Fall *Sunday Times* denn auch anerkannt: Die Beschwerdeführer und der verantwortliche Staat hatten im Hinblick auf die Kosten des innerstaatlichen Gerichtsverfahrens eine Vereinbarung getroffen, die der EuGHMR als beiderseitigen Verzicht auf Kostenerstattung auslegte.[50] Diesen Verzicht sah er auch bezüglich der kraft Völkerrechts bestehenden Erstattungsan-

---

46 Siehe oben unter B. II 3. und 4.

47 Siehe etwa Fall *Sunday Times*, Urt. v. 6. November 1980, ECHR Ser. A Vol. 38, S. 9 Nr. 14; Fall *Deumeland*, Urt. v. 29. Mai 1986, ECHR Ser. A, Vol. 100, S. 31 Nr. 98; Fall *Inze*, Urt. v. 28. Oktober 1987, ECHR Ser. A, Vol. 126, S. 19 f. Nr. 46; Fall *Brogan u. a.*, Urt. v. 29. November 1988, ECHR Ser. A, Vol. 145 B, S. 36 Nr. 70.

48 Fall *Velásquez Rodriguez*, Urt. v. 29. Juli 1988, EuGRZ 1989, S. 173 Nr. 193 (für Kosten).

49 Urt. v. 7. Mai 1974, ECHR Ser. A, Vol. 17, S. 14 f. Nr. 32 f.:
„Even if the Court were to reach the conclusion in this case that Neumeister had waived his claims, it would not terminate the proceedings and strike the case out of its list without first being satisfied that the aim of Article 50 has been achieved."

50 Urt. v. 6. November 1980, ECHR Ser. A, Vol. 38, S. 11 ff. Nr. 19 ff.

sprüche als wirksam an und hielt es daher nicht für geboten, den Beschwerdeführern für ihre innerstaatlichen Kosten eine Entschädigung zuzusprechen.[51]

Wenn aber der Verletzte in der Lage ist, auf die Wiedergutmachung seiner Schäden wirksam zu verzichten, dann muß er erst recht auch fähig sein, diesbezüglich mit dem verantwortlichen Staat einen verbindlichen Vergleich abzuschließen. Sowohl der *EuGHMR* als auch der *IAGHMR* behalten sich allerdings in ihren jeweiligen Verfahrensordnungen das Recht vor, einen solchen Vergleich auf seine Billigkeit („equitable nature") zu prüfen.[52] Diese darf jedoch nicht allein deshalb verneint werden, weil die vereinbarte Entschädigung als zu gering erscheint, denn grundsätzlich ist ja auch ein Verzicht wirksam möglich. Die Billigkeitskontrolle kann nur bedeuten, daß die Vereinbarung auf etwaige Willensmängel beim Individuum — etwa wegen Drohung, Täuschung oder Unerfahrenheit — zu überprüfen ist. Fälle, in denen solche Willensmängel in Betracht kamen, hat es in der bisherigen Praxis des EuGHMR noch nicht gegeben. So sind denn bislang auch alle im Verfahren nach Art. 50 EMRK zwischen dem verantwortlichen Staat und dem betroffenen Individuum zustandegekommenen Entschädigungsvereinbarungen vom EuGHMR als wirksam anerkannt worden.[53]

Der *IAGHMR* allerdings hat in seinem Urteil vom 29. Juli 1988 im Fall *Velásquez Rodriguez* die Auffassung vertreten, während eines vor dem Gerichtshof stattfindenden Verfahrens sei die Entschädigungsvereinbarung nicht von dem betroffenen Individuum selbst, sondern von der IAKMR auszuhandeln und abzuschließen.[54] Nur diese stehe nämlich zum Gerichtshof und dem jeweiligen Vertragsstaat in einem Prozeßrechtsverhältnis.[55] Die Argumentation des IAGHMR ist jedoch nicht zwingend: Auch im Verfahren vor dem EuGHMR ist das verletzte

---

51 Ebd., S. 12 f. Nr. 22.

52 Siehe Art. 53 Abs. 4 der VerfO des EuGHMR in der Fassung der Neubekanntmachung vom 27. November 1989, BGBl II, S. 955 ff., sowie Art. 45 Abs. 3 der VerfO des IAGHMR, abgedruckt in: *Buergenthal u. a.*, Protecting Human Rights in the Americas, S. 373 (379).

53 Siehe etwa Fall *Luedicke, Belkacem und Koc,* Urt. v. 10. März 1980, ECHR Ser. A, Vol. 36, S. 7 Nr. 13; Fall *Airey,* Urt. v. 6. Februar 1981, ECHR Ser. A, Vol. 41, S. 8 Nr. 10; Fall *Winterwerp,* Urt. v. 27. November 1981, ECHR Ser. A, Vol. 47, S. 7 Nr. 12 ; Fall *X ./. UK,* Urt. v. 18. Oktober 1982, ECHR Ser. A, Vol. 55, S. 18 Nr. 26; Fall *Foti und andere,* Urt. v. 22. November 1983, ECHR Ser. A, Vol. 69, S. 6 Nr. 13 und 14; Fall *Malone,* Urt. v. 26. April 1985, ECHR Ser. A, Vol. 95, S. 7 f. Nr. 9; Fall *Barthold,* Urt. v. 31. Januar 1986, ECHR Ser. A, Vol. 98, S. 7 Nr. 8; Fall *Erkner und Hofauer,* Urt. v. 29. September 1987, ECHR Ser. A, Vol. 124, S. 34 f. Nr. 8; Fall *Poiss,* Urt. v. 29. September 1987, ECHR Ser. A, Vol. 124, S. 40 f. Nr. 8; Fälle *O, H, W und R ./. UK,* Urteile v. 9. Juni 1988, ECHR Ser. A, Vol. 136, S. 6 Nr. 5, S. 7 Nr. 8, S. 15 Nr. 8, S. 22 Nr. 5, S. 23 Nr. 8, S. 39 Nr. 5, S. 40 Nr. 8; Fall *Bouamar,* Urt. v. 27. 6. 1988, ECHR Ser. A, Vol. 136, S. 47 Nr. 5 ff., S. 48 Nr. 8; Fall *Weeks,* Urt. v. 5. Oktober 1988, ECHR Ser. A, Vol. 145 A, S. 6 f. Nr. 6, 9.

54 Deutsche Übersetzung abgedruckt in EuGRZ 1989, S. 157 ff., 173 Nr. 192 sowie S. 174 Nr. 194 Tenor Nr. 6; siehe aber auch die abweichende Ansicht des Richters *Piza Escalante,* ebd., S. 174 ff.

55 Siehe Art. 61 Abs. 1 AMRK.

Individuum formal nicht am Prozeßrechtsverhältnis beteiligt,[56] und dennoch werden die zwischen ihm und dem verantwortlichen Staat ausgehandelten Vereinbarungen vom EuGHMR als wirksam anerkannt. Der IAGHMR begibt sich außerdem in Widerspruch zu seiner eigenen Verfahrensordnung,[57] die in Art. 45 Abs. 3 die Möglichkeit von Vereinbarungen zwischen dem verletzten Individuum und dem verantwortlichen Staat ausdrücklich vorsieht. Abgesehen davon geht es im Rahmen der Entschädigung um das Individualinteresse des Betroffenen an der Wiedergutmachung seiner Schäden und nicht um Gemeinschaftsbelange. Es besteht daher kein Grund, das Individuum im Hinblick auf die Entschädigungsvereinbarung zu „entmündigen." Zwar mag der Betroffene gegenüber dem verantwortlichen Staat in einer schwächeren Position sein als die IAKMR. Dieses Ungleichgewicht kann jedoch schon durch eine aktive Mitwirkung der Kommission an den Verhandlungen zwischen Staat und Individuum ausgeglichen werden, so wie dies für den Zeitraum vor Anrufung des IAGHMR in Art. 48 Abs. 1 lit. f AMRK ja auch ausdrücklich geregelt ist. Eine Übertragung der Verhandlungs- und Abschlußbefugnis auf die IAKMR ist also zum Schutz des Individuums nicht erforderlich. Sie ist auch verfahrensrechtlich nicht zu rechtfertigen, denn die IAKMR ist im Verfahren vor dem Gerichtshof weder Anwalt noch Prozeßstandschafter des betroffenen Individuums, sondern ausschließlich der Wahrung und Förderung der Menschenrechte verpflichtet.[58] Mit dieser objektiven Rolle ist eine einseitige Parteinahme auf Seiten des betroffenen Individuums, wie sie bei aktiver Aushandlung von Wiedergutmachungsvereinbarungen durch die IAKMR zwangsläufig die Folge wäre, nicht zu vereinbaren. Mithin sollte die Wiedergutmachungsvereinbarung — wie es auch im Rahmen der EMRK ständige Praxis ist — nicht von der Kommission, sondern vom betroffenen Individuum bzw. seinen Anwälten ausgehandelt und abgeschlossen werden.[59]

Ebensowenig wie die EuKMR und die IAKMR können grundsätzlich auch die Vertragsstaaten zu einer solchen Vereinbarung befugt sein. Zwar sind sie — wie bereits festgestellt — aktivlegitimiert, Wiedergutmachung zu verlangen.[60] Dabei machen sie jedoch keine rechtlich geschützten Eigeninteressen geltend, sondern — soweit es um die Gewährung von Schadensersatz geht — ausschließlich die des betroffenen Individuums. Diese altruistische Zweckrichtung der menschenrechtlichen Aktivlegitimation schließt es aus, daß ein einzelner Vertragsstaat — und sei es auch der Heimatstaat des Betroffenen — aus eigenem Entschluß ohne den Willen des betroffenen Individuums Vereinbarungen über den zu leistenden Schadensersatz abschließt oder gar auf ihn verzichtet.[61] Dement-

---

[56] Siehe Art. 48 EMRK.

[57] Abgedruckt in: *Buergenthal u. a.*, Protecting Human Rights in the Americas, S. 373 ff. (379).

[58] Siehe Art. 57 AMRK in Verbindung mit Art. 41 AMRK.

[59] So auch — wenngleich mit anderer Begründung — das abweichende Votum des Richters *Piza Escalante* zum Urteil des IAGHMR, EuGRZ 1989, S. 174 ff.

[60] Siehe oben unter I. 1.

sprechend besäße zum Beispiel ein Globalentschädigungsabkommen, das ein Vertragsstaat mit dem verantwortlichen Staat ohne die Zustimmung der Betroffenen vereinbart, für die gewohnheitsrechtliche Pflicht zum Schadensersatz für Menschenrechtsverstöße keine Wirksamkeit. Wenn allerdings die betroffenen Individuen ihr Einverständnis erklären, dann muß ein solches Globalentschädigungsabkommen wirksam abgeschlossen werden können, denn in einem solchen Fall erfolgt die Verfügung mit dem Willen der Berechtigten.

2. Vereinbarungen über vertragliche Pflichten

Das von einer Menschenrechtsverletzung betroffene Individuum hingegen kann Verfügungen nicht nur über Wiedergutmachungspflichten gewohnheitsrechtlichen Ursprungs treffen, sondern in gewissem Umfang auch über solche, die unmittelbar aus vertraglichen Primärnormen folgen.[62] So wird bei Naturalrestitutions- und Entschädigungsverpflichtungen, die sich bereits aus der vertraglichen Achtungs- und Gewährleistungspflicht ergeben,[63] die Auslegung der Primärnorm vielfach zu dem Ergebnis führen, daß das Individuum nicht gegen seinen Willen geschützt werden soll. Beispielsweise könnte auf eine gemäß Art. 6 Abs. 3 lit. e EMRK geschuldete Rückzahlung zu Unrecht erhobener Dolmetscherkosten[64] grundsätzlich wirksam verzichtet werden, denn Art. 6 Abs. 3 lit. e EMRK soll dem Angeklagten die Kostenlosigkeit des Dolmetschers nicht aufzwingen. Ebenso muß derjenige, der unter Verstoß gegen Art. 1 Abs. 1 des 1. ZuProt (EMRK) enteignet wurde,[65] auf die Rückgabe des enteigneten Gegenstandes verzichten können, denn auch die Eigentumsgarantie soll den Betroffenen nicht gegen seinen Willen schützen.

Demgegenüber dient die Verpflichtung, das Vorliegen der Rechtsverletzung anzuerkennen, Maßnahmen gegen Wiederholungen zu treffen und die schuldigen Organe zu bestrafen,[66] nicht nur dem Interesse des jeweils betroffenen Individuums, sondern zugleich auch dem Gemeinschaftsinteresse aller Vertragsstaaten an der Verhinderung künftiger Menschenrechtsverletzungen.[67] Verfügungen des Betroffenen über diese Präventionspflichten können also nicht in demselben Maße zulässig sein wie Verfügungen über Schadensersatzverpflichtungen. Den-

---

61 *Geck*, FS Carstens, Bd. 1, S. 356; gegen eine solche Verfügungsbefugnis des Heimatstaates auch *Dolzer*, Eigentum, Enteignung und Entschädigung im geltenden Völkerrecht, S. 137.

62 Zu diesen Verpflichtungen siehe bereits oben unter B. I. 3.

63 Siehe dazu bereits oben unter B. I. 3. a) und b).

64 Siehe oben unter B. I. 3. b).

65 Dazu, daß auch in einem solchen Fall die Verpflichtung zur Rückgabe bereits aus der Achtungspflicht folgt, siehe oben unter B. I. 3. a).

66 Siehe oben unter B. I. 3. c).

67 Zu diesem Gemeinschaftsinteresse siehe bereits oben unter I. 1.

noch kann dem Betroffenen auch insoweit eine gewisse Dispositionsbefugnis nicht abgesprochen werden: Wegen der *„local-remedies-rule"* hat er es grundsätzlich in der Hand, durch Nichteinlegung von Rechtsbehelfen die Vertragsstaaten an der Geltendmachung der Rechtsverletzung und der Wiedergutmachungspflichten zu hindern.[68] Nur die Aufhebung menschenrechtswidriger Gesetze und Maßnahmen zur Beendigung einer systematischen Verwaltungspraxis können die Vertragsstaaten unabhängig von der Erschöpfung des innerstaatlichen Rechtsweges verlangen.[69] Macht also derjenige, der durch einen Polizeibeamten mißhandelt worden ist, ohne daß diese Mißhandlung Bestandteil einer systematischen Verwaltungspraxis war, von den verfügbaren effektiven Rechtsbehelfen keinen Gebrauch, so können andere Vertragsstaaten von dem verantwortlichen Staat wegen der *„local-remedies-rule"* weder ein Anerkenntnis der Rechtswidrigkeit noch die Ablösung oder Bestrafung des Beamten verlangen. Dann aber steht aus völkerrechtlicher Sicht auch einer Vereinbarung, durch die der Mißhandelte aus freien Stücken — etwa gegen Zahlung einer Entschädigung — auf derartige Maßnahmen verzichtet, nichts entgegen. Denn die Aktivlegitimation der Vertragsstaaten hängt ja wegen der „local-remedies-rule" ohnehin vom Willen des Betroffenen ab. Dieses Ergebnis mag zwar wegen des Gemeinschaftsinteresses an der Verhinderung künftiger Verstöße bedenklich sein, ist jedoch, weil die „local-remedies-rule" grundsätzlich auch bei Menschenrechtsverletzungen gilt,[70] unvermeidlich.

Jedoch folgt aus dem Grundsatz der systematischen Vertragsauslegung, Art. 31 Abs. 1 WVK, daß angesichts dieses Konfliktes zwischen der „local-remedies-rule" einerseits und dem Vertragsziel eines effektiven Menschenrechtsschutzes andererseits die aus der „local-remedies-rule" abgeleitete Verfügungsbefugnis des Individuums nur in engen Grenzen anzuerkennen ist. Sie kann nur so weit gehen, wie der unmittelbare Anwendungsbereich der „local-remedies-rule" reicht. So hat der Betroffene jedenfalls nicht die Befugnis, auf die Aufhebung menschenrechtswidriger Gesetze oder auf Maßnahmen zur Beendigung einer systematischen menschenrechtswidrigen Verwaltungspraxis zu verzichten, denn insoweit ist die „local-remedies-rule" von vornherein nicht anwendbar.[71] Auch muß seine Dispositionsbefugnis erlöschen, wenn der innerstaatliche Rechtsweg erschöpft ist. Dementsprechend kann das betroffene Individuum über eine einmal erhobene Menschenrechtsbeschwerde nicht mehr frei durch Rücknahme verfügen.[72] Der EuGHMR stellt das Verfahren in solchen Fällen vielmehr nur dann ein, wenn den berührten Gemeinschaftsinteressen genüge getan ist. Dies kann nach Auffas-

---

68 Siehe oben unter I. 2.

69 Ebd.

70 Siehe oben unter I. 2.

71 Siehe oben unter I. 2.

72 Siehe etwa *EuGHMR*, Fall *Tyrer*, Urt. v. 25. April 1978, ECHR Ser. A, Vol. 29, S. 12 ff. Nr. 24 ff.

sung des EuGHMR aber zu bejahen sein, wenn die Rechtslage schon durch andere Entscheidungen hinreichend geklärt ist[73] und der verantwortliche Staat sich ausdrücklich verpflichtet, notwendige Präventivmaßnahmen, etwa im Bereich der Gesetzgebung, zu ergreifen.[74]

3. Zusammenfassung

Die sich aus einer Menschenrechtsverletzung ergebenden Wiedergutmachungspflichten stehen also in unterschiedlichem Maße zur Disposition des Betroffenen: Während die Verpflichtung zur Aufhebung von Gesetzen und zur Beendigung systematischer Verwaltungspraktiken seiner Dispositionsbefugnis entzogen ist,[75] kann er Vereinbarungen über sonstige Präventionspflichten bis zur Erschöpfung des innerstaatlichen Rechtsweges[76] und Vereinbarungen über Schadensersatzpflichten auch danach noch wirksam abschließen.[77]

III. Das Verhältnis zu konkurrierenden fremdenrechtlichen Ansprüchen

Möglich ist, daß neben dem menschenrechtlichen Wiedergutmachungsanspruch des Individuums zugleich auch ein fremdenrechtlicher Wiedergutmachungsanspruch seines Heimatstaates besteht. Hierzu kann es kommen, wenn mit der Verletzung eines Menschenrechtsvertrages gleichzeitig auch ein Fremdenrechtsverstoß verwirklicht wird. Dies ist beispielsweise dann der Fall, wenn die Gerichte eines EMRK-Vertragsstaates Schadensersatzklagen von Ausländern verzögern: In einem solchen Verhalten liegt nicht nur eine Verletzung von Art. 6 Abs. 1 EMRK („reasonable time"), sondern auch ein Verstoß gegen das Fremdenrecht, denn die zügige Abwicklung von Gerichtsverfahren gehört zum internationalen Mindeststandard der Ausländerbehandlung.[78] Erleidet ein Betroffener aus diesem „Doppelverstoß" einen Nachteil, so kommen folglich zwei Entschädi-

---

[73] *EuGHMR*, Fall *Testa ./. Italien*, Entscheidung v. 3. Dezember 1991, HRLJ 1992, S. 52 ff., 54 Nr. 12; Fall *Rubinat*, Entscheidung v. 12. Februar 1985, ECHR Ser. A, Vol. 89, S. 23 Nr. 16; Fall *Vallon*, Entscheidung v. 3. Juni 1985, ECHR Ser. A, Vol. 95, S. 15 Nr. 23; Fall *Can*, Entscheidung v. 30. September 1985, ECHR Ser. A, Vol. 96, S. 10 f. Nr. 15 ff.; siehe aber auch das gemeinsame Sondervotum der Richter *Pinheiro Farinha* und *Matscher* zum Fall *Can*, ebd., S. 12.

[74] Siehe etwa *EuGHMR*, Fall *Can*, ebd., S. 10 Nr. 17, sowie das Sondervotum, ebd., S. 12; siehe auch *EuKMR*, Fall *Shanmukanathan ./. Bundesrepublik Deutschland*, Entscheidung v. 13. Juli 1990, deutsche Übersetzung abgedruckt in EuGRZ 1991, S. 160 f.

[75] Siehe oben unter 2.

[76] Siehe oben unter 2.

[77] Siehe oben unter 1.

[78] *BVerfGE* 60, 253 (303 f.); *Berber*, Bd 3, § 3 III lit. a S. 12; *Wengler*, Bd. 1, S. 655, Bd. 2, S. 1014.

gungsansprüche in Betracht: Ein menschenrechtlicher, der sowohl von dem betroffenen Individuum selbst als auch von den übrigen Vertragsstaaten geltend gemacht werden kann,[79] und ein fremdenrechtlicher, der nur dem Heimatstaat des Betroffenen zusteht.[80]

Zwar kann es zu einer Konkurrenz dieser beiden Ansprüche nicht vor Erschöpfung des innerstaatlichen Rechtweges kommen, denn wegen der „local-remedies-rule“[81] ist die Aktivlegitimation des Heimatstaates bis zu diesem Zeitpunkt gehemmt. Danach ist eine solche Konkurrenz jedoch denkbar, was zu Problemen führen kann: Hat etwa der Betroffene eine Menschenrechtsbeschwerde bei der EuKMR erhoben, so würde die parallele Geltendmachung diplomatischen Schutzes durch den Heimatstaat unter Umständen den reibungslosen Ablauf des Verfahrens vor den EMRK-Organen gefährden. Insbesondere wäre das Zustandekommen eines freundschaftlichen Ausgleiches, so wie ihn etwa Art. 28 lit. b EMRK vorsieht, möglicherweise erschwert, wenn der Heimatstaat ohne Rücksicht auf das Straßburger Verfahren durch Erhebung fremdenrechtlicher Wiedergutmachungsansprüche die Sachlage verkomplizieren könnte. Es sollte daher in Betracht gezogen werden, nicht nur innerstaatliche Rechtsbehelfe, sondern auch eine dem betroffenen Ausländer zur Verfügung stehende Menschenrechtsbeschwerde vor internationalen Organen wie etwa denen der EMRK als einen Rechtsbehelf anzuerkennen, der erfolglos in Anspruch genommen worden sein muß, bevor der Heimatstaat seinen fremdenrechtlichen Wiedergutmachungsanspruch erheben kann. Dies entspräche durchaus dem Sinn der „local-remedies-rule“, denn der diplomatische Schutz ist, wenn das Individuum noch eine Beschwerdemöglichkeit vor internationalen Organen hat, nicht die *ultima ratio,* die er nach Sinn und Zweck dieser Regel darstellen soll.[82] Zwar liegt nach Erhebung der Beschwerde keine rein interne Angelegenheit mehr vor. Jedoch wirkt sich das parallele Erheben fremdenrechtlicher Wiedergutmachungsansprüche durch den Heimatstaat auf ein Verfahren vor internationalen Organen zumindest ebenso störend aus wie auf ein Verfahren im innerstaatlichen Rechtsweg. Es kann daher nicht darauf ankommen, ob der dem betroffenen Ausländer noch offenstehende Rechtsbehelf nationaler oder internationaler Art ist. Entscheidend ist vielmehr — wie bei innerstaatlichen Rechtsbehelfen auch — seine Effektivität, ob er also zu einer dem Betroffenen günstigen Entscheidung führen kann, die von dem verantwortlichen Staat voraussichtlich respektiert werden wird. Dies ist zumindest bei einer Beschwerdemöglichkeit vor den EMRK-Organen regelmäßig zu bejahen. Die durchschnittliche Verfahrensdauer vor den Konventionsorganen von ca. 6 Jahren wird dem schwerlich entgegenhalten werden können. Es ist nämlich keineswegs wahrscheinlich, daß die parallele Ausübung des diplomatischen Schutzes seitens

---

79 Siehe oben unter I. 1.

80 Siehe oben unter I. 1.

81 Siehe oben unter I. 2.

82 Zum Zweck der „local-remedies-rule“ siehe bereits oben unter I. 2.

des Heimatstaates zu einer schnelleren Regelung der Angelegenheit führen würde. Es liegt im Gegenteil die Annahme nahe, daß gerade durch ein Nebenherlaufen von Menschenrechtsbeschwerde und diplomatischem Schutz die Situation so verkompliziert wird, daß jede Aussicht auf eine zügige Regelung der Angelegenheit, etwa im Wege eines freundschaftlichen Ausgleichs gemäß Art. 28 lit. b EMRK, zunichte gemacht wird. Hinzu kommt, daß bei der Ausübung des diplomatischen Schutzes der Heimatstaat häufig eigene Interessen und weniger die der betroffenen Individuen vertreten wird, was dem Zustandekommen einer für das Individuum vorteilhaften Lösung nicht eben förderlich ist. Folgt man der hier vertretenen Auffassung, so wird der fremdenrechtliche Wiedergutmachungsanspruch des Heimatstaates also auch durch die Möglichkeit einer effektiven Menschenrechtsbeschwerde vor internationalen Organen wie etwa denen der EMRK gehemmt. Eine Konkurrenz zwischen menschenrechtlichem und fremdenrechtlichem Wiedergutmachungsanspruch ist demnach solange ausgeschlossen, wie das betroffene Individuum einen erfolgversprechenden internationalen Rechtsbehelf noch nicht ausgeschöpft hat.

Ist dies allerdings geschehen, so läßt sich eine Anspruchskonkurrenz nicht mehr vermeiden. Soweit es um Entschädigungsansprüche geht, kommt es dann möglicherweise zu Schwierigkeiten. Der menschenrechtliche Entschädigungsanspruch lautet nämlich auf Zahlung an das betroffene Individuum,[83] während der Heimatstaat aufgrund seines Anspruches grundsätzlich Zahlung an sich selbst verlangen kann.[84] Es ist dem verantwortlichen Staat aber nicht zuzumuten, für denselben Schaden zweimal zu zahlen.[85] Die Lösung des Problems könnte darin liegen, einer Zahlung, die der verantwortliche Staat an den Betroffenen leistet, oder einer Wiedergutmachungsvereinbarung, die er mit diesem abschließt, Wirksamkeit auch gegenüber dem fremdenrechtlichen Anspruch des Heimatstaates zuzuerkennen. Dagegen scheint allerdings zu sprechen, daß Rechtsgeschäfte nach allgemeinen Grundsätzen nur zwischen den Beteiligten, nicht aber zulasten Dritter wirken.[86] So ist denn auch anerkannt, daß ein Ausländer nicht durch Vereinbarung mit dem Aufenthaltsstaat pauschal auf das Recht seines Heimatstaates, diplomatischen Schutz auszuüben, verzichten kann.[87] Dies bedeutet jedoch nicht, daß dann, wenn es zu einem konkreten Verstoß gekommen ist, für den daraus entstandenen individuellen Entschädigungsanspruch gleiches gelten müßte. Der fremdenrecht-

---

[83] Siehe oben unter A I. 1. d) und B II. 4. b).

[84] Siehe etwa *StIGH, Wimbledon-Fall,* Urt. v. 17. August 1923, PCIJ Ser. A, No. 1, S. 15, 30 unten.

[85] So auch der *IGH* im Gutachten vom 11. April 1949 über die *Wiedergutmachung der im Dienste der Vereinten Nationen erlittenen Schäden,* ICJR 1949, S. 174 ff. (185 f.), wo es um das ähnliche Problem einer Konkurrenz zwischen Schadensersatzansprüchen des Heimatstaates mit solchen der Vereinten Nationen ging.

[86] Dieser Grundsatz kommt etwa in Art. 34 Abs. 1 WVK zum Ausdruck.

[87] Siehe etwa *Ipsen,* in: Ipsen (Hrsg.), Völkerrecht, § 36 Rdn. 50; *Wengler,* Bd. 1, S. 664.

liche Entschädigungsanspruch weist nämlich die Besonderheit auf, daß er wegen des Erfordernisses der Rechtswegerschöpfung vom Willen des Geschädigten abhängt. Wenn der Geschädigte es aber ohnehin in der Hand hat, durch Nichtbeschreiten des innerstaatlichen Rechtsweges die Geltendmachung des Anspruches zu verhindern, dann muß er auch in der Lage sein, den Anspruch durch Entgegennahme der Zahlung zum Erlöschen zu bringen oder durch Abschluß einer Wiedergutmachungsvereinbarung abzuändern. Dafür spricht überdies der auch im Völkerrecht geltende Grundsatz von Treu und Glauben,[88] der verletzt wäre, wenn der Heimatstaat eine Entschädigung verlangen würde, obwohl das eigentliche Anspruchsziel, nämlich Schadenswiedergutmachung, bereits durch Zahlung an den Betroffenen erreicht ist oder dieser sich mit dem verantwortlichen Staat anderweitig gütlich geeinigt hat. Aus diesen Erwägungen folgt, daß durch Zahlung an das betroffene Individuum beziehungsweise durch eine Wiedergutmachungsvereinbarung zwischen ihm und dem verantwortlichen Staat nicht nur der menschenrechtliche Entschädigungsanspruch des Individuums, sondern auch der fremdenrechtliche Entschädigungsanspruch des Heimatstaates erlischt beziehungsweise abgeändert wird.

Probleme ergeben sich aus der Konkurrenz der beiden Ansprüche demnach nur in solchen Fällen, in denen das betroffene Individuum für den verantwortlichen Staat nicht erreichbar ist. Hier muß der verantwortliche Staat, bevor er das Entschädigungsbegehren des Heimatstaates durch Zahlung an diesen erfüllt, den Nachweis verlangen können, daß der betroffene Ausländer mit einer solchen Art der Erfüllung einverstanden ist, zumindest aber eine verbindliche Zusicherung des Heimatstaates, daß der gezahlte Betrag an den Geschädigten weitergeleitet wird. Erhält er weder das eine noch das andere, so muß er das Recht haben, die Erfüllung des fremdenrechtlichen Entschädigungsanspruches zu verweigern, denn es kann ihm nicht zugemutet werden, an den Heimatstaat zu zahlen, ohne sicher zu sein, daß auch der menschenrechtliche Entschädigungsanspruch erfüllt wird.

IV. Rechtsnachfolge von Todes wegen

Schließlich stellt sich noch die Frage nach dem Schicksal menschenrechtlicher Wiedergutmachungsansprüche, wenn das betroffene Individuum stirbt. Hier ist zu differenzieren: Präventionspflichten, etwa die Verpflichtung, das Vorliegen der Rechtsverletzung anzuerkennen oder die schuldigen Organe zu bestrafen, können nicht berührt sein, denn die Notwendigkeit, die Allgemeinheit vor Wiederholungen zu schützen, besteht unabhängig vom Schicksal des Betroffenen. Aus diesem Grunde wird auch eine bereits erhobene Menschenrechtsbeschwerde nicht

---

[88] Zu diesem Prinzip siehe etwa *Cheng,* General Principles of Law as applied by International Courts and Tribunals, S. 105 ff., S. 121 f.

gegenstandslos; vielmehr treten die nächsten Angehörigen des Verstorbenen in seine Verfahrensposition ein.[89]

Auch Schadensersatzansprüche für materielle Schäden erlöschen im Todesfall nicht. Vielmehr bejaht der EuGHMR zu Recht einen Übergang auf die Erben des Verstorbenen,[90] denn die Vererblichkeit von Schadensersatzansprüchen für materielle Schäden ist im Bereich des innerstaatlichen Rechts ganz allgemein anerkannt und muß daher als allgemeiner Rechtsgrundsatz im Sinne von Art. 38 Abs. 1 lit. c IGH-Statut auch für solche Ansprüche gelten, die dem Individuum nach Völkerrecht zustehen.

Keine einheitliche Antwort hat der Gerichtshof hingegen bislang auf die Frage gefunden, ob auch Schadensersatzansprüche für immaterielle Nachteile vererblich sind. Zum ersten Mal stellte sich diese Frage im Fall *X ./. UK:* Der während des Verfahrens vor der EuKMR verstorbene Beschwerdeführer hatte als Insasse einer geschlossenen psychiatrischen Anstalt entgegen Art. 5 Abs. 4 EMRK keine ausreichende Möglichkeit gehabt, die Rechtmäßigkeit seiner Unterbringung gerichtlich überprüfen zu lassen.[91] Im Verfahren nach Art. 50 EMRK begehrten seine Erben nun eine Entschädigung für immaterielle Nachteile, die der Beschwerdeführer durch die Rechtsverletzung erlitten habe. In seinem Urteil ließ es der Gerichtshof dahinstehen, ob ein solcher Schaden überhaupt entstanden sei; jedenfalls handele es sich um einen Schaden rein persönlicher Natur, so daß die Erben insoweit keine Entschädigung verlangen könnten.[92] Im entgegengesetzten Sinne hat der Gerichtshof jedoch im Fall *Colozza* entschieden: Der Beschwerdeführer war von einem italienischen Gericht in Abwesenheit zu 6 Jahren Haft verurteilt worden, worin ein Verstoß gegen Art. 6 Abs. 1 EMRK lag.[93] Im Verfahren nach Art. 50 EMRK begehrte die Witwe des inzwischen verstorbenen Beschwerdeführers unter anderem eine Entschädigung für den ihrem Gatten durch die Konventionsverletzung entstandenen immateriellen Schaden. Der Gerichtshof gab diesem Begehren statt,[94] ohne indes zu begründen, warum er hier zu einem anderen Ergebnis gekommen ist als im Fall *X ./. UK*.

Aber auch die innerstaatlichen Rechtsordnungen geben zur Frage der Vererblichkeit von Schadensersatzansprüchen für immaterielle Nachteile keine einheitli-

---

89 Siehe etwa *EuGHMR*, Fall *X ./. UK*, Urt. v. 5. November 1981, ECHR Ser. A, Vol. 46, S. 15 Nr. 32; Fall *Silver* u. a., Urt. v. 25. März 1983, ECHR Ser. A, Vol. 61, S. 29 Nr. 73; Fall *Colozza*, Urt. v. 12. Februar 1985, ECHR Ser. A, Vol. 89, S. 7 Nr. 6.

90 Fall *Deweer*, Urt. v. 27. Februar 1980, ECHR Ser. A, Vol. 35, S. 19 f. Nr. 37; Fall *X ./. UK*, Urt. v. 18. Oktober 1982, ECHR Ser. A, Vol. 55, S. 14 Nr. 12.

91 Urt. v. 5. November 1981, ECHR Ser. A, Vol. 46, S. 21 ff. Nr. 48 ff.

92 Urt. v. 18. Oktober 1982, ECHR Ser. A, Vol. 55, S. 16 Nr. 18 f.; ebenso im Fall *Silver*, Urt. v. 24. Oktober 1983, ECHR Ser. A, Vol. 67, S. 7 Nr. 11 f.

93 Urt. v. 12. Februar 1985, ECHR Ser. A, Vol. 89, S. 14 ff. Nr. 26.

94 Ebd., S. 17 Nr. 38; ebenso im Fall *Gillow*, Urt. v. 14. September 1987, ECHR Ser. A, Vol. 124 C, S. 27 Nr. 13 ff. in Verbindung mit S. 29 Nr. 23.

che Antwort:[95] Zwar gehen im kontinentaleuropäischen Rechtskreis, in den ehemals sozialistischen Rechtsordnungen und im Recht der islamischen Staaten Schadensersatzansprüche für immaterielle Schäden — soweit sie bestehen — im allgemeinen jedenfalls dann auf die Erben über, wenn der Geschädigte den Anspruch vor seinem Tode noch gerichtlich geltend gemacht hat.[96] Im angloamerikanischen Rechtskreis, insbesondere in den Vereinigten Staaten, ist die Rechtslage jedoch uneinheitlich, wobei die Rechtsentwicklung eher in die Richtung der Unvererblichkeit geht.[97] Ein allgemeiner Rechtsgrundsatz im Sinne von Art. 38 Abs. 1 lit. c des IGH-Statuts, daß Schadensersatzansprüche für immaterielle Schäden vererblich sind, kann also wohl ebensowenig angenommen werden wie ein allgemeiner Rechtsgrundsatz, daß diese Ansprüche im Todesfall erlöschen.

Für die Unvererblichkeit wird allerdings angeführt, daß immaterielle Schäden wegen ihrer höchstpersönlichen Natur den Nachlaß nicht schmälern.[98] Bei dieser Argumentation wird indes übersehen, daß es hier nicht um einen Schadensersatzanspruch der Erben wegen Schädigung des Nachlasses geht, sondern um die Vererblichkeit eines Schadensersatzanspruchs des Erblassers. Abgesehen davon fällt eine noch zu Lebzeiten gezahlte Entschädigung zweifellos in den Nachlaß. Gleiches muß dann aber auch für einen noch nicht erfüllten Schadensersatzanspruch gelten. Andernfalls würde der verantwortliche Staat geradezu ermutigt, die Zahlung bis zum Tod des verletzten Individuums hinauszuzögern, um dann von der Entschädigungspflicht frei zu werden. Gerade im Völkerrecht, wo es — viel mehr noch als im innerstaatlichen Recht — auf eine freiwillige Erfüllung von Verpflichtungen ankommt, wäre eine solche Belohnung säumigen Verhaltens untragbar. Auch die aus einer Menschenrechtsverletzung entstehenden immateriellen Schäden müssen also im Todesfall auf die Erben übergehen können.

Es ist allerdings zu berücksichtigen, daß von den Rechtsordnungen, die die Vererblichkeit im Prinzip bejahen, die ganz überwiegende Mehrzahl verlangt, daß der Geschädigte den Anspruch noch zu Lebzeiten geltend gemacht hat.[99] Dieses Erfordernis muß wegen Art. 38 Abs. 1 lit. c des IGH-Statuts auch im Völkerrecht beachtet werden. Somit ist ein Schadensersatzanspruch wegen immaterieller Schäden dann, aber auch nur dann vererblich, wenn ihn der Geschädigte noch zu Lebzeiten erhoben hat, sei es vor einem innerstaatlichen Gericht oder vor dem EuGHMR.[100]

---

95 Siehe zum Folgenden ausführlich *Mc Gregor,* in: Tunc (Hrsg.), International Encyclopedia of Comparative Law, Vol XI (Torts), Part 2, Chapter 9, S. 77 ff. Nr. 198 ff.

96 Nach § 847 Abs. 1 BGB n. F. ist nicht einmal mehr dies erforderlich.

97 *Mc Gregor,* ebd., S. 79 Nr. 202.

98 So auch der *EuGHMR,* Fall *X ./. UK,* Urt. v. 18. Oktober 1982, ECHR Ser. A, Vol. 55, S. 16 Nr. 18 f.

99 *Mc Gregor,* ebd., S. 77 ff. Nr. 199.

100 In diesem Sinne wohl auch das Minderheitsvotum des Richters *Thór Vilhjalmsson* im Fall *X ./. UK,* ebd., S. 20.

D. Die Durchsetzung der Wiedergutmachungspflichten vor deutschen Gerichten

Schließlich stellt sich, wenn Staatsorgane der Bundesrepublik Deutschland gegen Menschenrechte verstoßen haben, die Frage, inwieweit eine daraus resultierende völkerrechtliche Wiedergutmachungsverpflichtung auch vor deutschen Gerichten geltend gemacht werden kann. Hierbei kommt es möglicherweise darauf an, ob sich die Verpflichtung unmittelbar aus einer vertraglichen Primärnorm, aus der gewohnheitsrechtlichen Wiedergutmachungspflicht oder aus einer Wiedergutmachungsvereinbarung zwischen dem betroffenen Individuum und dem verantwortlichen Staat ergibt.

I. Vertragliche Wiedergutmachungspflichten

Menschenrechtsverträge wie etwa die Europäische Menschenrechtskonvention nehmen im deutschen Recht den Rang des Zustimmungsgesetzes nach Art. 59 Abs. 2 Satz 1 GG[1] ein, also den eines einfachen Bundesgesetzes.[2] Weil die EMRK von deutschen Gerichten unmittelbar anzuwenden ist, können also die bei einer Verletzung direkt aus der Konvention folgenden Verpflichtungen[3] vom betroffenen Individuum grundsätzlich im innerstaatlichen Rechtsweg geltend gemacht werden. Daher kann beispielsweise eine Person, die von deutschen Staatsorganen unter Verstoß gegen Art. 5 Abs. 1 EMRK in Haft gehalten wird, im Rahmen eines Haftprüfungsverfahrens unmittelbar gemäß Art. 5 Abs. 1 EMRK ihre Freilassung verlangen. Ebenso muß, wenn das von einem Konventionsverstoß betroffene Individuum eine Fortsetzungsfeststellungsklage analog § 113 Abs. 1 Satz 4 VwGO erhebt, sein Feststellungsinteresse stets bejaht werden, ohne daß eine Wiederholungsgefahr oder ein besonderes Rehabilitationsinteresse erforderlich wäre: Sein aus der vertraglichen Gewährleistungspflicht gemäß Art. 1 EMRK („secure“) abgeleitetes Recht auf Feststellung der Konventionsverletzung[4] begründet für sich allein bereits das „berechtigte“ Interesse im Sinne des § 113 Abs. 1 Satz 4 VwGO.[5]

---

[1] Für die EMRK siehe BGBl 1952 II, S. 685.

[2] Siehe, für die EMRK, etwa *Stern*, StaatsR, Bd. III / 1, § 62 III 6 a, S. 278; *Steinberger*, ZaöRV 48 (1988), S. 1 ff., 8; *OLG Koblenz*, NJW 1972, S. 404 f.; *LG Heilbronn*, EuGRZ 1991, S. 185 ff., 186.

[3] Zu diesen Verpflichtungen siehe oben unter B I 3.

[4] Siehe oben unter B I 3. c) bb).

Aus dem einfachgesetzlichen Rang vertraglicher Wiedergutmachungspflichten folgt allerdings, daß ihre Geltendmachung vor deutschen Gerichten ausscheidet, wenn ihnen die Verfassung oder ein Bundesgesetz entgegensteht, das später als das Zustimmungsgesetz ergangen ist. So konnte beispielsweise im Fall *Shanmukanathan ./. Bundesrepublik Deutschland*[6] ein der deutschen Sprache nicht mächtiger Beschwerdeführer, dem in einem Bußgeldverfahren Dolmetscherkosten auferlegt worden waren, seinen aus Art. 6 Abs. 3 lit. e EMRK[7] folgenden Anspruch auf Freistellung von diesen Kosten[8] nicht vor deutschen Gerichten durchsetzen: Nach der damaligen Fassung von Nr. 1904 des Kostenverzeichnisses zum Gerichtskostengesetz war die Kostenfreiheit des Dolmetschers eindeutig nur für das Strafverfahren, nicht aber auch für das Bußgeldverfahren vorgesehen.[9] Der Betroffene mußte daher zur Rückerlangung von DM 392,40 ein Beschwerdeverfahren bei der *EuKMR* einleiten, das durch einen Vergleich gemäß Art. 30 EMRK abgeschlossen wurde, in dem sich die Bundesregierung unter anderem zur Rückzahlung des Betrages verpflichtete.[10]

II. Gewohnheitsrechtliche Wiedergutmachungspflichten

Eine Geltendmachung vor innerstaatlichen Gerichten kommt auch bei Naturalrestitutions- und Entschädigungsverpflichtungen in Betracht, die sich aus der gewohnheitsrechtlichen Wiedergutmachungspflicht ergeben. Mit dieser Frage hatte sich das Bundesverfassungsgericht im Fall *Pakelli* zu befassen:[11] Der Beschwerdeführer war im Jahre 1976 vom Landgericht Heilbronn zu einer Freiheitsstrafe von zwei Jahren und drei Monaten verurteilt worden. Weil ihm vom Bundesgerichtshof in der Revisionsverhandlung die Beiordnung eines unentgeltlichen Verteidigers verweigert worden war, stellte der EuGHMR in seinem Urteil vom 25. April 1983 einen Verstoß gegen Art. 6 Abs. 3 lit. c EMRK fest.[12] Unter

---

5 Entsprechendes wird auch für Grundrechtsverstöße zunehmend anerkannt, siehe *OVG Münster*, DVBl 1982, 653: Eingriff in Grundrecht auf Freiheit gem. Art. 2 Abs. 2 GG schon für sich regelmäßig geeignet, Rehabilitationsinteresse zu begründen; 1983, 1017: Eingriff in Art. 10 GG begründe regelmäßig „ideelles" Rehabilitationsinteresse; *Kopp*, Rdn. 61 a zu § 113 VwGO.

6 Siehe *EuKMR*, Entscheidung v. 13. Juli 1990, deutsche Übersetzung abgedruckt in EuGRZ 1991, S. 161 f.

7 Zur Anwendbarkeit des Art. 6 Abs. 3 lit. e EMRK auf das Bußgeldverfahren siehe *EuGHMR*, Fall *Öztürk*, Urt. v. 21. Februar 1984, ECHR Ser. A, Vol. 73, S. 17 ff. Nr. 46 ff.

8 Zu solchen Ansprüchen siehe oben unter B I. 3.) b).

9 *LG Heilbronn*, Beschluß v. 2. März 1988, EuGRZ 1991, S. 185 ff.

10 Siehe *EuKMR*, Entscheidung v. 13. Juli 1990, deutsche Übersetzung abgedruckt in EuGRZ 1991, S. 161 f.

11 Beschluß v. 11. Oktober 1985, abgedruckt in ZaöRV 1986, S. 289 ff. Zu dieser Entscheidung siehe die Anmerkung von *Frowein*, ebd., S. 286 ff., sowie *Herdegen*, NJW 1988, S. 593 ff., 594.

12 *EuGHMR*, Fall *Pakelli*, Urt. v. 25. April 1983, ECHR Ser. A, Vol. 64, S. 18 Nr. 40.

Berufung auf dieses Urteil beantragte der Beschwerdeführer beim Landgericht Heilbronn erfolglos die Wiederaufnahme des Strafverfahrens. Seine sofortige Beschwerde wurde vom OLG Stuttgart mit der Begründung zurückgewiesen, auf die nachträgliche Feststellung eines Verfahrensfehlers durch den EuGHMR sei der Wiederaufnahmegrund der Beibringung neuer Tatsachen oder Beweismittel gemäß § 359 Nr. 5 StPO ebensowenig entsprechend anwendbar wie die Wiederaufnahmeregelung des § 79 Abs. 1 BVerfGG.[13] Der Beschwerdeführer erhob daraufhin Verfassungsbeschwerde und machte geltend, der Beschluß des OLG verstoße gegen eine allgemeine Regel des Völkerrechts im Sinne von Art. 25 GG und verletze ihn — den Beschwerdeführer — aus diesem Grunde in seinem Recht aus Art. 2 Abs. 1 GG.

Die Entscheidung des Vorprüfungsausschusses ist im vorliegenden Zusammenhang weniger hinsichtlich des Ergebnisses von Bedeutung — die Verfassungsbeschwerde wurde nicht zur Entscheidung angenommen — als vielmehr wegen ihrer sehr eingehenden Begründung:[14] Die Beschwerde sei zulässig, denn jedermann könne unter Berufung auf Art. 2 Abs. 1 GG mit der Verfassungsbeschwerde rügen, bei der Auslegung oder Anwendung einfachen Rechts durch die Gerichte sei eine allgemeine Regel des Völkerrechts im Sinne von Art. 25 GG verletzt worden.[15] Eine solche allgemeine Regel des Völkerrechts sei auch die vom *Ständigen Internationalen Gerichtshof*[16] als wesentlicher Grundsatz des völkerrechtlichen Deliktsrechts bezeichnete Pflicht zur Naturalrestitution bei Völkerrechtsverstößen.[17] Indes könne diese Regel im vorliegenden Fall nicht angewendet werden, weil die Pflicht zur Naturalrestitution durch Art. 50 EMRK für konventionswidrige, aber rechtskräftige Gerichtsurteile dahingehend modifiziert werde, daß eine Verpflichtung zur Aufhebung solcher Urteile nicht bestehe.[18]

Dieser Argumentation wird man zweierlei entnehmen dürfen: Zunächst einmal setzt das Bundesverfassungsgericht — in Übereinstimmung mit der hier vertretenen Auffassung[19] — voraus, daß die völkergewohnheitsrechtliche Wiedergutmachungspflicht grundsätzlich auch bei Verstößen gegen Menschenrechtsverträge wie etwa die EMRK anwendbar ist. Zwar befaßt sich die Entscheidung ausdrücklich nur mit der Pflicht zur Naturalrestitution; für die Pflicht zur Entschädigung kann aber nichts anderes gelten, denn beide Pflichten sind Ausprägungen dessel-

---

13 OLG Stuttgart, Beschl. v. 13. Februar 1985, MDR 1985, 605.

14 Siehe auch die Anmerkung von *Frowein*, ZaöRV 1986, S. 286 ff., sowie *Herdegen*, NJW 1988, 593 ff., 594.

15 ZaöRV 1986, S. 289 f.

16 *StIGH, Chorzow-Factory-Fall*, Urt. v. 13. September 1928, PCIJ Ser. A, Vol. 17, S. 47 f.

17 BVerfG, ebd., S. 291.

18 Ebd., S. 292. Dazu, daß diese Auffassung zutrifft, siehe bereits oben unter B II 3. c).

19 Siehe oben unter B. II. 1.

ben völkerrechtlichen Grundsatzes, daß nämlich die Verletzung einer völkerrechtlichen Verpflichtung die Pflicht zur Wiedergutmachung nach sich zieht.[20]

Weiterhin geht das Gericht davon aus, daß die in Anwendung dieser gewohnheitsrechtlichen Norm entstehenden Verpflichtungen von dem betroffenen Individuum wegen Art. 25 GG auch vor innerstaatlichen Gerichten, notfalls sogar vor dem Bundesverfassungsgericht, geltend gemacht werden können. Dieser Ansicht soll im folgenden nachgegangen werden. Dabei müssen zwei Probleme auseinandergehalten werden: Zum einen die Frage, ob überhaupt völkerrechtliche Wiedergutmachungspflichten, die sich aus dem gewohnheitsrechtlichen Wiedergutmachungsgrundsatz ergeben, vor deutschen Gerichten durchsetzbar sind, und zum anderen die Frage, welchen Rang diese Wiedergutmachungspflichten gegebenenfalls in der deutschen Rechtsordnung einnehmen, inwieweit sie also durch Normen des innerstaatlichen Haftungsrechts eingeschränkt werden können.

1. Die Möglichkeit der Durchsetzung vor innerstaatlichen Gerichten

Ausgangspunkt für die Beantwortung der Frage nach der innerstaatlichen Durchsetzbarkeit muß sein, daß es sich bei der völkerrechtlichen Wiedergutmachungspflicht, wie sie vom StIGH im Chorzow-Factory-Fall formuliert wurde,[21] um einen Rechtssatz des allgemeinen Völkergewohnheitsrechts handelt. Die Norm stellt folglich eine allgemeine Regel des Völkerrechts im Sinne von Art. 25 GG dar und ist mithin Bestandteil des Bundesrechts.[22] Damit steht allerdings noch nicht fest, daß die im Falle einer Menschenrechtsverletzung aus diesem Rechtssatz abzuleitenden Wiedergutmachungsverpflichtungen[23] vom betroffenen Individuum auch vor innerstaatlichen Gerichten geltend gemacht werden können:

Es besteht im Ergebnis Einigkeit darüber, daß nur solche Normen des Völkerrechts unmittelbar von den Gerichten angewendet werden dürfen, die inhaltlich so bestimmt sind, daß sie dem Staat bei der Erfüllung keinen Ermessensspielraum lassen.[24] Daher könnte beispielsweise kein Arbeitsloser unter Berufung auf Art.

---

20 Siehe *StIGH, Chorzow-Factory-Fall,* Urt. v. 26. Juli 1927 (Jurisdiction), PCIJ Ser. A, No. 9, S. 21:

„It is a principle of international law that the breach of an engagement involves an obligation to make reparation in an adequate form."

21 *StIGH,* ebd.

22 So — für die Pflicht zur Naturalrestitution — auch das *BVerfG,* ebd., S. 291; ebenso *Herdegen,* NJW 1988, S. 594.

23 Zur Anwendbarkeit auf Menschenrechtsverletzungen siehe oben unter B II. 1.

24 Siehe etwa *Zuleeg,* JA 1983, S. 1 ff., 6; *ders.,* in: AK-GG, Rdn. 52 zu Art. 25; *Gloria,* in: Ipsen (Hrsg.), Völkerrecht, § 74 Rdn. 20 f. Ähnliche Kriterien verwendet der *Gerichtshof der Europäischen Gemeinschaften* im Zusammenhang mit der Frage, ob Richtlinien, die von den Mitgliedstaaten nicht rechtzeitig umgesetzt werden, der unmittelbaren Anwendung fähig sind, siehe zuletzt etwa *EuGH,* Fall *Francovich u. a. ./. Italien,* Urt. v. 19. November 1991, NJW 1992, S. 165 ff.

6 Absatz 1 des Internationalen Paktes über wirtschaftliche, soziale und kulturelle Rechte[25] vor deutschen Gerichten gegen den Staat auf Verschaffung eines Arbeitsplatzes klagen, denn Art. 2 Abs. 1 des Vertrages[26] verpflichtet die Staaten nur zur progressiven Verwirklichung der im Pakt enthaltenen Rechte unter anderem durch gesetzgeberische Maßnahmen, womit ihnen ein erheblicher Gestaltungsspielraum verbleibt. Der Norminhalt der gewohnheitsrechtlichen Wiedergutmachungspflicht ist indes wesentlich bestimmter: Die Wiedergutmachung muß durch Naturalrestitution erbracht werden, soweit dies möglich, dem verantwortlichen Staat zumutbar und nicht nach innerstaatlichem Recht oder aus Gründen des Vertrauensschutzes ausgeschlossen ist.[27] In den übrigen Fällen ist eine Entschädigung in Geld zu zahlen.[28] Daß letztere häufig, insbesondere bei immateriellen Schäden, nur nach Ermessen zuerkannt werden kann, ist ein auch im innerstaatlichen Schadensersatzrecht bekanntes Problem, das nicht dazu führen kann, die unmittelbare Anwendbarkeit der gewohnheitsrechtlichen Wiedergutmachungspflicht zu verneinen. Zudem muß berücksichtigt werden, daß allgemeine Regeln des Völkerrechts als ungeschriebene Normen zwangsläufig in den Randbereichen eine größere Unklarheit aufweisen als innerstaatliche Gesetze. Da sie aber nach der Entscheidung des Verfassungsgesetzgebers dennoch grundsätzlich auch von innerstaatlichen Gerichten angewendet werden sollen — andernfalls wäre Art. 25 S. 2 GG sinnlos —, können bei ihnen nicht dieselben Anforderungen an die inhaltliche Bestimmtheit gestellt werden wie etwa bei Straf- oder Steuergesetzen. Abgesehen davon ist auch das deutsche Staatshaftungsrecht alles andere als eine klar geregelte und unstreitige Materie; auch hier herrscht in weitem Umfang Gewohnheits- bzw. Richterrecht. So wird etwa das Rechtsinstitut des „enteignungsgleichen Eingriffs" seit dem *Naßauskiesungsurteil* des Bundesverfassungsgerichts[29] vom Bundesgerichtshof aus dem allgemeinen Aufopferungsgrundsatz gemäß §§ 74, 75 der Einleitung zum Preußischen Allgemeinen Landrecht abgeleitet.[30] Eine gesetzliche Regelung dieser Materie wird zwar für rechtspolitisch wünschenswert gehalten, wie an dem Versuch der Schaffung eines Staatshaftungsgesetzes[31] deutlich geworden ist. Dessen Scheitern[32] hat jedoch die Gerichte

---

25 Vom 19. Dezember 1966, BGBl 1973 II, S. 1570.

26 Art. 2 Abs. 1 des Internationalen Paktes über wirtschaftliche, soziale und kulturelle Rechte lautet:

„Each State Party to the present Covenant undertakes to take steps, individually and through international assistance and co-operation, especially economic and technical, to the maximum of its available resources, with a view to achieving progressively the full realization of the rights recognized in the present covenant by all appropriate means, including particularly the adoption of legislative measures."

27 Siehe oben unter B II. 3.

28 Siehe oben unter B II. 4. a) und b).

29 BVerfGE 58, 300 ff.

30 BGH, NJW 1984, 1169, 1171 f.

31 BGBl 1981 I, S. 553.

32 BVerfGE 61, 149.

nicht davon abgehalten, die bis dahin geltenden, großenteils ungeschriebenen Grundsätze weiterhin anzuwenden. Ebenso hat auch der Gerichtshof der Europäischen Gemeinschaften im Fall *Francovich u. a. ./. Italien*[33] keine Bedenken gehabt, bei gemeinschaftsrechtswidrigen Akten der Mitgliedstaaten dem geschädigten Individuum einen ungeschriebenen, unmittelbar im Gemeinschaftsrecht wurzelnden und daher von innerstaatlichen Anspruchsgrundlagen unabhängigen Schadensersatzanspruch zuzugestehen,[34] der nach Voraussetzungen und Inhalt keineswegs bestimmter ist als die völkerrechtliche Wiedergutmachungspflicht. Insgesamt ist daher festzustellen, daß die hinreichende Bestimmtheit und damit die unmittelbare Anwendbarkeit der gewohnheitsrechtlichen Wiedergutmachungspflicht vor deutschen Gerichten zu bejahen ist.

Von der Frage der unmittelbaren Anwendbarkeit einer Völkerrechtsnorm ist allerdings die Frage zu unterscheiden, ob sie dem betroffenen Individuum einklagbare subjektive Rechte vermittelt.[35] Ob dies der Fall ist, hängt vom Inhalt der jeweiligen Norm ab.[36] So hat beispielsweise das Bundesverfassungsgericht entschieden, daß die in Auslieferungsabkommen enthaltene Ausnahme bei politischen Straftaten Rechte und Pflichten grundsätzlich nur für die Vertragsstaaten begründe; das betroffene Individuum, das sich in einem gerichtlichen Verfahren gegen seine Auslieferung wehre, könne sich grundsätzlich nicht auf sie berufen.[37] Grundlegend anders ist die Situation jedoch bei der gewohnheitsrechtlichen Wiedergutmachungspflicht. Es wurde bereits festgestellt, daß sie demjenigen ein subjektives Recht auf Wiedergutmachung vermittelt, dessen Interessen durch die verletzte Primärnorm geschützt werden sollten.[38] Da dies bei den Menschenrechten das Individuum ist,[39] vermittelt die gewohnheitsrechtliche Wiedergutmachungspflicht bei Menschenrechtsverletzungen also dem Betroffenen und nicht etwa den Vertragsstaaten ein subjektives Recht auf Wiedergutmachung.[40] Die Vertragsstaaten sind lediglich aktivlegitimiert, die Wiedergutmachung im Interesse des betroffenen Individuums beim verantwortlichen Staat einzufordern.[41]

Aus alledem folgt, daß die bei einer Menschenrechtsverletzung aus der gewohnheitsrechtlichen Wiedergutmachungspflicht folgenden Ansprüche vom betroffenen Individuum grundsätzlich auch vor deutschen Gerichten geltend gemacht werden können. Als Voraussetzung für die innerstaatliche Durchsetzbarkeit ist allerdings zu fordern, daß auch die vertragliche Primärnorm, für deren Verletzung

---

33 Urt. v. 19. November 1991, NJW 1992, S. 165 ff.

34 Ebd., S. 167, Nr. 35, 37, 41 und 46.

35 *Geiger,* Grundgesetz und Völkerrecht, S. 184.

36 *Geiger,* ebd.

37 BVerfGE 46, 214 ff., 220 f.

38 Siehe bereits oben unter C I. 1.

39 Siehe ebd.

40 Siehe ebd.

41 Ebd.

Wiedergutmachung geleistet werden muß, Bestandteil des innerstaatlichen Rechts ist. Fehlt es daran, etwa weil ein späteres Bundesgesetz der vertraglichen Primärnorm entgegensteht, kann auch die Wiedergutmachungsverpflichtung nicht vor innerstaatlichen Gerichten durchsetzbar sein. Andernfalls könnten auf dem Umweg über eine Wiedergutmachungsklage Ergebnisse erzielt werden, die der innerstaatlichen Geltung der vertraglichen Primärnorm praktisch gleichkämen. Dies wäre mit dem einfachgesetzlichen Rang solcher Normen unvereinbar. Daher wäre etwa im Fall *Shanmukanathan ./. Bundesrepublik Deutschland*[42] eine auf die gewohnheitsrechtliche Wiedergutmachungspflicht gestützte Klage auf Rückzahlung der entgegen Art. 6 Abs. 3 lit. e EMRK erhobenen Dolmetscherkosten ohne Aussicht auf Erfolg gewesen. Denn wenn sich schon unmittelbar aus Art. 6 Abs. 3 lit. e EMRK wegen des entgegenstehenden Gerichtskostengesetzes kein Anspruch auf Rückzahlung herleiten ließ,[43] dann konnte sich aus der gewohnheitsrechtlichen Wiedergutmachungspflicht in Verbindung mit Art. 6 Abs. 3 lit. e EMRK nichts anderes ergeben.

Zusammenfassend ist also festzustellen, daß die aus der gewohnheitsrechtlichen Wiedergutmachungspflicht folgenden Verpflichtungen vom Betroffenen vor deutschen Gerichten durchgesetzt werden können, wenn auch die menschenrechtliche Primärnorm, gegen die verstoßen wurde, Bestandteil des innerstaatlichen Rechts ist.

2. Der innerstaatliche Rang

Mit der grundsätzlichen Bejahung der Durchsetzbarkeit vor deutschen Gerichten ist allerdings noch nichts darüber gesagt, welchen Rang diese Verpflichtungen im innerstaatlichen Recht einnehmen,[44] inwieweit sie also durch innerstaatliche Normen eingeschränkt werden können. Zwei Möglichkeiten kommen in Betracht: Entweder man stellt auf den Rang der gewohnheitsrechtlichen Sekundärnorm ab, dann würde man gemäß Art. 25 S. 2 GG Übergesetzesrang anzunehmen haben. Oder aber man hält den Rang der verletzten Primärnorm für maßgeblich; dann nähme die Wiedergutmachungsverpflichtung bei Verstößen gegen Menschenrechtsverträge grundsätzlich nur den Rang einfachen Bundesrechts ein und könnte daher durch Normen des innerstaatlichen Staatshaftungsrechts eingeschränkt werden. Die Frage hat erhebliche Bedeutung, denn zwischen dem Völkergewohnheitsrecht und dem deutschen Staatshaftungsrecht bestehen Divergenzen: Während beispielsweise Schadensersatz für immaterielle Schäden nach

---

[42] Siehe *Landgericht Heilbronn,* EuGRZ 1991, S. 185 ff., und *EuKMR,* Entscheidung v. 13. Juli 1990, EuGRZ 1991, S. 160 f., sowie oben unter I.

[43] Siehe *Landgericht Heilbronn,* ebd., sowie oben unter I.

[44] Zu dieser Frage siehe insbesondere *Herdegen,* NJW 1988, S. 593 f. Das *Bundesverfassungsgericht* hat im *Pakelli-Beschluß,* ZaöRV 1986, S. 289 ff., hierzu nicht ausdrücklich Stellung genommen.

§§ 253, 847 BGB grundsätzlich nur bei Körperverletzungen und Freiheitsentziehungen verlangt werden kann, kennt das Völkerrecht eine solche Begrenzung nicht.[45] So hat etwa der *EuGHMR* im Fall *König* eine Entschädigung für die „andauernde Ungewißheit“ zugesprochen, in der sich der Beschwerdeführer wegen der übermäßig langen Dauer zweier Gerichtsverfahren befunden habe.[46] Vor deutschen Gerichten hätte ein solcher völkerrechtlicher Entschädigungsanspruch nur dann geltend gemacht werden können, wenn ihm übergesetzlicher Rang zugekommen wäre. Andernfalls wäre er gemäß § 253 BGB ausgeschlossen gewesen, denn es kann nicht davon ausgegangen werden, daß der Gesetzgeber durch das Zustimmungsgesetz zur EMRK die Anwendbarkeit von § 253 BGB für Verstöße gegen die Konvention ausschließen wollte.

Entscheidend für die Beantwortung der Rangfrage ist, daß die Wiedergutmachungsverpflichtung nur im Zusammenwirken von Sekundärnorm und Primärnorm entsteht. Schließt der Bundesgesetzgeber die innerstaatliche Geltung der im Range einfachen Bundesrechts stehenden Primärnorm aus, so besteht aus Sicht des innerstaatlichen Rechts auch keine Verpflichtung zur Wiedergutmachung.[47] Dann aber muß der Gesetzgeber erst recht die Befugnis zu einer weniger einschneidenden Maßnahme besitzen, nämlich zur *Beschränkung* der Wiedergutmachungsverpflichtung. Diese kann folglich keinen höheren Rang einnehmen als den der verletzten Primärnorm.[48] Im Falle eines Verstoßes gegen vertraglich garantierte Menschenrechte steht sie also grundsätzlich im Rang einfachen Bundesrechts und kann daher durch Normen des innerstaatlichen Staatshaftungsrechts wie etwa § 253 BGB eingeschränkt werden.

Von diesem Grundsatz muß jedoch eine Ausnahme gemacht werden: Gewisse menschenrechtliche Normen sind inzwischen kraft universellen Völkergewohnheitsrechts anerkannt und gehören daher zu den „allgemeinen Regeln des Völkerrechts“ im Sinne von Art. 25 GG. Das Bundesverfassungsgericht spricht insoweit von einem „menschenrechtlichen Mindeststandard“.[49] Die Existenz eines solchen, unabhängig von Verträgen geltenden Mindeststandards ist im Urteil des *IGH* vom 24. Mai 1980 im Fall *United States Diplomatic and Consular Staff in Tehran*[50] deutlich geworden. In dieser Entscheidung hat der IGH ausgesprochen, daß

> „Wrongfully to deprive human beings of their freedom and to subject them to physical constraint in conditions of hardship is in itself manifestly incompatible

---

45 Siehe oben unter B II. 2. c) bb).

46 Urt. v. 10. März 1980, ECHR Ser. A, Vol. 36, S. 17 Nr. 19.

47 Siehe oben unter 1.

48 So auch *Herdegen*, NJW 1988, S. 593 f.; a. A. offenbar *Moller*, NJW 1967, S. 2338 ff., 2342.

49 Siehe, besonders deutlich, BVerfGE 60, 253, (303 f.); siehe auch BVerfG 46, 342 (362); 57, 9 (24 f.); 59, 280 (286 f.); ähnlich *BayVerfGH*, BayVBl 1963, S. 351; 1966, S. 57. Zu dieser Rechtsprechung siehe auch *Steinberger*, ZaöRV 48 (1988), S. 1 ff., 11 ff.

50 ICJR 1980, S. 2 ff.

with the principles of the Charter of the United Nations as well as with the fundamental principles enunciated in the Universal Declaration of Human Rights."[51]

Daraus, daß nicht nur die UN-Charta, sondern auch die Allgemeine Erklärung der Menschenrechte[52] angeführt wird, muß der Schluß gezogen werden, daß zumindest einige der in der Erklärung enthaltenen elementaren Rechte nach Ansicht des Gerichtshofes geltendes Völkerrecht darstellen.[53] Zu diesem Ergebnis aber gelangt man, da die Allgemeine Erklärung als Resolution der Generalversammlung keine eigene völkerrechtliche Bindungswirkung gegenüber den Mitgliedstaaten besitzt,[54] nur unter Rückgriff auf Völkergewohnheitsrecht oder allgemeine Rechtsgrundsätze. Dann aber handelt es sich bei den vom Gerichtshof anerkannten Rechten um allgemeine Regeln des Völkerrechts im Sinne von Art. 25 GG.[55] Zu diesen gehört neben dem ausdrücklich genannten Recht auf körperliche Freiheit im „Erst Recht"-Schluß jedenfalls auch das Verbot von willkürlichen Tötungen und von körperlichen Mißhandlungen.[56] Das Bundesverfassungsgericht neigt darüber hinaus dazu, auch gewisse grundlegende Garantien eines fairen Gerichtsverfahrens wie etwa die Grundsätze des rechtlichen Gehörs[57] und der Unparteilichkeit der Richter sowie das Verbot der ungebührlichen Verzögerung des Verfahrens[58] als Bestandteile des menschenrechtlichen Mindeststandards anzusehen.

Hinsichtlich des innerstaatlichen Rangs der Wiedergutmachungsverpflichtung ist die Situation bei Verstößen gegen den menschenrechtlichen Mindeststandard grundlegend anders als bei der Verletzung von Rechten, die ausschließlich durch Vertrag garantiert sind: Bei Verstößen gegen den Mindeststandard stellt nicht nur die gewohnheitsrechtliche Wiedergutmachungspflicht als anwendbare Sekundärnorm, sondern auch die verletzte Primärnorm einen Rechtssatz des allgemei-

---

51 Ebd., S. 42 Nr. 91.

52 Abgedruckt bei *Ramcharan*, The Concept and Present Status of the International Protection of Human Rights, S. 543 ff.

53 *Ramcharan*, The Concept and Present Status of the International Protection of Human Rights, S. 41; *Verdross / Simma*, § 1234; *Rodley*, The Treatment of Prisoners under International Law, S. 68; siehe auch *Humphrey*, in: Ramcharan (Hrsg.), Human Rights, Thirty Years after the Universal Declaration, S. 21 ff., 28 ff.

54 Siehe etwa *Heintschel von Heinegg*, in: Ipsen (Hrsg.), Völkerrecht, Rdn 21 zu § 19.

55 Dazu, daß auch allgemeine Rechtsgrundsätze im Sinne von Art. 38 Abs. 1 lit. c des IGH-Statuts unter den Begriff der „allgemeinen Regeln des Völkerrechts" im Sinne von Art. 25 GG fallen, siehe etwa *Gloria*, in: Ipsen (Hrsg.), Völkerrecht, Rdn. 17 zu § 74, m. w. N.

56 Für Folter siehe die erste Entscheidung des UN-Ausschusses gegen Folter, Fälle *O. R, M. M. und M. S. ./. Argentinien*, v. 23. November 1989, GAOR 45th Sess., Supp. No. 44 (A / 45 / 44), S. 108 (111 Nr. 7.2); siehe auch die Entscheidung des *US-Court of Appeals*, 2nd Circuit, Fall *Filartiga v. Pena-Irala*, Urt. v. 30. Juni 1980, ILM 19 (1980), S. 966 ff. (974).

57 Siehe *BVerfGE* 59, S. 280 (286 f.): Bei strafrechtlicher Verurteilung in Abwesenheit wird Verstoß gegen den menschenrechtlichen Mindeststandard in Erwägung gezogen.

58 BVerfGE 60, 253 (303 f.).

nen Völkerrechts dar. Dies bedeutet, daß sich die Verpflichtung zur Wiedergutmachung — anders als bei Verstößen gegen nur vertraglich garantierte Rechte — „lückenlos" aus allgemeinen Regeln des Völkerrechts im Sinne von Art. 25 GG ergibt. Dann aber muß sie wegen Art. 25 S. 2 GG im Rang über den Bundesgesetzen stehen. Dies bedeutet, daß einfachgesetzliche Normen des innerstaatlichen Staatshaftungsrechts solchen Verpflichtungen nicht entgegengehalten werden können. Falls also tatsächlich einmal eine Person von Staatsorganen der Bundesrepublik unter Verstoß gegen den menschenrechtlichen Mindeststandard mißhandelt werden und an den Folgen dieser Mißhandlung sterben sollte, hätten die Hinterbliebenen nicht nur Anspruch auf Schadensersatz für entgangenen Unterhalt gemäß § 844 Abs. 2 BGB, sondern auch auf eine Entschädigung für die ihnen durch Trauer entstandenen immateriellen Nachteile.[59] § 253 BGB als Norm des einfachen Bundesrechts würde gegenüber einer solchen gemäß Art. 25 S. 2 GG im Rang über den Gesetzen stehenden Verpflichtung keine Wirkung entfalten.

Die sich bei einer Menschenrechtsverletzung aus der gewohnheitsrechtlichen Wiedergutmachungspflicht ergebenden Verpflichtungen nehmen also zwar grundsätzlich nur einfachgesetzlichen Rang ein;[60] bei Verstößen gegen den kraft allgemeinen Völkerrechts geltenden menschenrechtlichen Mindeststandard stehen sie jedoch im Range über den Bundesgesetzen.

3. Das Verhältnis zur Rechtskraft

Die grundsätzlich zu bejahende Möglichkeit, völkerrechtliche Wiedergutmachungsansprüche vor innerstaatlichen Gerichten geltend zu machen, bedeutet allerdings nicht, daß auch wegen menschenrechtswidriger, aber rechtskräftiger Gerichtsurteile Entschädigungsansprüche erhoben werden könnten:[61] Zunächst einmal kommt eine entsprechende Anwendung des in § 839 Abs. 2 Satz 1 BGB enthaltenen „Spruchrichterprivilegs"[62] in Betracht. Diese Vorschrift soll verhindern, daß abgeschlossene Gerichtsverfahren mittelbar über die Erhebung von Schadensersatzansprüchen wegen Amtspflichtverletzung des Richters neu aufgerollt werden können.[63] Eben diese Gefahr bestünde auch, wenn mit der Begrün-

---

59 Dazu, daß derartige Nachteile nach Völkerrecht zu entschädigen sind, siehe etwa *IAGHMR*, Fall *Velásquez Rodríguez*, Urt. v. 21. Juli 1989, deutsche Übersetzung abgedruckt in EuGRZ 1991, S. 346 ff., 348 Nr. 50 ff.

60 So im Ergebnis auch BGH, Urteil des III. Zivilsenats v. 31. Januar 1966, BGHZ 45, 58, 70, 73. A. A. *Moller*, NJW 1967, S. 2338 ff., 2342.

61 Ein Anspruch auf Naturalrestitution durch Aufhebung ist schon nach Völkerrecht ausgeschlossen, siehe oben unter B II. 3. c).

62 Zur Kritik an dieser gebräuchlichen Bezeichnung siehe etwa *Bender*, Staatshaftungsrecht, 2. Aufl., Rdn. 633 ff.

63 *Bender*, Staatshaftungsrecht, 2. Aufl., Rdn. 630 ff.; *Ossenbühl*, Staatshaftungsrecht, S. 83 f.

dung, ein Urteil beruhe auf einem Verstoß gegen Menschenrechte, völkerrechtliche Entschädigungsansprüche erhoben werden könnten. § 839 Abs. 2 BGB muß also wegen vergleichbarer Interessenlage auf völkerrechtliche Ansprüche entsprechend angewendet werden.

Bei Entschädigungsansprüchen wegen Verletzung des menschenrechtlichen Mindeststandards, zu dem nach Ansicht des Bundesverfassungsgerichts zum Beispiel auch der Grundsatz des rechtlichen Gehörs zu zählen ist,[64] hilft allerdings eine analoge Anwendung der einfachgesetzlichen Regelung des § 839 Abs. 2 BGB nicht, da derartige Ansprüche gemäß Art. 25 S. 2 GG übergesetzlichen Rang einnehmen.[65] Indes folgt aus dem im Rechtsstaatsprinzip wurzelnden Grundsatz der Rechtssicherheit die Notwendigkeit der grundsätzlichen Rechtsbeständigkeit fehlerhafter, aber rechtskräftiger Urteile.[66] Dieser Grundsatz muß auch bei Verletzungen des menschenrechtlichen Mindeststandards durchgreifen, obwohl in solchen Fällen der Wiedergutmachungsverpflichtung übergesetzlicher Rang im Sinne von Art. 25 S. 2 GG zukommt: Es ist zwar bekanntlich umstritten, welche Stellung in der innerstaatlichen Normenhierarchie den allgemeinen Regeln des Völkerrechts durch Art. 25 S. 2 GG („Sie gehen den Gesetzen vor") zugewiesen wird.[67] Auf diesen Streit kommt es hier jedoch nicht an. Fest steht jedenfalls, daß die allgemeinen Regeln des Völkerrechts nur insoweit Bestandteil des deutschen Rechts sein können, als dies von dem in Art. 25 GG zum Ausdruck gekommenen Willen der Verfasser des Grundgesetzes gedeckt ist. Dieser Wille muß aber aus dem systematischen Gesamtzusammenhang des Grundgesetzes heraus ermittelt werden. Daher kann Art. 25 GG ebensowenig wie etwa Art. 24 GG in einer Weise ausgelegt werden, die grundlegende Strukturprinzipien des Grundgesetzes in Frage stellen würde.[68] Eines dieser Grundprinzipien aber ist gemäß Art. 79 Abs. 3 in Verbindung mit Art. 20 Abs. 3 GG das Rechtsstaatsprinzip, zu dessen wichtigsten Ausprägungen der Grundsatz der Rechtssicherheit zu zählen ist.[69] Die Rechtssicherheit wäre — wie gezeigt — ernsthaft beeinträchtigt, wenn rechtskräftige Urteile durch die Erhebung von Schadensersatzansprüchen vor innerstaatlichen Gerichten erneut in Frage gestellt werden könnten. Ein solches Ergebnis kann von den Verfassern des Art. 25 GG nicht gewollt gewesen sein. Die Verweisung des Art. 25 GG auf den völkerrechtlichen Wiedergutmachungsgrundsatz geht also nicht so weit, daß auch wegen rechtskräftiger Gerichtsurteile Schadensersatzansprüche erhoben werden könnten. Dies bedeutet, daß die völkerrechtliche Pflicht, auch in solchen Fällen Entschädigung zu leisten,

---

64 Siehe BVerfGE 60, 253 (303 f.) sowie oben unter 2.

65 Siehe oben unter 2.

66 BVerfGE 2, 380 (403); *Stern*, StaatsR, Bd. 1, § 20 IV Nr. 5, S. 849.

67 Siehe die Nachweise zum Streitstand bei *Stern*, StaatsR, Bd. 1, § 14 II 8, S. 493.

68 Zur entsprechenden Argumentation beim Gemeinschaftsrecht siehe die „*Solange*"-Beschlüsse BVerfGE 37, 271 (279 f.) und 73, 339 (375).

69 BVerfGE 2, 380 (403).

von vornherein nicht Bestandteil des deutschen Rechts geworden ist. Gegen rechtskräftige Gerichtsurteile steht dem Betroffenen also auch dann kein vor innerstaatlichen Gerichten durchsetzbarer Schadensersatzanspruch zu, wenn das Urteil auf einem Verstoß gegen den menschenrechtlichen Mindeststandard beruht. Falls eine Wiederaufnahme des Verfahrens ausscheidet, bleibt dem Betroffenen mithin nur die Möglichkeit, seinen völkerrechtlichen Wiedergutmachungsanspruch vor den Organen der Europäischen Menschenrechtskonvention geltend zu machen.

4. Die Stellung im Anspruchssystem des Staatshaftungsrechts

Soweit hingegen der völkerrechliche Wiedergutmachungsanspruch vor deutschen Gerichten durchgesetzt werden kann, stellt er einen Anspruch eigener Art dar, der sich mit keinem der sonstigen Ansprüche des deutschen Staatshaftungsrechts völlig deckt: Zum Amtshaftungsanspruch gemäß § 839 Abs. 1 Satz 1 BGB in Verbindung mit Art. 34 GG bestehen Unterschiede hinsichtlich des erforderlichen Verschuldens. Ein zumindest sorgfaltswidriges Verhalten ist zwar nicht nur bei § 839 Abs. 1 Satz 1 BGB in Verbindung mit Art. 34 GG, sondern auch für den völkerrechtlichen Wiedergutmachungsanspruch erforderlich.[70] § 839 Abs. 1 Satz 1 BGB berücksichtigt jedoch in stärkerem Maße als das Völkerrecht die subjektiven Verhältnisse des Amtsträgers. So ist Verschulden im Sinne des § 839 Abs. 1 Satz 1 BGB bei einem unvermeidbaren Verbotsirrtum des handelnden Amtsträgers zu verneinen. Dabei wird Unvermeidbarkeit, sofern die Rechtsfrage noch nicht höchstrichterlich geklärt ist, regelmäßig dann bejaht, wenn „. . die nach sorgfältiger Prüfung gewonnene und auf vernünftige Überlegungen gestützte Beurteilung des Beamten als rechtlich vertretbar angesehen werden . . ." kann[71] oder wenn sein Verhalten von einem Kollegialgericht bestätigt worden ist.[72] Im Gegensatz dazu wird der völkerrechtliche Wiedergutmachungsanspruch durch einen Verbotsirrtum des handelnden Organs nicht berührt,[73] selbst wenn der Irrtum unvermeidbar war.

Eigenständige Bedeutung kommt dem völkerrechtlichen Wiedergutmachungsanspruch auch gegenüber Ansprüchen aus Aufopferung[74] und enteignungsgleichem Eingriff[75] zu. Während nämlich aufgrund der letztgenannten Ansprüche keine Entschädigung für immaterielle Schäden zu zahlen ist,[76] müssen bei der

---

70 Siehe im einzelnen oben unter B II. 2. b) bb).

71 *BGH*, NJW 1979, 2097 (2098).

72 *BGHZ* 27, 338 (343). Letzteres soll aber nach *BGH*, NVwZ 1987, S. 258 (259 f.), nur noch eine Richtlinie darstellen, von der abgewichen werden kann.

73 Siehe oben unter B II. 2. b) bb).

74 Siehe etwa BGHZ 9, 83 (Impfschäden).

75 Siehe grundlegend *BGH*, Urt. v. 10. Juni 1952, BGHZ (GrS) 6, 270, 290 (Zwangseinweisungen).

76 BGHZ 20, 61 (68); 22, 43 (48); 45, 58 (77), jeweils zur Aufopferung.

völkerrechtlichen Wiedergutmachungspflicht auch immaterielle Nachteile entschädigt werden,[77] wenngleich im Rahmen des innerstaatlichen Rechts regelmäßig nur nach Maßgabe der §§ 253, 847 BGB.[78]

Im Hinblick auf die Verjährung des völkerrechtlichen Wiedergutmachungsanspruches stellt sich die Frage, ob die dreijährige, auf Amtshaftungsansprüche anzuwendende Frist des § 852 BGB oder die 30-jährige, für Ansprüche aus Aufopferung und enteignungsgleichem Eingriff geltende Frist des § 195 BGB[79] eingreift. Hierbei ist zu berücksichtigen, daß der völkerrechtliche Anspruch — insoweit dem Amtshaftungsanspruch vergleichbar — eine Folge deliktischen Verhaltens ist, während der Aufopferungsanspruch und der Anspruch aus enteignungsgleichem Eingriff nicht an das Vorliegen eines Deliktes anknüpfen, sondern an das Erbringen eines Sonderopfers durch den Geschädigten; auch beim enteignungsgleichen Eingriff dient die Rechtswidrigkeit des hoheitlichen Eingriffs nur dazu, das Vorliegen eines Sonderopfers zu begründen.[80] Hinzu kommt, daß der völkerrechtliche Wiedergutmachungsanspruch, wie der Amtshaftungsanspruch, vollen Schadensersatz gewährt,[81] während wegen enteignungsgleichen Eingriffs und Aufopferung nur eine Entschädigung verlangt werden kann, die insbesondere immaterielle Nachteile nicht berücksichtigt. Der völkerrechtliche Wiedergutmachungsanspruch ist also, wenn auch im Hinblick auf das Verschulden Unterschiede bestehen, dem Amtshaftungsanspruch ähnlicher als dem Aufopferungsanspruch.[82] Es ist daher angemessen, für ihn die dreijährige Verjährungsfrist des § 852 BGB heranzuziehen.[83]

Zweifelhaft ist hingegen, ob das Verweisungsprivileg des § 839 Abs. 1 Satz 2 BGB anwendbar ist: Diese Vorschrift soll den Beamten von persönlichen Haftungsrisiken freistellen und dadurch seine Entschlußkraft stärken.[84] Sie ist daher funktionslos, wenn ohnehin nicht der handelnde Amtsträger, sondern der Staat haftet. Bereits die von der Rechtsprechung im Grundsatz bejahte[85] Anwendbarkeit des Verweisungsprivilegs auf den Amtshaftungsanspruch aus § 839 BGB i. V. m. Art. 34 S. 1 GG ist daher nicht unproblematisch. Während diese aber wenigstens noch damit gerechtfertigt werden kann, daß es sich beim Amtshaftungsanspruch um eine auf die öffentliche Hand übergeleitete Haftung des Amts-

---

77 Siehe oben unter B II. 2. c) bb).

78 Siehe oben unter 2.

79 Zur Anwendbarkeit des § 195 BGB bei Ansprüchen aus Aufopferung und enteignungsgleichem Eingriff siehe *Ossenbühl*, Staatshaftungsrecht, S. 223, sowie BGHZ 45, 58 (77) für Aufopferung.

80 Siehe Ossenbühl, ebd., S. 215 unten.

81 Siehe im einzelnen oben unter B II. 2. c).

82 So auch *BGHZ* 45, S. 58 ff., 72 f.; a. A. *Herzog*, AöR 86 (1961), S. 240: Aufopferungsanspruch.

83 *BGH*, ebd., S. 75; a. A. konsequenterweise *Herzog*, ebd.: 30 Jahre.

84 Ossenbühl, Staatshaftungsrecht, S. 64.

85 Siehe etwa BGHZ 13, S. 88 (104).

trägers handelt,[86] fehlt für eine Anwendung des Verweisungsprivilegs auf den völkerrechtlichen Wiedergutmachungsanspruch vollends jede Grundlage: Dieser begründet, insoweit dem Aufopferungsanspruch gleichend, eine originäre Staatshaftung. Auf ihn kann das Verweisungsprivileg daher ebensowenig angewendet werden wie auf den Aufopferungsanspruch.[87]

Hingegen ist die Geltendmachung des völkerrechtlichen Wiedergutmachungsanspruches ausgeschlossen, wenn die Einlegung von Rechtsmitteln gegen die Menschenrechtsverletzung unterlassen wird. Für dieses Ergebnis bedarf es indes keines Rückgriffes auf § 839 Abs. 3 BGB: Bereits aus der „local-remedies-rule" folgt, daß im Falle der Nichterschöpfung des innerstaatlichen Rechtsweges der völkerrechtliche Wiedergutmachungsanspruch erlischt.[88]

Fraglich ist schließlich, gegen wen und vor welchem Gericht der Anspruch im Rahmen des innerstaatlichen Rechts zu erheben ist. Der Umstand, daß er sich auf völkerrechtlicher Ebene gegen die Bundesrepublik Deutschland als Völkerrechtssubjekt richtet, bedeutet nicht, daß auch im Rahmen des innerstaatlichen Rechts notwendigerweise der Bund passivlegitimiert ist: Dem Völkerrecht ist es gleichgültig, welche juristische Person des öffentlichen Rechts den Schaden begleicht. Die Frage der Passivlegitimation ist also nach innerstaatlichem Recht zu bestimmen. Da der völkerrechtliche Wiedergutmachungsanspruch im Hinblick auf die Anspruchsvoraussetzungen in starkem Maße dem Amtshaftungsanspruch ähnelt, wäre es nicht sinnvoll, die beiden Ansprüche im Hinblick auf die Passivlegitimation unterschiedlich zu behandeln; Schuldner ist daher gemäß Art. 34 S. 1 GG die „Körperschaft, in deren Dienst" der handelnde Amtsträger stand,[89] in der Regel also die Anstellungskörperschaft.[90] Zuständig sind gemäß Art. 34 S. 3 GG die ordentlichen Gerichte.

III. Verpflichtungen aus Wiedergutmachungsvereinbarungen

Innerstaatlich durchsetzbare Wiedergutmachungsansprüche des Individuums können sich schließlich auch aus Wiedergutmachungsvereinbarungen ergeben, die der verantwortliche Staat mit dem betroffenen Individuum abgeschlossen hat.[91] Durch solche Vereinbarungen werden bestehende völkerrechtliche Verpflichtungen des verantwortlichen Staates und korrespondierende Berechtigungen

86 Bis zu einer Abschaffung durch den Gesetzgeber wird man die Regelung daher wohl als geltendes Recht ansehen müssen, siehe *Ossenbühl*, Staatshaftungsrecht, S. 73: „Legitimationsgrenzen des Richterrechts".

87 Zur Nichtgeltung des Verweisungsprivileg bei Aufopferungsansprüchen und Ansprüchen aus enteignungsgleichem Eingriff siehe *BGH*, NJW 1975, 207 (208).

88 Siehe oben unter C I. 3.

89 So i. E. auch *BGHZ* 45, 58 (74).

90 Siehe im einzelnen *Ossenbühl*, Staatshaftungsrecht, S. 93 ff.

91 Zu solchen Vereinbarungen siehe bereits oben unter C II.

des betroffenen Individuums[92] umgestaltet. Insoweit kommt ihnen völkerrechtliche Qualität zu.[93] Andererseits sind beide Vertragsparteien aber auch Rechtssubjekte des innerstaatlichen Rechts, so daß eine zwischen ihnen getroffene Vereinbarung nach dem Recht des verantwortlichen Staates unmittelbar verpflichtende und berechtigende Wirkung haben und dementsprechend vor den Gerichten des verantwortlichen Staates durchsetzbar sein kann.[94]

Im deutschen Recht unterliegt die Wiedergutmachungsvereinbarung als öffentlich-rechtlicher (Vergleichs)Vertrag[95] den Vorschriften der Verwaltungsverfahrensgesetze. Diese gelten zwar nach allgemeiner Ansicht nicht für „völkerrechtliche" Verträge.[96] Damit sind jedoch ersichtlich nur Verträge mit anderen Staaten und internationalen Organisationen, nicht aber auch die hier in Frage stehenden Vereinbarungen gemeint.

Im Hinblick auf die innerstaatliche Abschlußzuständigkeit ist zu differenzieren: Solange es noch nicht zu einer „Internationalisierung" durch Anrufung internationaler Organe gekommen ist, fällt der Abschluß der Wiedergutmachungsvereinbarung in die Zuständigkeit der nach Art. 34 S. 1 GG zur Wiedergutmachung verpflichteten Körperschaft, denn gegen diese wäre auch eine Klage zu erheben. Die Zuständigkeit ändert sich jedoch in dem Moment, in dem nach Erschöpfung des innerstaatlichen Rechtweges eine Menschenrechtsbeschwerde vor einem internationalen Organ, etwa der EuKMR, erhoben wird. Von diesem Zeitpunkt an berührt der Abschluß der Vereinbarung die durch die Beschwerdeerhebung zustandegekommenen verfahrensrechtlichen Beziehungen zwischen der Bundesrepublik Deutschland und dem angerufenen Organ. Weil aber die Pflege der Beziehungen zu internationalen Organisationen in entsprechender Anwendung von Art. 32 Abs. 1 GG Sache des Bundes ist,[97] muß folglich mit Beschwerdeerhebung die Abschlußzuständigkeit auf diesen übergehen.[98]

Hinsichtlich des Inhalts der Wiedergutmachungsvereinbarung ist zu beachten, daß gemäß Art. 59 Abs. 2 Satz 1 (2. Var.) GG eine völkerrechtliche Verpflichtung zum Erlaß von Bundesgesetzen nur mit Zustimmung oder Mitwirkung der für die Bundesgesetzgebung zuständigen Organe begründet werden darf. Entsprechendes gilt auch für eine Verpflichtung zum Erlaß von Landesgesetzen, selbst

---

92 Siehe oben unter C I. 1.

93 Siehe etwa *Frowein,* JZ 24 (1969), S. 215; *ders,* in: Robertson (Hrsg.), Privacy and Human Rights, S. 288; *Drzemczewski,* European Human Rights Convention in Domestic Law, S. 263; *Ress,* Die Wirkungen der Urteile des Europäischen Gerichtshofes für Menschenrechte, in: Maier (Hrsg.), Europäischer Menschenrechtsschutz, S. 255.

94 *Frowein,* JZ 24 (1969), S. 217; *ders.,* in: Robertson (Hrsg.), Privacy and Human Rights, S. 288; *Drzemczewski,* ebd., S. 263 f.; *Ress,* ebd., S. 255.

95 *Frowein, Ress,* ebd.

96 Siehe etwa *Kopp,* VwVfG, Rdn. 1 vor § 54.

97 *BVerfGE* 2, 347 (374); *Stern,* StaatsR I, § 19 III 3 e.) S. 692 f.; *Gloria,* in: Ipsen (Hrsg.) Völkerrecht, § 74 Rdn. 4.

98 So wohl auch *Frowein,* JZ 24 (1969), S. 217.

wenn die Verfassung des betreffenden Bundeslandes eine dem Art. 59 Abs. 2 Satz 1 (2. Var.) GG entsprechende Regelung nicht enthält: Art. 59 Abs. 2 Satz 1 GG bezweckt den Schutz der Entscheidungsfreiheit des Gesetzgebers, enthält also eine Konkretisierung des Demokratieprinzips und gilt folglich über Art. 28 Abs. 1 Satz 1 GG auch auf Länderebene. Wiedergutmachungsvereinbarungen, in denen sich die Exekutive ohne Mitwirkung der Legislative zum Erlaß oder zur Änderung von Bundes- oder Landesgesetzen verpflichtet, sind also nach deutschem Recht unzulässig.[99] Möglich ist zwar die Zusage, einen entsprechenden Gesetzentwurf im Parlament einzubringen.[100] Weitergehende Vereinbarungen sind jedoch unwirksam.[101] Der ihre innerstaatliche Wirksamkeit hindernde Verstoß gegen das Demokratieprinzip muß überdies als offensichtliche Verletzung einer innerstaatlichen Rechtsvorschrift von grundlegender Bedeutung im Sinne von Art. 46 WVK angesehen werden, so daß Zusagen der Exekutive, Gesetze zu ändern, in entsprechender Anwendung dieser Vorschrift auch völkerrechtlich ungültig sind.

Soweit hingegen eine wirksame Wiedergutmachungsvereinbarung vorliegt, können die aus ihr folgenden Wiedergutmachungsansprüche gemäß § 40 Abs. 1 Satz 1 VwGO grundsätzlich im Verwaltungsrechtsweg durchgesetzt werden, weil es sich um Ansprüche aus einem öffentlich-rechtlichen Vertrag nicht-verfassungsrechtlicher Art handelt.[102]

IV. Zusammenfassung

Aus einem von deutschen Staatsorganen begangenen Verstoß gegen Menschenrechtsverträge entstehen dem betroffenen Individuum also völkerrechtliche Wiedergutmachungsansprüche, die grundsätzlich vor deutschen Gerichten durchgesetzt werden können. Ihr innerstaatlicher Rang bestimmt sich nach der jeweils verletzten Primärnorm. Daher stehen sie regelmäßig im Rang einfacher Bundesgesetze und werden durch Normen des Bundesrechts wie etwa § 253 BGB eingeschränkt.

Letzteres gilt jedoch nicht bei der Verletzung von Normen des sogenannten menschenrechtlichen Mindeststandards, der den allgemeinen Regeln des Völkerrechts im Sinne von Art. 25 S. 1 GG zuzuordnen ist. Bei solchen Verstößen nimmt die völkerrechtliche Wiedergutmachungsverpflichtung übergesetzlichen Rang ein, da in solchen Fällen nicht nur die gewohnheitsrechtliche Wiedergutmachungspflicht, aus der sich die Verpflichtung ableitet, sondern auch die verletzte

---

99 *Frowein*, ebd.; *Ress*, Die Wirkungen der Urteile des Europäischen Gerichtshofes für Menschenrechte, in: Maier (Hrsg.), Europäischer Menschenrechtsschutz, S. 255.

100 *Frowein*, ebd., S. 215 f.

101 *Frowein*, *Ress*, ebd.

102 *Frowein*, ebd., S. 217; *Ress*, ebd., S. 255.

Primärnorm eine allgemeine Regel des Völkerrechts im Sinne von Art. 25 S. 1 GG darstellt. Gegenüber einer solchen Verpflichtung kann sich die in entsprechender Anwendung des Art. 34 S. 1 GG haftende Körperschaft nicht auf entgegenstehende Normen des einfachen Bundesrechts wie etwa § 253 BGB berufen. Dies könnte in Zukunft möglicherweise Bedeutung erlangen, da in der Rechtsprechung sowohl des Internationalen Gerichtshofes als auch des Bundesverfassungsgerichts eine Tendenz zur verstärkten Anerkennung von Menschenrechten erkennbar ist, die kraft allgemeinen Völkerrechts unabhängig von vertraglichen Rechtsgrundlagen bestehen.

Literaturverzeichnis

Van Alstyne, Arvo: Länderbericht Vereinigte Staaten, in: Max-Planck-Institut für ausländisches öffentliches Recht und Völkerrecht (Hrsg.), Haftung des Staates für rechtswidriges Verhalten seiner Organe, Beiträge zum ausländischen öffentlichen Recht und Völkerrecht, Bd. 44, Köln / Berlin 1967, S. 675 ff.

Arangio-Ruiz, Gaetano: Preliminary Report on State Responsibility, v. 18. Mai 1988, UN-Doc. A / CN.4 / 416 (English).

— Preliminary Report on State Responsibility, Addendum, v. 27. Mai 1988, UN-Doc. A / CN.4 / 416 / Add. 1(English).

— Second Report on State Responsibility, vom 9. Juni 1989, UN-Doc. A / CN.4 / 425 (English).

— Second Report on State Responsibility, Addendum, v. 22. Juni 1989, UN-Doc. A / CN.4 / 425 / Add. 1 (English).

Artucio, Alejandro: Applicable legislation, including exceptional measures, Impunity and International Law, in: International Commission of Jurists (Hrsg.), Rencontres Internationales sur l'Impunité pour les auteurs de violations graves des Droits de l'Homme, organized by the International Commission of Jurists and the Commission Nationale Consultative des Droits de l'Homme, Genf, 2.-5. November 1992.

Bartsch, Hans-Jürgen: The supervisory functions of the Committee of Ministers under Article 54 — a postscript to Luedicke — Belkacem — Koc, in: Protection des droits de l'homme: la dimension européenne, Mélanges en l'honneur de Gérard J. Wiarda, Köln / Berlin / Bonn / München 1988, S. 47 ff.

Bayer, Hermann-Winfried: Der Ausschluß der Staatshaftung, in: Max-Planck-Institut für ausländisches öffentliches Recht und Völkerrecht (Hrsg.), Haftung des Staates für rechtswidriges Verhalten seiner Organe, Beiträge zum ausländischen öffentlichen Recht und Völkerrecht, Bd. 44, Köln / Berlin 1967, S. 768 ff.

Bender, Bernd: Staatshaftungsrecht, 2. Aufl. 1974.

Berber, Friedrich: Lehrbuch des Völkerrechts, Bd. 3, 2. Aufl., München / Berlin 1977.

Bleckmann, Albert: Art und Umfang der Wiedergutmachung, in: Max-Planck-Institut für ausländisches öffentliches Recht und Völkerrecht (Hrsg.), Haftung des Staates für rechtswidriges Verhalten seiner Organe, Beiträge zum ausländischen öffentlichen Recht und Völkerrecht, Bd. 44, Köln / Berlin 1967, S. 780 ff.

— Europarecht, 5. Aufl., Köln / Berlin / Bonn / München 1990.

— Grundprobleme und Methoden des Völkerrechts, Freiburg / München, 1982.

— The Subjective Right in Public International Law, GYIL 28 (1985), S. 144 ff.

Bollecker-Stern, Brigitte: Le préjudice dans la théorie de la responsabilité internationale, Paris 1973.

Bossuyt, Marc J.: Guide to the „Travaux préparatoires“ of the International Covenant on Civil and Political Rights, Dordrecht / Boston / Lancaster 1987.

Van Boven, Theo: Study concerning the right to restitution, compensation and rehabilitation for victims of gross violations of human rights and fundamental freedoms,

— Preliminary report v. 26. Juli 1990, UN-Doc. E / CN.4 / Sub. 2 / 1990 / 10 (English),

— Progress report v. 25. Juli 1991, UN-Doc. E / CN. 4 / Sub. 2 / 1991 / 7 (English),

— Second progress report v. 29. Juli 1992, UN-Doc. E / CN.4 / Sub. 2 / 1992 / 8 (English).

Van Boven, Theo / *Flinterman,* Cees / *Grünfeld,* Fred / *Westendorp,* Ingrid (Hrsg.): Seminar on the Right to Restitution, Compensation and Rehabilitation for Victims of Gross Violations of Human Rights and Fundamental Freedoms, Maastricht, 11.-15. März 1992, SIM Special No. 12 (1992).

Brownlie, Ian: System of the Law of Nations, State Responsibility, Part I, Oxford 1983.

Bucher, Eugen: Das subjektive Recht als Normsetzungsbefugnis, Tübingen 1965.

Buergenthal, Thomas: The Effect of the European Convention on Human Rights on the Internal Law of Member States, in: The British Institute of International and Comparative Law (Hrsg.), The European Convention on Human Rights, ICLQ Suppl. Publ. No. 11 (1965), S. 79 ff.

Buergenthal, Thomas / *Norris,* Robert / *Shelton,* Dinah: Protecting Human Rights in the Americas, 2. Aufl., Kehl / Straßburg / Arlington 1986.

Cheng, Bin: General Principles of Law as applied by International Courts and Tribunals, London 1953.

Cohen-Jonathan, Gérard: La Convention Européenne des Droits de l'homme, Paris 1989.

Coing, Helmut: Zur Geschichte des Begriffs „subjektives Recht“, in: Coing, Helmut / Lawson, Frederic H. / Grönfors, Kurt, Das subjektive Recht und der Rechtsschutz der Persönlichkeit, Frankfurt am Main / Berlin 1959.

Combacau, J. / *Alland,* D.: „Primary“ and „Secondary“ Rules in the Law of State Responsibility: Categorizing International Obligations, NYIL XVI (1985), S. 81 ff.

O'Connell, D. P.: International Law, Volume Two, 2. Aufl., London 1970.

Council of Europe (Hrsg.): Collected Edition of the „Travaux Préparatoires“ of the European Convention on Human Rights, vol. I-VIII, 1975 — 1985.

Dahm, Georg: Völkerrecht, Bd. III, Stuttgart 1961.

Decaux, Emmanuel: Droit International et expériences nationales, Rapport Introductif, in: International Commission of Jurists (Hrsg.), Rencontres Internationales sur l'Impunité pour les auteurs de violations graves des Droits de l'Homme, organized by the International Commission of Jurists and the Commission Nationale Consultative des Droits de l'Homme, Genf, 2.-5. November 1992.

De Zayas, Alfred / *Möller,* Jakob Th. / *Opsahl,* Torkel: Application of the International Covenant on Civil and Political Rights under the Optional Protocol by the Human Rights Committee, GYIL 28 (1985), S. 9 ff.

Dolzer, Rudolf: Enteignung und Entschädigung im geltenden Völkerrecht, Berlin / Heidelberg / New York / Tokyo 1985.

Drzemczewski, Andrew Z.: European Human Rights Convention in Domestic Law, Oxford 1983.

Frowein, Jochen Abr.: Anmerkung zur Pakelli-Entscheidung des Bundesverfassungsgerichts, ZaöRV 46 (1986), S. 286 ff.

— Der freundschaftliche Ausgleich im Individualbeschwerdeverfahren nach der Menschenrechtskonvention und das deutsche Recht, JZ 24 (1969), S. 213 ff.

— Entschädigung für Verletzungen von Grundrechten, in: Des Menschen Recht zwischen Freiheit und Verantwortung, Festschrift für Karl Josef Partsch, Berlin 1989, S. 317 ff.

— The Guarantees afforded by the Institutional Machinery of the Convention, in: Robertson, A. H. (Hrsg.), Privacy and Human Rights, Reports and Communications presented at the Third International Colloquy about the European Convention on Human Rights, Brüssel, 30. September - 3. Oktober 1970, Manchester 1973.

— Die Staatshaftung im Rechts- und Verfassungssystem, in: Max-Planck-Institut für ausländisches öffentliches Recht und Völkerrecht (Hrsg.), Haftung des Staates für rechtswidriges Verhalten seiner Organe, Beiträge zum ausländischen öffentlichen Recht und Völkerrecht, Bd. 44, Köln / Berlin 1967, S. 795 ff.

Frowein, Jochen Abr. / *Peukert,* Wolfgang: Europäische Menschenrechtskonvention (EMRK-Kommentar), Kehl / Straßburg / Arlington 1985.

Garcia-Amador, F. V. / *Sohn,* Louis, B. / *Baxter,* R. R.: Recent codification of the Law of State Responsibility for Injuries to Aliens, New York / Leiden, 1974.

Geck, Wilhelm Karl: Die Ausweitung von Individualrechten durch völkerrechtliche Verträge und der Diplomatische Schutz, in: Einigkeit und Recht und Freiheit, Festschrift für Carl Carstens, Bd. 1, Köln / Berlin / Bonn / München 1984, S. 339 ff.

Geiger, Rudolf: Grundgesetz und Völkerrecht, München 1985.

Goldman, Robert Kogod: Impunity and International Law, Interamerican Commission on Human Rights finds that Uruguay's 1986 Amnesty violated the American Convention on Human Rights, in: International Commission of Jurists (Hrsg.), Rencontres Internationales sur l'Impunité pour les auteurs de violations graves des Droits de l'Homme, organized by the International Commission of Jurists and the Commission Nationale Consultative des Droits de l'Homme, Genf, 2.-5. November 1992.

Golsong, Heribert: Das Rechtsschutzsystem der Europäischen Menschenrechtskonvention, Karlsruhe 1958.

Graefrath, Bernhard: Menschenrechte und internationale Kooperation, 10 Jahre Praxis des Internationalen Menschenrechtskomitees, Berlin (Ost), 1988.

— Responsibility and Damages caused: Relationship between Responsibility and Damages, RdC 185 (1984 II), S. 13 ff.

Graefrath, Bernhard / *Oeser,* Edith / *Steiniger,* Peter Alfons: Völkerrechtliche Verantwortlichkeit der Staaten, Berlin (Ost) 1977.

Gray, Christine D.: Judicial Remedies in International Law, Oxford 1987.

Guradze, Heinz: Die Europäische Menschenrechtskonvention, Berlin / Frankfurt 1968.

Hanz, Martin: Zur völkerrechtlichen Aktivlegitimation zum Schutze der Menschenrechte, Diss. München 1985.

Herzog, Roman: Das Grundrecht auf Freiheit in der Europäischen Menschenrechtskonvention, AöR 86 (1961), S. 194 ff.

Higgins, Rosalyn: The Execution of the Decisions of Organs under the European Convention on Human Rights, RHDI 31 (1978), S. 1 ff.

Humphrey, John P.: The Universal Declaration of Human Rights: Its History, Impact and Juridical Character, in: Ramcharan, B. G. (Hrsg.), Human Rights: Thirty Years after the Universal Declaration, Den Haag / Boston / London 1979, S. 21 ff.

Ipsen, Knut (Hrsg.): Völkerrecht, 3. Aufl., München 1990.

Jaenicke, Günther: Die Staatshaftung in rechtsvergleichender Sicht, in: Max-Planck-Institut für ausländisches öffentliches Recht und Völkerrecht (Hrsg.), Haftung des Staates für rechtswidriges Verhalten seiner Organe, Beiträge zum ausländischen öffentlichen Recht und Völkerrecht, Bd. 44, Köln / Berlin, 1967, 859 ff.

Kleinknecht, Theodor / *Meyer*, Karlheinz / *Meyer-Goßner*, Lutz: Strafprozeßordnung, 40. Aufl., München 1991.

Kokott, Juliane: Das interamerikanische System zum Schutz der Menschenrechte, Berlin / Heidelberg 1986.

Kopp, Ferdinand O.: Verwaltungsgerichtsordnung, 9. Aufl., München 1992.

— Verwaltungsverfahrensgesetz, 5. Aufl., München 1991.

Kovar, Robert: L'efficacité des mécanismes jurisdictionnels de protection des personnes privées dans le cadre européen, Colloque de Grenoble, RDH 6 (1973), S. 685 ff.

Mann, F. A.: The Consequences of an International Wrong in International and National Law, BYIL 48 (1976-1977), S. 1 ff.

McGoldrick, Dominic: The Human Rights Committee, Its Role in the Development of the International Covenant on Civil and Political Rights, Oxford 1991.

McGregor, Harvey: Personal Injury and Death, in: Tunc (Hrsg.), International Encyclopedia of Comparative Law, Vol XI (Torts), Tübingen / Dordrecht / Boston / Lancaster 1983, Part 2, Chapter 9.

Moller, Hans: Menschenrechtskonvention und Staatshaftung für legislatives Unrecht, NJW 20 (1967), S. 2338 ff.

Morvay, Werner: Die Haftung des Staates für rechtsetzende Akte, in: Max-Planck-Institut für ausländisches öffentliches Recht und Völkerrecht (Hrsg.), Haftung des Staates für rechtswidriges Verhalten seiner Organe, Beiträge zum ausländischen öffentlichen Recht und Völkerrecht, Bd. 44, Köln / Berlin 1967, S. 776 ff.

v. Münch, Ingo: Das völkerrechtliche Delikt in der modernen Entwicklung der Völkerrechtsgemeinschaft, Frankfurt a. M. 1963.

Neuhold, Hanspeter / *Hummer*, Waldemar / *Schreuer*, Christoph: Österreichisches Handbuch des Völkerrechts, Bd. 1, Wien 1983.

Nowak, Manfred: UNO-Pakt über bürgerliche und politische Rechte und Fakultativprotokoll, Kehl / Straßburg / Arlington 1989.

Oppermann, Thomas: Europarecht, München 1991.

Ossenbühl, Fritz: Staatshaftungsrecht, 4. Aufl., München 1991.

Palandt, Bürgerliches Gesetzbuch, 52. Aufl., München 1993.

Ramcharan, B. G.: The Concept and Present Status of the International Protection of Human Rights, Dordrecht / Boston / London 1989.

— State Responsibility for violations of Human Rights Treaties, in: Contemporary Problems of International Law, Essays in honour of Georg Schwarzenberger, London 1988, S. 242 ff.

Rauschning, Dietrich: Verantwortlichkeit der Staaten für völkerrechtswidriges Verhalten, in: Berichte der Deutschen Gesellschaft für Völkerrecht, Bd. 24, Heidelberg 1984, S. 7 ff.

Raymond, J.: A Contribution to the Interpretation of Article 13 of the European Convention on Human Rights, HRR 5 (1980), S. 161 ff.

Ress, Georg: Die Europäische Menschenrechtskonvention und die Vertragsstaaten: Die Wirkungen der Urteile des Europäischen Gerichtshofes für Menschenrechte im innerstaatlichen Recht und vor innerstaatlichen Gerichten, in: Maier, Irene (Hrsg.), Europäischer Menschenrechtsschutz, Schranken und Wirkungen, Verhandlungen des Fünften Internationalen Kolloquiums über die Europäische Menschenrechtskonvention in Frankfurt (Main), Heidelberg 1982, S. 227 ff.

Riedel, Eibe: Satisfaction, in: EPIL, Vol. 10, Amsterdam / New York / Oxford / Tokyo 1987, S. 383 f.

Riphagen, Willem: Sixth report on the content, forms and degrees of international responsibility (part 2 of the draft articles); and „Implementation" of international responsibility and the settlement of disputes (part 3 of the draft articles), YBILC 1985, Volume II, Part One, S. 3 ff.

Robertson, A. H.: Communication, in: L'efficacité des mécanismes juridictionnels de protection des personnes privées dans le cadre européen, Colloque de Grenoble, RDH 6 (1973), S. 768 ff.

— Human Rights in Europe, 2. Aufl., Manchester 1977.

Rodley, Nigel S.: The Treatment of Prisoners Under International Law, Paris / Oxford 1987.

Rousseau, Charles: Droit International Public, Tome V, Les rapports conflictuels, Paris 1983.

Sachariew, K.: State Responsibility for multilateral treaty violations: identifying the Injured State and its legal status, NILR XXXV (1988), S. 273 ff.

Schreuer, Christoph: The Impact of International Institutions on the Protection of Human Rights in Domestic Courts, IsrYHR 4 (1974), S. 60 ff.

Schwarzenberger, Georg: International Law, Volume 1, 3. Aufl., London 1957.

Schweitzer, Michael / *Hummer,* Waldemar: Europarecht, 3. Aufl., Frankfurt a. M. 1990.

Silagi, Michael: Die allgemeinen Regeln des Völkerrechts als Bezugsgegenstand in Art. 25 GG und Art. 26 EMRK, EuGRZ 1980, S. 632 ff.

Simma, Bruno: International Crimes: Injury and countermeasures. Comments on Part 2 of the ILC work on State Responsibility, in: Weiler, Joseph H. H. / Cassese, Antonio / Spinedi, Marina (Hrsg.): International Crimes of State, Berlin / New York 1989, S. 283 ff.

— Self-Contained Regimes, NYIL XVI (1985), S. 111 ff.

Sorensen, Max (Hrsg.): Manual of Public International Law, London / Melbourne / Toronto / New York 1968.

Steinberger, Helmut: Entwicklungslinien in der neueren Rechtsprechung des Bundesverfassungsgerichts zu völkerrechtlichen Fragen, ZaöRV 48 (1988), S. 1 ff.

Stern, Klaus: Das Staatsrecht der Bundesrepublik Deutschland, Bd. I, 2. Aufl., München 1984. Bd. III / 1, München 1988.

Tanzi, Attila: Is damage a distinct condition for the existence of an internationally wrongful act? in: Spinedi, Marina / Simma, Bruno (Hrsg.), United Nations Codification of State Responsibility, New York / London / Rom 1987, S. 1 ff.

Thomas, Heinz / *Putzo,* Hans: Zivilprozeßordnung, 18. Aufl., München 1993.

Tomuschat, Christian: Quo Vadis, Argentoratum? The Success Story of the European Convention on Human Rights — and a few dark Stains, HRLJ 13 (1992), S. 401 ff.

— Some Reflections on the Consequences of a Breach of an Obligation under International Law, in: Im Dienst an der Gemeinschaft, Festschrift für Dietrich Schindler, Basel / Frankfurt am Main, 1989, S. 147 ff.

— Human Rights in a World-Wide Framework, Some Current Issues, ZaöRV 45 (1985), S. 547 ff.

Tyagi, Yogesh: Historical and Ethical Analysis of the Principles of Human Rights, Pardon — Forgetfulness — Vengeance — Just Punishment — Responsibility, in: International Commission of Jurists (Hrsg.), Rencontres Internationales sur l'Impunité pour les auteurs de violations graves des Droits de l'Homme, organized by the International Commission of Jurists and the Commission Nationale Consultative des Droits de l'Homme, Genf, 2.-5. November 1992.

Urbanek, Helmut: Die Unrechtsfolgen bei einem völkerrechtsverletzenden nationalen Urteil; seine Behandlung durch internationale Gerichte, ÖZöffR 11 (1961), S. 70 ff.

Vegleris, Phédon: La fonction de décision et de sanction, in: Colloque International sur la Convention Européenne des Droits de l'Homme, Strasbourg, RDH 2 (1969), S. 234 ff.

— Modes de Redressement des Violations de la convention Européenne des Droits de l'Homme, in: Mélanges offerts à Polys Modinos, Paris 1968, S. 369 ff.

Velu, Jacques: Report on ‚Responsibilities for States Parties to the European Convention', in: Council of Europe (Hrsg.), Proceedings of the Sixth International Colloquy about the European Convention on Human Rights, Seville 1985, Straßburg / Dordrecht / Boston / London 1988, S. 532 ff.

Velu, Jacques / *Ergec,* Rusen: La Convention Européenne des Droits de l'Homme, Brüssel 1990.

Verdross, Alfred / *Simma,* Bruno: Universelles Völkerrecht, 3. Aufl., Berlin 1984.

Vis, Willem: La réparation des violations de la Convention Européenne des Droits de l'Homme (Note sur l'article 50 de la Convention), in: La protection internationale des droits de l'homme dans le cadre européen — Travaux du Colloque organisé par la Faculté de Droit et des Sciences Politiques et Economiques de Strasbourg, Paris 1961, S. 279 ff.

Wengler, Wilhelm: Völkerrecht, 2 Bände, Berlin / Göttingen / Heidelberg 1964.

Windscheid, Bernhard: Lehrbuch des Pandektenrechts, 9. Aufl., bearbeitet von Theodor Kipp, Bd. 1, Frankfurt am Main 1906, Neudruck Aalen 1963.

Zanghi, Claudio: Written Communication on Responsibilities resulting for the Committee of Ministers and the Secretary General of the Council of Europe from the implementation of the European Convention on Human Rights', in: Council of Europe (Hrsg.), Proceedings of the Sixth International Colloquy about the European Convention on Human Rights, Seville 1985, Straßburg / Dordrecht / Boston / London 1988, S. 920 ff.

Zemanek, Karl: Causes and Forms of International Liability, in: Contemporary Problems of International Law, Essays in honour of Georg Schwarzenberger, London 1988, S. 319 ff.

— Schuld- und Erfolgshaftung im Entwurf der Völkerrechtskommission über Staatenverantwortlichkeit, in: Festschrift für Rudolf Bindschedler, Bern 1980, S. 315 ff.

Zemanek, Karl / *Salmon,* Jean: Responsabilité Internationale, Paris 1987.

Zuleeg, Manfred: Abschluß und Rechtswirkung völkerrechtlicher Verträge in der Bundesrepublik Deutschland, JA 1983, S. 1 ff.

— Die Bundesrepublik und die internationale Ordnung, in: Wassermann, Rudolf (Hrsg.), Reihe Alternativkommentare, Kommentar zum Grundgesetz für die Bundesrepublik Deutschland, Bd. 1, Neuwied / Darmstadt 1984, S. 166 ff.

FSC
www.fsc.org
MIX
Papier | Fördert
gute Waldnutzung
FSC® C083411

Kolibri 360 GmbH
Ferdinand-Jühlke-Straße 7
99095 Erfurt, Deutschland
produktsicherheit@kolibri360.de

Druck:
CPI Druckdienstleistungen GmbH
im Auftrag der
Kolibri 360 GmbH
Ferdinand-Jühlke-Str. 7
99095 Erfurt